JN410958

복지국가·정치동맹

10인의 민주진보진영 리더에게 묻다
복지국가 정치동맹
초판 1쇄 펴낸날 2011년 7월 25일

기획 복지국가소사이어티 · 프레시안
지은이 이상이 외
발행인 김지숙
발행처 도서출판 밈
제300-2006-180호 서울 종로구 동숭동 4-152 501
전화 02-762-5154 팩스 02-763-5154
이메일 editor@mimbook.co.kr
마케팅 정근수

편집 나무목 조성우
디자인 김은정
본문사진 최형락
인쇄 (주)풀피리

ISBN 978-89-94115-15-3 03340

복지국가 정치동맹

복지국가소사이어티 · 프레시안 기획

10인의 민주진보진영 리더에게 묻다

이상이 | 문성근 | 김기식 | 이인영 | 정동영 | 천정배 | 정세균 | 권영길 | 조승수 | 이정희 | 김윤태(인터뷰) 지음

도서출판 밈

차례

일러두기

- '복지국가소사이어티'와 《프레시안》이 함께 야권의 유력 정치인들 및 학계·시민사회 인사들을 두루 만나 '복지국가 정치동맹의 길'을 모색하고자 민주진보진영의 리더 총 11분의 인터뷰를 진행하였다. 이 연쇄 인터뷰는 김윤태 고려대학교 교수가 진행하였다. 이 대담은 2011년 1월 11일부터 2011년 2월 28일까지 《프레시안》에 게재되었고, 이 책은 이 중 10명의 대담을 저자의 수정과 검토를 거쳐 수록하였다.

- 대담의 내용과 흐름을 자연스럽게 살리기 위해 정치인들이 실명으로 등장한 부분에서 존칭이나 직함은 일부 생략하였다.

- '복지국가 만들기 국민운동본부'는 약칭 '복지국가 국민운동본부'를 함께 사용하였다.

서문

지난해 8월 1일 동작대교에서 19세 소녀가 투신했습니다. "고시원비도 밀리고 너무 힘들다"는 문자메시지를 남긴 뒤였습니다. 소녀가 투신한 지 한 달 후, 여의도 공원에서 50대 남성이 나무에 목을 맸습니다. 유서가 있었습니다. 그는 유서에 자신이 죽으면 장애가 있는 아들이 정부의 지원을 받을 수 있을 거라고 적었습니다. 그리고 며칠 후, 창원 마창대교에서 40대 남성이 11살짜리 아들을 떠밀고 자신도 뛰어내렸습니다. 아내를 위암으로 잃고, 대리운전으로 살아온 날의 끝이었습니다. 다시 한 달쯤 지난 어느 날 전주에서 30대 주부와 두 아이가 죽임을 당했습니다. 2개월 전 실직한 남편이 생활고를 견디지 못하고 아내와 아이를 죽이고 자신도 목을 맸습니다.

위의 글은 제가 2011년 2월 16일자 《경향신문》에서 읽은 칼럼의 일부입니다. 칼럼에 기록된 죽음은 이보다도 훨씬 많습니다. 수출 대기업들이 사상 최대의 수출고를 올리고 있다는 뉴스 속에서 오늘도 경제사회 양극화의 고통으로 인해 죽어가는 대한민국 국민의 소식은 끊이지 않고 있습니다. 이제 이 긴 죽음의 행렬을 끝내야 합니다. 더 이상 죽게 해서는 안 됩니다. 그래서 우리에겐 근원적 처방이 요구됩니다. 아픈 곳에 소염진통제를 적당하게 발라주는 대증요법이 아니라 곪은 환부를 과감하게 수술하려는 용기가 필요합니다. 신자유주의 양극화 성장체제에서 선별적 복지를 일부 확충하는 데 그치는 것이 아니라, 시장만능주의 양극화 체제를 극복하고, 공정하고 혁신적인 경제체제와 보편적이고 적극적인 복지체제의 유기적 통합체인 '보편주의 역동적 복지국가'를 건설해야 합니다.

참여정부의 임기 후반기였던 2006년 연말부터 참여정부가 초래한 경제사회의 양극화 문제를 고민하던 사회정책 분야와 경제정책 분야의 참여적 학자들과 진보적 정책전문가들이 모여 새로운 모색을 시작하였습니다. 당시 그 자리에 모였던 우리들의 질문은 아주 간단한 것이었습니다. 소위 민주정부라 불리던 국민의 정부와 참여정부에서 사회복지예산은 지속적으로 확충되었음에도 불구하고 왜 민생은 더 불안해졌는가? 당시 우리는 민주정부에 대한 성찰과 함께 우리 사회의 더 나은 미래 청사진을 체계적으로 기획할 필요성을 절감하였던 것입니다. 그래서 생겨난 것이 복지국가소사이어티라는 시민단체 성격의 연구기관(싱크탱크)입니다. 복지국가소사이어티는 2007년 연초부터 수개월 간의 연구와 토론을 거쳐 『복지국가 혁명』이라는 책을 출간하였는데, 2007년 7월 5일 서울 여의도에서 출판기념회 겸 출범식을 개최하였습니다. 그리고 그해 11월 복지국가소사이어티는 사단법인이 되었습니다.

복지국가소사이어티는 지난 4년 동안 '보편주의 역동적 복지국가'의 담론과 정책을 개발하고, 이를 확산하려는 다양한 노력을 기울여 왔습니다. 저술활동, 칼럼과 논평의 정기적 게재, 언론 홍보, 전국의 주요 지역에서 복지국가 정책 아카데미 개최, 각종 연합 학술대회 참여, 월례정책세미나와 대규모 이벤트 행사 개최 등이 그것입니다. 이러한 과정을 통해 복지국가소사이어티가 주창해온 '보편주의 역동적 복지국가론' 이 단순한 '복지확충'론, 즉 일부 사회복지 프로그램과 관련 예산의 단순 확대가 아니라 현행 신자유주의 시장만능국가를 대체할 새로운 국가발전모델이라는 것이 조금씩 알려졌습니다. 이로써 민생불안을 해소할 국가 담론과 정책 패키지가 마련된 셈인데, 불행하게도 일부 식자층과 관심 있는 사람들을 제외한 대다수의 국민은 이 사실을 잘 모릅니다. 그래서 우리는 민생불안의 당사자인 국민 속으로 들어가야 할 필요성을 절감하였습니다. 복지국가 국민운동이 긴요한 이유입니다.

민생불안으로 고통 받는 우리 국민은 안정되고 행복한 삶을 위한 실현가능한 대안을 필요로 하고, 복지국가소사이어티 같은 복지국가 운동세력은 보편주의 역동적 복지국가를 이 땅에서 실현시켜낼 정치사회적 힘, 즉 "깨어 있는 시민의 조직된 힘"을 필요로 합니다. 이 둘이 만나면 됩니다. 그래서 복지국가와 관련한 각종 강연회, 다양한 주제의 토론회가 전국 각지에서 열려야 합니다. 복지국가 '수다'가 전국 방방곡곡에서 요란해야 합니다. '국민건강보험 하나로 모든 병원비를 해결'하는 것이 우리 모두에게 얼마나 좋은 것인지, 경제사회와 일자리의 양극화가 해소되면 사교육 경쟁을 기꺼이 포기할 것인지를 놓고 온 가족과 이웃이 모여 삼삼오오 수다를 떨어야 합니다. 보편주의 역동적 복지국가 건설을 위해 필요한 재원을 사회 연대적 원리에 따라 십시일반으로 조금씩 더 부담할 용의가 있는지 의견을 교환하고 토론해야 합니다. 그래서 누진적이고 연대적인 증세가 필요하다고 생각하는 국민의 수가 지금보다 훨씬 더 많아져야 합니다. 그래야 정치사회적으로 보편주의 복지국가를 건설할 추동력을 확보할 수 있습니다. 국민 속으로 들어가는 '복지국가 만들기 국민운동'의 전국적 활성화가 중요한 이유입니다.

지금 우리 국민은 민생의 5대 불안에 시달리고 있습니다. 특히, 일자리 불안이 심각합니다. 취업하기도 힘들고 취업해도 고용 불안과 저임금에 시달립니다. 교육 때문에 죽을 지경입니다. 세계 최고의 사교육비 부담으로 가계가 휘청거리고, 아이들은 살인적인 입시경쟁으로 내몰리고 있습니다. 살 집도 없습니다. 전·월세금이 천정부지로 치솟아도 정부는 아무런 대책도 내놓지 못합니다. 평생 성실하게 일해도 내 집을 마련할 수 없어, 메뚜기처럼 이사 다니며 살아야 합니다. 이것이 2만 불 시대 우리 국민들의 삶입니다. 노후도 불안하기는 마찬가지입니다. 푼돈 수준의 기초노령연금으로 안정된 노후를 기대할 수는 없습니다. 자식들 눈치 보지 않고 당당하게 살 수 있도록 국가가 기본소득을 보장해야 합니다. 의료도 불안합니다. 몸이 아프면 병원에 가야 하겠으나, 여전히 많은 국민들은 참습니다. 국민건강보험의 보장성 수준이 낮아서 그렇습니다. 그래서 우리 국민의 70퍼센트는 비싼 돈을 내고 별도로 민간의료보험에 가입하고 있습니다. 국가복지의 부실로 국민 부담은 늘어나고 의료 불안은 커지는데, 보험회사는 큰돈을 벌고 있습니다.

이런 무책임한 작은 정부의 시장만능시대는 이제 끝내야 합니다. 그리고 '보편주의 역동적 복지국가'라는 질적으로 새로운 대한민국을 만들어야 합니다. 이를 위해 우리는 정치기제를 활용해야 합니다. 그런데 정작 문제는 대한민국의 정치입니다. 지역주의에 기반을 둔 지나치게 보수적이고 왜곡된 한국의 정치현실과 심각한 수준에 이른 우리 국민의 정치혐오증이 그것입니다. 이런 악조건하에서는 복지국가를 향한 정치혁명은 불가능합니다. 그러나 다행스럽게도, 우리 국민은 2010년 6.2 지방선거를 통해 대한민국 정치혁명의 가능성을 보여주었습니다. '보편적 복지'와 '복지국가'를 향한 뚜렷한 지지의 결집이 그것입니다. 과거 수십 년 동안 '국가와 복지와 세금'에 대해 저항감을 키워오며 자유경쟁과 시장만능의 성장주의 신화에 사로잡혀 있던 우리 국민의 다수가 이제는 누구나 생애 전 과정에 걸쳐 기본소득과 사회서비스를 보장받는 '보편적 복지국가'가 제대로 제도화된다면, 기꺼이 누진적 방식으로 세금을 더 내겠다고 합니다. 그래서 70퍼센트 이상의 국민은 우리나라가 더 이상 미국식의 시장만능국가가 아니라 스웨덴식의 보편적 복지국가로 발전하길 원하고 있습니다. 우리 국민의 생각을 이렇게 바꾸어 놓은 것은 어느 누구도 아닌, 우리나라 경제사회의 양극화와 민생불안의 심화 그 자체였습니다.

이제 제2의 민주화운동이 필요합니다. 군사정권으로부터 정치적 민주주의를 쟁취하기 위해 분연히 떨쳐 일어나 1987년 6월의 거리를 내달렸던 그 열정으로, 지금 신자유주의 시장만능국가가 초래한 경제사회의 양극화를 극복하기 위해, 경제사회 민주주의를 쟁취하기 위해, 우리는 제2의 민주화운동을 일으켜야 합니다. 우리의 시대정신인 '보편주의 역동적 복지국가' 건설을 소리 높여 외쳐야 합니다. 이것이 지금 복지국가소사이어티가 주축이 되어 국민운동으로 추진하고 있는 '복지국가 만들기 국민운동'의 핵심 목표입니다. 전국의 방방곡곡에서 복지국가 건설의 필요성을 알리는 나팔이 울리도록 해야 합니다. 그래서 우리네 삶이 신자유주의 시장만능국가에 머물 것인지, 보편주의 복지국가로 갈 것인지, 우리 국민이 얼굴을 맞대고 토론해야 합니다. 이러한 사회적 대화를 통해 충분히 의견을 모으고, 정치기제와 민주주의라는 방법을 통해 우리 국민이 직접 장차 우리나라가 나아갈 길을 선택해야 합니다. 정치가 복지국가라는 문을 열 열쇠입니다. 그래서 결국, 우리나라 정치권이 복지국가를 향한 온 국민의 열망을 받아 안아 획기적으로 변해야 합니다. 대한민국 정치권의 복지국가를 향한 재편은 '복지국가 만들기 국민운동'의 또 다른 중요한 목표입니다. 2012년에는 국회의원 선거에서 양극화와 민생불안을 조장하는 신자유주의 시장만능국가를 그대로 유지하겠다는 정치세력을 심판하고, 대통령 선거에서는 보편적 복지국가를 건설하겠다는 의지와 능력을 가진 사람을 대통령으로 뽑아야 합니다. 결국은 이 모든 것은 정치에 의해 결정됩니다.

이 책은 인터넷 언론《프레시안》과 복지국가소사이어티가 공동으로 기획한 대담의 주요 내용을 중심으로 만들어졌습니다. '보편주의 역동적 복지국가'의 건설은 거창한 담론과 정교한 정책만으로는 달성될 수 없으며, 결국 정치기제를 통해 달성될 수밖에 없습니다. 그래서 복지국가 정치동맹의 길은 아무리 강조해도 지나치지 않습니다. 이 책에는 김윤태 고려대학교 교수가 진행한 인터뷰의 당사자들 10명(이상이, 문성근, 김기식, 이인영, 정동영, 천정배, 정세균, 권영길, 조승수, 이정희)이 등장합니다. 시민사회와 정치권의 주요 인사들이 우리의 기획 대담에 흔쾌히 참여한 것입니다. 그리고 이 책의 끝부분에는 이상이, 이대근(경향신문 편집국장), 김윤태(고려대학교 교수)의 대담이 배치되어 있습니다.

6.2 지방선거를 통해 우리 국민이 표출하였던 복지국가를 향한 기대와 열망을 현실화하는 길은 '복지국가 정치동맹'뿐입니다. 이 점에 대해서는 이 책에 등장하는 모든 사람들이 동의하고 있습니다. 그런데 구체적인 방법에 대해서는 미세하게 또는 뚜렷하게 엇갈립니다. 복지국가의 가치를 전면에 내세우는 가치 중심의 정치재편인가? 야 5당을 한 곳에 모아 세력을 통합하자는 야권대통합인가? 아니면 진보대통합 후의 선거연합인가? 논자마다 각기 다양한 의견을 개진하고 있습니다. 주요 인사들의 목소리를 비교해서 들어볼 수 있다는 것이 이 책의 강점입니다.

끝으로, 복지국가의 정의 또는 개념과 관련하여 한 가지 분명하게 할 것이 있습니다. 보편주의 역동적 복지국가는 사람들이 상호작용을 미치며 살아가는 우리 사회의 전반적인 틀과 우리의 삶을 자본과 자유시장이 아니라 사람과 민주주의가 주로 규정하도록 하자는 논리체계입니다. 그래서 역동적 복지국가는 신자유주의 시장만능국가의 대립물이자 우리가 추구해야 할 미래전략, 즉 새로운 국가모델입니다. 환경과 생태는 사람들의 상호관계망을 둘러싸고 있는 환경이자 삶의 터전(조건)입니다. 경제사회와 생태환경 간의 상호작용이 바람직하게 일어날 수 있도록 하는 조건의 형성, 즉 일방적으로 토건과 개발에 의존하는 경제사회체제나 자본주도의 시장만능주의 경제사회제체를 넘어서는 '새로운' 경제사회체제를 구축하는 것이 매우 중요한데, 이는 결국 민주주의의 문제입니다. 역사적으로 민주주의를 가장 철저하게 옹호하는 것으로 검정 받은 경제사회체제로 '보편주의 복지국가'를 들 수 있겠는데, 민주주의와 정치를 통해 신자유주의 시장만능국가를 극복하고, 보편주의 역동적 복지국가를 건설하자는 것은 우리나라에서 새로운 경제사회체제 건설에 더해, 환경생태와 평화 이슈에도 가장 친화적인 것입니다. 그러므로 보편주의 복지국가라고 했을 때, 이것을 협소한 의미의 사회복지서비스를 의미하는 '단순한 복지'로 해석하거나 평화와 환경과 괴리된 것으로 해석하는 것은 잘못된 것입니다. 즉, 보편주의 복지국가는 공정한 경제, 사회복지 프로그램, 노동과 교육과 문화를 포함하는 광의의 보편적 복지(사회정책), 환경생태, 평화 이슈를 모두 포함하는 국가발전모델이자 전략입니다. 그런데 아직도 이러한 개념이 일부에서 오해되거나 잘못 사용되는 경우가 있는데, 이는 시급히 바로 잡혀야 합니다. 복지국가는 현재의 토건 지향적이며 반평화적인 신자유주의 시장만능의 국가 패러다임을 완전히 바꾸자는 것이지, 일부 사회복지 프로그램과 관련 재정을 확충하자는 것이 아닙니다.

이러한 관점에서 이 책을 꼼꼼히 읽어보시면, 독자들께서는 복지국가와 한국정치의 가능성과 한계를 확인하실 수 있을 것이며, 더불어 이 시점에서 '복지국가 국민운동'이 왜 중요한지도 충분히 이해하시게 될 것입니다. 정치세력 사이의 통합이든 선거연합이든 간에, 복지국가 정치동맹에 대해서는 모든 정치세력과 대표적인 정치인들 누구나가 동의하고 있는 바, 이는 그나마 한국정치의 발전과 복지국가로 가는 길에서 참으로 다행스러운 일이라 하겠습니다. 이제 보편주의 역동적 복지국가의 길로 성공적으로 가느냐의 여부는 결국 '복지국가 국민운동'의 성과와 이를 통한 우리 국민의 현명한 판단에 달린 것 같습니다.

2011년 6월

복지국가소사이어티 공동대표 이상이 씀.

1부

시민사회 리더가 말하는
복지국가 정치동맹의 길

01;

복지국가 단일정당 못 만들면 **한나라당에 필패한다**

이상이

복지국가소사이어티 공동대표·복지국가 국민운동본부 공동본부장

이상이 복지국가 만들기 국민운동본부 공동본부장(복지국가소사이어티 공동대표)은 우리나라 복지국가 운동의 아이콘이다. 그가 2007년 주도해서 만든 복지국가소사이어티는 그동안 세미나와 연구 발표 등을 통해서 지속적으로 복지국가 담론을 확산시켜 왔다. '역동적 복지국가' 담론이 그것이다.

이상이 대표는 이번 인터뷰에서도 왜 우리나라가 북유럽 국가들과 같은 보편주의 방식의 복지국가 노선으로 가야 하는지 역설했다. 1997년 외환위기 이후 심화된 사회양극화의 굴레를 어떻게 벗을 것인지, 5대 불안을 이야기하며 논리를 전개한다. 5대 불안이란 이렇다. 일자리 불안, 주거 불안, 교육(보육) 불안, 노후 불안, 건강 불안 등이다. 사람이 살아가면서 반드시 겪게 될 문제들에 대해서 국가와 사회가 책임을 뒤로 미루고 개인에게만 부담을 지운다면 그런 사회는 반드시 불안한 사회가 될 것이다. 국민들이 삶을 불안하게 여기게 되면 사회 안정은 위험해진다. 우리나라의 자살률이 OECD 국가 중 최고라는 사실은 국민들이 얼마나 불안한 삶을 살고 있는지 말해주는 지표다.

이상이 대표는 증세 문제에 대해 적극적이다. 보편적 복지국가를 만들기 위해서는 증세가 불가피할 뿐만 아니라 국민들에게 정확히 입장을 밝히고 재원을 마련해야 한다고 생각한다. 복지서비스에 쓰인다고 사실대로 말하고 누진적 방식의 증세를 추진한다면 국민들이 이해해줄 것이라는 믿음을 가지고 있다.

그는 어떻게 하려고 하는 것일까? 그가 한국사회를 바꿀 희망으로 생각하고 있는 것은 크게 두 가지다. 하나는 '깨어 있는 시민들의 참여'로 일궈낼 복지국가 만들기 국민운동이다. 다시 말해 국민적인 복지국가 요구 운동이다. 온 국민이 복지국가에 대한 꿈을 꾸고 그것을 정치권이 받아서 실현해 줄 것을 요구하는 운동이다. 또 하나는 복지국가 단일정당 건설의 과제다. 이상이 대표는 지금 이대로는 야권이 한나라당을 이길 수 없다고 생각한다. 이명박 정부의 거듭된 실정 탓에 2012년 국회의원 선거는 야당이 승리할 것이라는 전망이 많다. 그래서 정치권 안팎의 많은 이들이 야당이 하나로 합치기만 한다면, 또는 선거연합을 잘 해낸다면 한나라당을 이길 수 있다고 생각한다. 하지만 이에 대해 그는 다른 생각을 갖고 있다. 야권이 모두 하나의 당으로 합쳐진다는 것은 불가능한 일이고, 설사 가능하다 하더라도 그런 세력 중심의 정치재편으로는 보편주의 복지국가를 건설할 새로운 정치주체를 형성할 수 없다는 것이다.

가능하지도 않고 바람직하지도 않다는 말인데, 그렇다면 이상이 대표의 대안은 무엇일까? 바로 복지국가 단일정당 건설이다. 복지국가 단일정당은 신자유주의를 극복하려는 보편주의 복지국가라는 새로운 국가발전모델을 당의 단일 강령으로 하는 '가치 중심'의 야권 재편을 상정하는 것이다. 어떤 당과 어떤 당이 만나 새로운 당을 만들 것인가가 주된 관심사가 아니라 어떤 가치로 모일 것인가가 더 중요한 것이다. 그래서 이상이 대표는 복지국가 노선에 동의하는 세력이라면 그 누구를 막론하고 하나의 당으로 모여야 한다고 주장한다. 복지국가라는 단일한 가치로 야권이 재편되는 질서를 꿈꾸는 것이다. 문성근 대표의 국민의 명령은 가치를 크게 따지지 않고 일단 야 5당이 다 모이자고 주장하고 있는데, 이상이 대표의 복지국가 단일정당 주장은 같으면서도 다르다. 많은 관찰자들이 결국은 두 가지 흐름이 어디선가는 만나게 되지 않을까 전망하는 이유다.

2010년 6.2 지방선거에서 무상급식 공약이 선풍적인 인기를 끌었던 후로 우리나라에서 복지국가 담론은 가히 대세라 할 수 있을 정도로 확산되었다. 특히 정치권에서 그렇다. 여야의 정치인들은 너나 할 것 없이 복지를 말하고 있다. 정동영, 천정배 의원 등 민주당 정치인들은 물론이고 한나라당의 유력한 차기 대선 후보인 박근혜 의원도 그렇다. 박근혜 의원은 아예 사회보장기본법 전면개정안을 내놓고 '한국형 복지국가 구상'을 이야기하고 있다.

하지만 이상이 대표가 주장하고 있는 데까지 그 인식의 영역이 확장된 경우는 거의 없다. 진보신당의 '사회연대 복지국가' 구상이 어느 정도 비슷하고, 정동영 의원의 경우가 이상이 대표의 주장에 대부분 동조하고 있는 정도다. 결정적인 차이는 바로 '복지'와 '복지국가'다. 이상이 대표는 '복지국가'를 이야기하고 있는데 비해, 많은 정치인들은 '복지' 확충에 머무르고 있는 것이다.

이상이 대표의 주장은 스웨덴과 같은 한국형 보편주의 복지국가를 만들자는 것인데, 많은 이들이 단순히 복지서비스를 조금 더 늘리는 수준의 '복지 확대론' 을 주장하고 있는 것이다.

그런 점에서 이상이 대표는 한국사회의 근본적인 개혁을 주장한다고도 할 수 있다. 가장 현실적이면서도 급진적인 진보개혁주의자인 것이다. 의회민주주의를 존중하면서 합법적인 경로와 절차를 통한 개혁을 추구한다는 점에서 현실주의자이고, 한국사회를 북유럽 모델의 한국형 보편주의 복지국가로 근본적으로 바꾸려 한다는 점에서 급진주의자이다. 이상이 대표의 향후 행보가 주목을 받고 있는 이유다.

이상이(李相二)

1964년 울산 출생
1991년 경희대학교 의과대학 졸업
1997년 서울대학교 보건대학원 졸업
1998년 서울대학교 보건대학원 예방의학 전문의
1998년 새정치국민회의 보건의료정책 전문위원
2000년 경희대학교 대학원 의학박사
2000년 제주대학교 의과대학 예방의학 교수
2004년 국민건강보험공단 건강보험연구원장

현 | 제주대학교 의학전문대학원 의료관리학교실 주임교수, (사)복지국가소사이어티 공동대표, 건강보험하나로 시민회의 상임운영위원장, 복지국가 만들기 국민운동본부 공동본부장

저서 | 『복지국가 혁명』(공저, 2007), 『의료민영화 논쟁과 한국의료의 미래』(주저, 2008), 『한국복지국가 성격논쟁 II』(공저, 2009), 『Republic of Korea: Health system review, Health Systems in Transition』(공저, 2009), 『역동적 복지국가의 논리와 전략』(편저, 2010), 『신자유주의를 넘어 역동적 복지국가로』(편저, 2010)

박근혜, 경제의 불공정은 그냥 놔두고 복지만 확충하자고?

김윤태 요즘 복지국가 담론이 인기인데요. 정치권에서 여러 사람이 복지를 주장하고 있습니다. 가장 언론의 관심을 끈 인물은 한나라당의 박근혜 의원으로 한국형 복지 구상을 밝혔습니다. 정치권에서 복지국가, 복지 논의가 많이 나오는 현상에 대해 어떻게 보십니까?

이상이 아주 좋은 일이라고 생각합니다. 국민에게 이득이고 우리 사회의 발전에도 유익하기 때문입니다. 특히 박근혜 의원이 자신의 복지 구상을 '한국형 복지국가'라고 명시했고, 생애주기별 사회서비스 제공을 통해 복지가 사회안전망의 역할을 다 할 수 있도록 하겠다고 했습니다. 예방적이고 선제적인 복지를 의미하는 사회투자 개념까지 포함해서 폭넓은 복지담론을 공세적으로 제기해 준 데 대해서 고맙게 생각합니다. 특히 박근혜 의원의 경우, 한나라당이라는 보수정당에서 복지를 확대하자고 주장하는 것이어서 오히려 더 반가운 면이 있습니다. 다만, 한 가지 유념해야 할 부분이 있는데, 복지와 복지국가를 구분하지 않고 혼용하는 데 대한 개념적인 혼선이 그것입니다. 복지 확대를 주장하는 것과 복지국가를 주장하는 것은 엄연히 다릅니다. 복지는 협의의 정책적 개념으로 복지정책 또는 사회복지 프로그램들의 조합이나 패키지를 의미하고, 복지국가는 사회정책과 경제정책, 조세재정정책까지를 포함하는 포괄적인 국가발전 모델입니다. 보수정당인 한나라당에서 얘기하는 복지는 협의의 정책적 개념으로 기존의 선별적 복지를 중심으로 하는 '사회복지 프로그램들과 관련 예산의 일부 확대'를 의미하므로 우리가 주창하고 있는 복지국가와는 개념적으로 다릅니다. 혼란이 없어야 하겠습니다.

김윤태 복지는 진보진영의 담론으로 알려졌는데, 보수진영의 박근혜 의원도 복지를 말하는 것은 어떻게 보아야 할까요?

이상이 박근혜 의원은 "아버지(박정희 전 대통령)의 꿈은 복지국가"라고 했다, 그리고 어느 순간 복지라고 했다가 복지담론이라고 말하기도 합니다. 언론에서는 이를 '복지국가 담론'이라고도 하더군요. 그런데 박근혜 의원은 실제로는 '복지' 이야기만 한 것으로 경제정책, 조세정책, 재정정책과 복지가 어떤 관련이 있는지, 그에 대한 얘기는 한마디도 없습니다. 박근혜 의원은 복지와 복지국가를 구분해 사용하지 않고 있습니다. 박근혜 의원의 '복지'에 대해 확실하게 평가해 줄 수 있는 부분은 복지 확충에 대한 신념입니다. 이것은 인정합니다. 그래서 국민적 지지가 따라가고 있다고 생각합니다. 여기서 '복지의 확대'라고 하는 것은 우리나라에 존재해 왔던 기존의 선별적 복지를 중심으로 하는 사회복지 프로그램의 일부 확대, 그리고 적극적 복지를 의미하는 사회투자전략의 일부 도입입니다. 후자는 이미 참여정부가 집권 후반기에 제시했던 사회투자국가론과 같은 '버전'으로, 아동보육과 교육에 대한 투자를 강화하는 '인적자본 확충 논리'입니다. 이게 소위 말하는 '보편적 복지 없이' 추진되는 영미식의 사회투자, 즉 신자유주의 '제3의 길'입니다. 지난 2010년 12월 20일의 공청회에서는 박근혜 의원이 직접 '선제적이고 예방적인 사회투자'다, '재원을 아끼고 낭비가 없어야 한다'라고 말했습니다. 이것은 전형적인 사회투자의 요소들입니다.

결론을 짓자면, 박근혜 의원의 복지 또는 복지국가 담론의 내용은 기존의 선별적 복지의 확충에 더해 사회투자 복지의 일부 도입 정도로 개념 지을 수 있을 것 같습니다. 우리가 이것을 복지국가로 볼 수 없는 이유는 박근혜 의원의 복지가 경제정책과 어떤 관련이 있는지, 특히 중소기업과 비정규직 문제를 포함한 '공정한 경제'와 어떤 관련이 있는지가 빠져 있기 때문입니다. 그리고 정부·여당의 신자유주의 경제정책을 자신의 복지 구상과 어떻게 연관 지을지, 조세재정정책을 어떻게 가져갈지, 이런 부분들이 빠져 있습니다. 그래서 박근혜 의원의 복지담론은 복지확충론 정도에 그칠 뿐, 포괄적인 '국가발전 모델'로서의 복지국가와는 거리가 멀다고 봅니다.

김윤태 이상이 대표와 복지국가소사이어티에서는 '역동적 복지국가'를 대안으로 제시하셨습니다. 박근혜 의원의 '한국형 복지', 민주당의 '보편적 복지'와 어떤 차이점이 있는 것입니까?

이상이 역동적 복지국가는 기본적으로 경제와 복지를 유기적 일체로 봅니다. 박근혜 의원의 복지론, 혹은 복지국가론은 경제와 복지를 대립적 이분법으로 보는 기존 보수진영의 관점을 그대로 가지고 있습니다. 박 의원도 경제는 경제대로 따로 보고, 복지는 복지대로 따로 보는 '이분법적 관점'을 가지고 있는 것이 확실합니다, 두 대립물 중에서 경제는 가만히 놔두고, 복지가 부족하니까 이것을 일부 확충하자는 개념입니다. 그러나 우리는 경제와 복지는 한 묶음으로 묶여 있는, 분리해서는 안 되는 유기적 통합체로 보고 있습니다. 신자유주의 양극화 경제체제의 극복을 의미하는 '공정한 경제'가 없는 복지는 성공하기 어렵고, 보편적 복지와 적극적 복지 없이는 우리 경제가 안정적으로 성장할 가능성도 없습니다. 경제정책과 복지정책은 긴밀하게 관련된 유기적 통합체입니다. 여기서 조세재정정책의 매개적 역할은 매우 중요합니다.

민주당도 2010년 10.3 전당대회에서 보편적 복지를 당의 강령에 포함시켰습니다. 그리고 박지원 원내대표가 국회 교섭단체 연설에서 보편적 복지국가가 민주당의 노선이라고 선언했습니다. 그러나 그 내용을 들여다보면 아직은 선언적인 것으로, 실제로 민주당이 '보편적 복지국가'라는 종합적인 국가발전전략이 있는 것 같지는 않습니다. 그래서 '복지 강화' 의지를 뚜렷하게 표명한 것 정도로 이해하고 있습니다.

이것이 한나라당과 다른 것은 기존 선별적 복지의 확대뿐만 아니라 보편적 복지를 주도적으로 추진하겠다는 적극적인 의지가 포함됐다는 것 정도일 것입니다. 이는 다른 버전의 복지확충론에 불과할 수도 있습니다. 당내 일부 정파의 생각이 다를 수는 있겠지만, 정당 전체로 보면, 한나라당의 복지와 민주당의 복지국가 담론은 '보편적 복지가 있다, 없다'는 차이가 있을 뿐이지, 당 차원의 제대로 된 포괄적인 복지국가 전략을 가진 것처럼 보이지 않는다는 것입니다.

그나마 그런 틀을 갖고 있는 게 진보신당의 복지국가론 정도인데, 그쪽에는 노동을 지나치게 강조하다 보니 오히려 '노동을 포함한 시민적 연대'를 강조하는 보편적 복지국가라는 전체 그림의 실천적 함의를 흐리게 만드는 측면도 있습니다.

유시민식 사회투자국가론, 오히려 복지국가의 걸림돌

김윤태 진보신당이 주장하는 '노동이 있는 복지'와 '역동적 복지국가'의 차이점은 무엇입니까?

이상이 거의 비슷합니다. 그쪽은 '노동이 있는 복지'를 얘기하는데, 저는 이에 대한 강조와 더불어 '복지가 있는 노동'을 함께 이야기합니다. 앞으로는 복지가 없으면 노동의 확장이나 단결도 없다고 생각합니다. 그래서 우리는 역동적 복지국가론에 노동을 핵심적인 중요 요소로 포함하고 있습니다. 그런데 진보신당은 노동 없이 복지국가는 불가능하다고 보고 있는데요. 대표적으로, 일부 사람들은 우리나라의 노조조직률이 10퍼센트 남짓밖에 안 되기 때문에 복지국가가 안 된다고 주장하고 있습니다. 그런데 노조조직률을 이유로 복지국가가 안 된다고 하는 사람들이 '복지국가론'을 내놓는 것이 이해가 가진 않습니다.

저는 한국의 조직된 노동이 10퍼센트밖에 안 되고, 그 10퍼센트도 대기업 정규직 중심으로 조직돼 있는 현실이 우리나라가 보편주의 복지국가로 가는데 도움이 되지 않는다고 봅니다. 그렇다고 제가 노동 없는 복지를 하자는 말은 아닙니다. '노동 있는 복지'를 해야 한다고 확신합니다. 여기에서 '노동'은 노동자의 90퍼센트를 차지하고 있는 중소기업의 노동자들과 비정규직 저임금 노동자들입니다. 10퍼센트의 대기업 정규직 노동자들이 아니라는 것입니다. 그런데 이 90퍼센트에 달하는 노동자들은 사회적 약자로, 또 이 사람들은 지역과 시민사회에서 서민이나 시민으로 불리면서 살아가고 있습니다. 저는 이 부분이 굉장히 중요하다고 봅니다. 기존의 노동운동은 이 부분을 포괄하는 데 실패했습니다. 앞으로 정규직 중심의 노동운동을 더욱 강화해 나가면 이게 가능해질까요? 저는 불가능하다고 생각합니다. 이것을 실제로 가능하게 하는 방법은 국가의 보편주의 제도적 복지와 민주정부의 시장개입을 통한 '복지 있는 노동'이라고 봅니다. 즉, 국가가 보편적 복지를 제도화함으로써 미조직 노동이 조직될 수 있는 계기가 많아진다는 것입니다. 복지국가가 있어야만 노동의 조직력도 높아질 수 있습니다.

김윤태 강력한 노동조합이나, 스웨덴처럼 80퍼센트 이상의 노동조합 조직률이 없으면 복지국가를 만드는 게 불가능하다고 합니다. 현재와 같이 민주당 몇몇 정치인들이 관련된 복지국가를 추진하는 것은 지나치게 상층, 엘리트 중심적인 것 아니냐는 비판도 있습니다, 이 점에 대해서는 어떻게 생각하십니까? 최장집 교수도 《프레시안》 인터뷰에서 비슷한 얘기를 한 걸로 알고 있습니다만.

이상이 그 부분에 대한 제 생각은 다릅니다. 우리나라는 노조조직률이 10퍼센트밖에 안 되는데, 유럽 국가들처럼 50퍼센트, 혹은 70~80퍼센트가 돼야 노동에 기반을 둔 정당이 만들어지고, 그 정당을 통해 복지국가를 만들 수 있다는 이야기를 하셨는데요. 그러나 이것은 오래된 과거의 논리입니다. 스웨덴에서는 이미 80년 전에 있었던 방식으로, 80년 전의 스웨덴과 지금의 대한민국은 아주 다른 세상입니다. 지금 우리나라에서 복지국가를 향한 열망이 어디에서 주로 나오고 있는지 한 번 생각해봅시다. 현대자동차나 현대중공업 다니는 정규직 노동자들로부터인가, 아니면 거기 다니는 또는 중소기업 다니는 비정규직 노동자들로부터인가? 누가 복지국가를 향한 열망이 더 강할까요? 누가 민생불안으로 더 고통스러워하는 사회적 약자이고, 누가 더 세상을 바꾸고 싶어 하겠습니까?

김윤태 대기업 노조의 노동자들은 복지국가에 대한 열망이 적다고 보시는 겁니까?

이상이 그렇습니다. 대기업의 정규직 종사자들은 이미 회사에서 충분한 기업별 복지를 받고 있고, 강력한 조직력을 통해 임금협상이나 단체협약에서 지속적으로 자기 지분을 확대하고 있어 지금 이대로도 별 문제가 없기 때문입니다.

김윤태 다른 얘기를 해보고 싶은데요. 진보개혁진영에서도, 진보신당 이외에도, 민주노동당에서도 복지국가를 얘기하는 사람도 있습니다. 그리고 소위 노무현 정부에 핵심적으로 참여했던 유시민 전 보건복지부 장관도 '사회투자국가'를 얘기했고, 천정배 의원도 참여정부 때 법무부장관으로 참여했는데, 지금 '정의로운 복지국가'를 얘기하고 있습니다. 소위 자유주의 진영의 복지국가 담론에 대한 평가는 어떻게 내릴 수 있을까?

이상이 저는 진보적 자유주의는 복지국가로 가는 데 굉장히 중요한 정치세력이라고 생각합니다. 여기에서 '진보적'이라고 하는 데 강조점을 둬야 합니다. 그런데 우리나라의 자유주의자들은 대체로 그렇게 진보적이지 않는데요. 자칭 자유주의자들은 대부분 중도적, 내지는 보수적 자유주의자들입니다. 저는 국민참여당을 이끌고 있는 유시민 전 보건복지부 장관이 진보적 자유주의자라고 생각하지 않습니다. 그 분 스스로가 자신을 진보적 자유주의자라고 말씀했는지는 모르겠습니다만, 스스로 자유주의자라고 얘기한 것은 그 분 책에서 본 적이 있습니다. 그러나 그 분이 만약 진보적 자유주의자라고 스스로 주장한다면 그것은 사실에 맞지 않는다고 봅니다. 최소한 참여정부 시절에 제가 봤던 그 분의 이력은 '진보적'이라는 용어와는 거리가 멀고, 정치적·경제적 의미에서 자유주의는 확실하게 맞는 것 같습니다.

김윤태 유시민 전 장관의 어떤 점이 진보적이지 않다는 말씀이신가요?

이상이 참여정부 당시에 그 분이 주장해왔던 사회투자국가론 자체가 기본적으로 신자유주의 사회투자국가론에 불과한 것이었습니다. 거기에는 보편적 복지의 요소가 없었고, 복지국가의 모습도 아니었습니다. 사회투자를 중심으로 하는 '적극적 복지의 일부 확대'는 맞습니다. 그것은 인정합니다. 그렇다고 해도 근로능력을 부여함으로써 노동시장으로 다시 사람을 밀어 넣기 위한 수단 또는 기회 제공으로서의 사회투자였던 것입니다. 이것을 추가적인 것으로 하면 좋은데, 그 분은 우선순위를 보편적 복지를 확대하는 데 두지 않았습니다. 당시 힘 있는 장관으로서 사회투자를 강력하게 내세웠기 때문에 보편적 복지의 제도화 등은 국가적 관심사에서 오히려 멀어져 버렸습니다.

김윤태 유시민 전 장관은 재임 시절 기초노령연금을 도입하고 보육예산을 확대했다고 스스로 얘기하고 있습니다.

이상이 아동과 보육예산의 확대는 사회투자국가론의 한 내용입니다. 그리고 주무장관으로서 아동복지에 집중한 점은 잘한 일이었습니다. 그러나 우리가 알고 있는 보육은 당시 청와대와 여성가족부의 일이었고, 참여정부에서 처음으로 시행되었던 보육료 지원이라는 사회서비스 정책의 성과는 유시민

전 장관의 것이 아닙니다. 정확히 말씀드리자면, 참여정부 보육정책의 실질적 공과는 김용익 당시 '저출산고령화위원회' 위원장(참여정부 사회정책수석)과 여성가족부 장관들의 것입니다. 그리고 기초노령연금은 유시민 전 장관이 오히려 협소화시켰습니다. 당시 한나라당이 하자는 대로 해야 했는데, 한나라당은 '보편주의' 기초연금제로 가자고 주장했었습니다. 그런데 청와대 사회수석실과 국무총리실의 이견과 진보적 시민사회의 반대를 뚫고 지금의 방식대로 유 전 장관이 해놓은 것입니다. 소득수준에 따라 많아야 8만 원, 보통 한 달에 3~4만 원 정도의 푼돈을 받도록 만들어 놓아, 결국 말로만 기초노령연금제였습니다. '경로의존성(한번 시작한 제도는 나중에 잘못됐다는 사실을 알게 돼도 바꾸기 어렵다는 의미)'이라는 게 있는데, 애초에 시작할 때 잘 해야 했습니다.

김윤태 유시민 전 장관의 노력이 오히려 보편적 복지국가로 발전하는데 걸림돌이 됐다고 보십니까?

이상이 명백한 걸림돌이 됐습니다. 그때 시민사회진영에선 총리실 사회협약기구를 통해 유 전 장관의 프로그램에 대해 반대 의사를 표명했었습니다. 또 청와대 시민사회수석이나 한명숙 당시 총리도 반대했습니다만, 유 전 장관이 자기 힘으로 밀어붙여서 저렇게 간 것입니다. 지금 이게 얼마나 큰 족쇄입니까.

유 전 장관의 업보 중 하나가 노인장기요양보장제도입니다. 이 제도 역시 설계를 할 때 잘 했어야 합니다. 공적 재정을 더 늘리는 방식으로 했어야 하는데, 월 보험료 3,000원 이런 식으로 시작했고, 요양서비스 공급체계를 전부 민간에 맡기는 바람에 월 60만 원짜리, 80만 원짜리 요양보호사, 이렇게 아주 형편없는 사회적 일자리를 만들어 놓은 것입니다. 120만 원에서 150만 원 정도를 받을 수 있는 정규직의 적정 사회서비스 일자리를 만들어야 했는데, 지금 사회서비스 일자리가 완전히 허드렛일이 되어 버렸습니다. 아르바이트처럼 가서 청소나 해주는 희한한 일들을 하고 있는 현실입니다. 이런 것이 전형적인 정책 실패입니다.

김윤태 민주당의 정동영 최고위원은 역동적 복지국가를, 천정배 의원은 정의로운 복지국가를 얘기합니다. 그 둘은 복지국가소사이어티의 역동적 복지국가와 얼마나 일맥상통하고 또 다른가요?

이상이 역동적 복지국가론을 상당 부분 정치적으로 벤치마킹한 것 같습니다. 정동영 최고위원뿐만 아니라 천정배 최고위원의 경우도 마찬가지라고 봅니다. 복지국가라는 담론을 정치적으로 상당 부분 벤치마킹했기 때문에 상당한 유사성을 갖고 있지만, 그렇다고 해서 민주당이 확고하게 복지국가 담론을 갖고 있다고 보기는 쉽지 않습니다. 민주당 내부의 정파 모두가 확고하게 정책결정을 한 것이 아니고, 개별 정치인들이 하나의 정치적 수사 또는 전략으로 채택한 것에 불과하기 때문에 한계가 있을 수밖에 없습니다. 정동영 최고위원이든, 김근태 전 의원이든, 천정배 최고위원이든, 유력한 정치인들이 스스로 복지국가론을 사회정책과 경제정책을 포함하는 자신의 버전으로 더욱 발전시켜 나가면 좋겠습니다. 지금까지는 그러지 못하고 있습니다만, 앞으로는 주요 정치인들이 당당하게 '내 복지국가론이 더 우수한 것'이라며 정치 무대에서 경쟁했으면 좋겠습니다. 복지국가가 전문가들의 담론 수준에 머물러서는 안 됩니다. 복지국가는 시민적 의제, 또는 국가적 의제로 발전하고 확장되어야 할 것입니다.

DJ-노무현, 복지 업적은 있다. 그러나……

김윤태 보편적 복지국가 내지는 역동적 복지국가를 강조하고 있는데, 김대중 정부 때 생산적 복지나 노무현 정부 때 사회투자국가와는 상당히 다른 관점에서 비판적으로 평가하고 있는 것 같습니다. 김대중-노무현 정권, 민주 정부 10년간 복지정책이 많이 발전했다고 하는 평가도 있는데요. 그 부분에 대한 생각은 어떠신가요?

이상이 김대중 정부는 IMF 구제금융 사태를 겪고 난 후, 50년 만에 정권교체를 이룬 정권입니다. 그리고 외환위기를 수습하는 과정에서 소위 '워싱턴 컨센서스(미국식 시장경제체제의 대외 확산 전략을 뜻하는 말)'에 따른 신자유주의 구조조정을 강제 받은 정권이었습니다. 그렇다 보니 매우 많은 사회적 약자, 실업자들, 경제적으로 어려운 사람들이 나타나는 등 신자유주의 양극화가 본격화됐습니다. 당시는 누가 대통령이 됐더라도 복지를 확충할 수밖에 없는 외부적 조건이 만들어졌던 시기였던 것입니다. 한마디로 복지 수요가 폭증한 때로, 신자유주의 구조조정으로 말미암은 복지 수요의 폭증, 이에 대한 제도적 대응이 요구된 시대였습니다. 사실 김 전 대통령은 요구된 것보다 훨씬 잘했다고 생각합니다. 저는 복지와 관련해서 가장 걸출한 대통령 한 분을 뽑으라면 주저하지 않고 김대중 전 대통령을 뽑겠습니다.

일단 4대 사회보험의 제도 틀을 완성했습니다. 1인 이상을 고용하는 모든 사업장까지 다 포괄하도록 4대 사회보험의 적용을 확대한 것입니다. 가장 빛나는 업적 중의 하나는 2000년 7월 1일부터 국민건강보험제도를 출범시킨 것입니다. 그 전에는 수백 개의 의료보험조합들이 산재해 있었는데, 이것을 하나로 통합해서 영국이나 스웨덴의 NHS(National Health Services, 국가의료보장)처럼 국가가 국민의 건강을 책임지는 공적의료보장제도, 즉 단일 보험자제도를 만들었는데, 이는 소득재분배 효과가 굉장히 강하기 때문에 영국의 의료보장에 버금가는 좋은 구조가 만들어진 것입니다. 이것은 역사적인 성과입니다. 앞으로 우리 사회가 복지국가로 전진해간다면 아마 국민건강보험이 하나의 전범이자 좋은 선례가 될 것이며, 굉장히 소중한 복지국가의 경험을 만들어 준 것이 국민건강보험의 출범입니다. 이뿐만 아니라 국민연금, 고용보험, 산재보험 등 4대 사회보험에 있어서 제도적 틀로만 보자면, 소위 유니버설 커버리지universal coverage, 즉 모든 인구를 제도 속에 포함한다는 측면에서 보편주의를 달성했습니다.

국민건강보험은 전체 인구의 포괄이란 면에서 보편주의를 달성하고 있지만, 안타깝게도 다른 사회보험제도로 들어가 보면 굉장히 많은 사각지대가 있습니다. 지금도 당장 실직했을 때 고용보험 혜택을 받을 수 있는 노동자가 전체 노동자의 50퍼센트밖에 되지 않습니다. 국민연금도 30퍼센트가 연금보험료를 납부하고 있지 않아 그 사각지대가 광범위합니다. 또 저부담-저급여 체계로 인해, 보장성 수준이나 소득대체율도 매우 낮은 편입니다. 그래서 보편주의의 질적인 측면에서는 아주 부실한 상태이지만, 그럼에도 불구하고 제도의 틀을 만든 것은 김대중 전 대통령의 큰 업적입니다.

또 하나의 업적을 들자면, 소위 '선별적 복지'에서의 업적인데, 기존의 생활보호법을 국민기초생활보장법으로 바꿔놓았습니다. 이것은 선별적 복지의 획기적인 질적 변화로 볼 수 있습니다. 생활보호법은 국가가 가난한 사람을 도와주는 시혜적 성격인 데 비해, 국민기초생활보장법은 기초보장 수급권 개념을 도입하여, 국가 지원을 '국민의 권리'로 인정해준 것으로 생활보장 대상자가 기초생활보장 수급권자가 된 것입니다. 일정한 조건에 달한 가난한, 어려움에 부닥친 국민은 국가로부터 응당 사회적 기본권을 요구할 권리(수급권)를 가짐을 명시했고, 실제로 그렇게 해줬습니다.

김윤태 그럼, 노무현 정부의 복지는 어떻게 평가할 수 있을까요?

이상이 복지에서 노무현 정부의 성과라면 두 가지입니다. 하나는 김대중 정부가 깔아놓았던 제도적 복지를 잘 안착시켰습니다. 이를 제대로 하려다 보면 대상자가 많이 늘어나게 되고, 그러면 복지재정을 늘려야 하는데, 실제로 참여정부는 복지재정을 역대 최고 수준으로 늘렸는데, 전년 대비 평균 10퍼센트 이상 복지재정을 키웠습니다. 두 번째는 사회서비스의 개념을 도입했던 것인데, 보육의 사회화가 그것입니다. 노무현 정부가 끝날 때쯤에는 소득 기준으로 하위 50퍼센트의 아동에게까지 보육료를 지원했습니다. 그러던 것이 지금 이명박 정부에서 하위 70퍼센트까지 확대되고 있는데, 이명박 정부도 '경로의존성'을 따라가고 있는 것입니다. 보육료 지원 정책을 노무현 정부에서 처음 시작할 때는 저항이 대단하였지만, 그 저항을 뚫고, 말하자면 재정부의 반대를 뚫고 성공했는데, 이것이 노무현 정부의 중요한 성과입니다. 그리고 복지와 관련된 사회적 기업을 도입했고, 법률적 지원에 따라 사회적 기업이 꽤 많이 생겼고, 일자리도 많이 만들어졌습니다.

김윤태 김대중–노무현 정부 때 복지제도의 틀이 만들어지고, 확대되고, 복지재정도 많이 늘어났다고 말씀하셨는데, 그러면 한국은 이제 복지국가라고 말할 수 있는 건가요?

이상이 두 가지 이유 때문에 그렇게 말할 수 없을 것 같습니다. 첫째, GDP 대비 사회복지비의 비중이 절대적으로 낮습니다. 우리나라 국민소득이 2만 달러인데, 보통 유럽 선진국들은 1만 달러 시절일 때 다들 사회복지비가 GDP 대비 15퍼센트를 넘겼습니다. 그런데 우리는 2만 달러임에도 8.5퍼센트에 묶여 있습니다. 그래서 복지국가라고 말하기 어렵습니다. 복지국가로 가기 위한 제도적 틀이 만들어졌다는 말에는 동의합니다. 사실, 이것도 매우 중요한 것으로 민주정부 10년이 아니었으면 이 틀도 만들어지지 않았을 것입니다. 이젠 기존의 성과 위에서 4대 사회보험을 확대하고 내실을 기하기만 하면 되는 상황입니다. 그런 의미에서 복지국가로 가기 위한 틀은 만들어졌지만 아직 복지국가라고 말할 수는 없는 그런 상황입니다. 둘째, 보편적 복지가 너무 취약합니다. 복지국가라고 말하려면 보편적 복지가 상당 수준으로 돼 있어야 합니다.

김윤태 우리나라가 복지국가의 제도적 틀은 마련했지만 선별적 복지의 성격이 너무 강하기 때문에 아직은 복지국가라고 평가하기 충분치 않다는 얘기를 하셨습니다. 그럼에도 여전히 우리나라는 미국이나, 일본, 영국 등 자유주의적 복지국가라고 얘기하는 나라들처럼 시장에 복지가 맡겨 있는 그런 수준으로 보는 것인가요? 그런 나라와는 다르게 스웨덴처럼 보편적 복지나, 보편적 재정으로 늘리는 방향으로 가야 한다고 보는 것인가요? 앞으로 지향해야 할 모델이 미국이 아니라 스웨덴이 돼야 한다는 얘기인가요?

이상이 미국도 사회복지비 비율만 따지면 GDP의 16퍼센트나 됩니다. 사실, 미국은 잔여주의 선별적 복지를 우리보다 더 잘하고 있습니다. 어느 정도인가 하면, 가난한 사람들의 의료를 보장해주는 메디케이드Medicaid라고 하는 의료보호제도가 있는데, 전체 미국인의 14퍼센트가 여기에 포함되어 있어 이들에게 무상의료를 제공하고 있습니다. 우리는 국민기초생활보장 수급권자

3.2퍼센트에 대해서만 의료보호를 하고 있어 미국의 14퍼센트에 비하면 엄청나게 규모가 작습니다. 이런 수준입니다. 선별적 복지 수준으로 보면 우리는 미국보다 못하고, 보편적 복지가 없다는 측면에서 보면 우리는 유럽이 가진 것을 못 갖고 있습니다. 우리의 복지 수준이 굉장히 뒤떨어져 있는 것입니다. 우리가 나가야 할 방향은, 선별적 복지를 보완하고 확대하겠다는 한나라당의 노선도 참고해야 하겠지만 보편적 복지를 확대하겠다는 야권과 진보세력의 노선을 우선해야 하는 이중의 과제를 안고 있는 것입니다.

김윤태 결과적으로는 유럽형이나 스웨덴식으로 나가야 한다는 말씀이신 것 같습니다.

이상이 그렇습니다. 스웨덴이 대표적인 나라로 보편적 복지가 촘촘하게 생애 전 과정을 통해 모든 사람에게 다 적용되도록 깔려 있습니다. 그런데 가끔 보편적 복지만으로는 부족한 사람들이 있습니다. 몸이 매우 아픈 사람들이나 일부 노인들처럼 복지 수요가 많은 사람은 보편적 복지만으로 부족한 경우가 있습니다. 이러면 지방정부가 자산조사를 통해 선별적 복지인 '공적 부조'를 시행합니다. 이것이 2차 안전망의 역할을 담당하고 있습니다. 이렇게 스웨덴은 보편적 복지와 선별적 복지가 잘 조합이 돼 있습니다.

국민은 기꺼이 세금 낼 준비가 돼 있다

김윤태 한국에서 일부 사람들은 스웨덴처럼 복지를 많이 제공하면 열심히 일하려는 의지를 떨어뜨리고, 또 세금이 올라가게 돼 기업에 부담을 주면 경제가 약화할 수 있다고 비판합니다. 그런데 스웨덴은 복지도 잘 된 나라지만 경제도 꾸준히 성장하는 나라 아닙니까. 이런 점에 대해서는 어떻게 보십니까?

이상이 그 비판도 일면 타당한 면이 있다고 인정해야 합니다. 최근 경제위기를 겪고 있는 남유럽을 보면, GDP 대비 사회복지비 지출의 비중이 20퍼센트를 넘는 남유럽 국가들도 복지국가입니다. 그리고 보편적 복지도 사회보험 중심의 일부 영역에서는 꽤 마련되어 있습니다. 그런데 남유럽은 성장도 못하고, 국민은 그 복지에 만족하지 못합니다. 왜 이런 일이 벌어졌을까요? 현금 지급 위주의 소극적 복지로 갔기 때문입니다. 남유럽 국가들은 연금이나 고용보험에서 받는 현금 급여의 소득대체율이 너무 높아, 연금은 너무 일찍 돈을 주고, 실업급여는 너무 오래 돈을 줍니다. 그래서 '복지병'이 생길 수 있다는 보수파의 비판은 상당한 논거가 있을 수 있습니다. 그래서 우리가 남유럽 방식으로 가면 안 된다는 것입니다. 남유럽은 일자리가 크게 부족하고 실업률이 높습니다. 경제성장의 동력도 부실하지만, 일자리를 만드는 복지를 하지 않고 현금을 주는 복지를 했기 때문입니다. 전체 생애에 걸친 사회서비스 복지는 대표적인 일자리 복지입니다. 이것을 잘해야 합니다. 다시 말해, 출생에서 사망에 이르기까지 모든 인간이 필요로 하는 사회서비스의 제도적 제공에 중점을 둬야 합니다. 출산, 보육, 교육, 의료, 노인요양, 이런 것들이 사회서비스인데, 이것은 엄청나게 많은 양질의 일자리를 만들어낼 수 있는 일자리의 보고입니다. 그런데 남유럽에서는 사회서비스를 보편주의로 제도화하는 것을 하지 않아 아주 취약합니다. 보육은 누가 합니까? 엄마가 애를 키웁니다. 여성이 아이를 키우고 부모님을 모셔야 하는 게 남유럽입니다. 우리나라와 비슷합니다. 그래서 여성의 경제활동참가율이 낮고 여성이 일을 하려고 해도 일자리가 없습니다. 사회서비스가 공적으로 제도화되는 대신에

복지지출 비중

총 정부 지출 비중	GDP 대비	정부재장 대비	GDP 대비
호주	16.0	48.0	33.4
오스트리아	26.4	54.5	48.5
벨기에	26.3	54.4	48.4
캐나다	16.9	42.7	39.5
덴마크	26.1	51.3	50.9
필란드	24.9	52.8	47.2
프랑스	28.4	54.3	52.3
독일	25.2	57.8	43.6
그리스	21.3	45.7	46.7
아일랜드	16.3	44.3	36.8
이탈리아	24.9	51.9	47.9
일본	18.7	51.7	36.2
룩셈부르크	20.6	57.1	36.1
네덜란드	20.1	44.4	45.3
뉴질랜드	18.4	46.7	39.4
노르웨이	20.8	50.6	41.1
포르투칼	22.5	51.4	43.8
스페인	21.6	55.1	39.2
스웨덴	27.3	53.6	51.0
스위스	18.5	57.3	32.3
영국	20.5	45.8	44.8
미국	16.2	44.3	36.6
평균(한국제외)	21.7	50.7	42.7
한국	**7.5**	**26.3**	**28.6**

OECD 국가들의 재정지출 비중 (2007년 기준, 단위: %)

시장화나 가족화돼 있기 때문입니다.

그러나 북유럽의 경우, 사회서비스가 보편주의로 잘 제도화돼 있습니다. 그래서 좋은 일자리를 만들어서 공무원이나 준공무원, 민간이 하더라도 공익 법인이 운영하니까 좋은 일자리가 많이 만들어집니다. 국가가 인건비를 보조해주기 때문입니다. 그래서 여성의 경제활동참가율이 높아지는 것입니다. 스웨덴은 현금지급형의 복지에서 소득대체율이 높지 않아, 국민연금도 돈을 많이 주지 않고, 실업을 당해도 적극적 노동시장정책을 통해 일자리로 조기에 복귀하도록 노력하고 있습니다. 그 대신, 사회서비스에는 아주 많은 돈을 들입니다. 보육, 교육, 의료, 요양서비스의 질이 세계적으로 아주 높습니다. 그 높은 서비스의 질을 가난한 사람이거나 부자이거나 상관없이 누구나 누리는 것으로, 상향평준화된 사회서비스를 온 국민이 누리니까, 거기에 얼마나 많은 인력이 투입되겠습니까. 그 투여되는 인력은 경제사회의 생산성으로 직결됩니다. 그래서 스웨덴은 일자리가 많이 만들어져 있고 복지가 튼튼하니까 경제위기가 오더라도 복지가 경기순환에서 안전망의 역할을 수행하는 것입니다. 복지에는 경기 자동조절 기능이 있는데, 경제 사이클이 불황으로 들어가더라도 복지가 경제사회의 안전망 역할을 잘 하는 나라가 제대로 된 복지국가입니다.

김윤태 남유럽은 현금 지원 위주로 하다 보니 복지지출이 증가했음에도 불구하고 경제에 긍정적인 역할을 하지 못했지만, 북유럽은 일자리를 만드는 복지를 해서 경제에 도움이 되는 성장 친화적인 복지국가가 됐다고 평가하는 것 같습니다. 그럼에도 스웨덴은 조세부담률이 매우 높은데, 한국이 스웨덴 모델을 지향했을 때 높은 조세부담률을 국민이 지지해 줄 것으로 보십니까?

이상이 우리 국민이 지지하게 될 것으로 기대하고 있습니다. 과거 민주정부 때 국민의식조사를 해보면, 국민이 복지를 별로 달가워하지 않았던 때도 있었습니다. 복지를 위해 기꺼이 세금을 부담할 의사가 있느냐고 하면 그렇다고 하는 비율이 별로 높지 않았습니다. 그런데 2010년 5월《한겨레》여론조사를 보면 국민의 70퍼센트가 '내가 혜택을 보는 보편적 복지라면 기꺼이 세금을 더 낼 용의가 있다'고 손을 들었습니다. 저는 그런 국민의 의식의 변화에 주목하는데요. 10년 전, 5년 전에는 '복지'라고 하면 몹시 가난한 사람들을 돕는 복지라고 생각했기 때문에 세금을 내는 중산층 이상의 국민은 복지를 내 일이 아니라고 생각했고, 세금 내는 걸 싫어했지만, 지금은 중산층을 포함한 보통 사람들을 위한 보편적 복지가 필요하다는 국민 인식이 확대되고 있습니다. 왜냐하면 신자유주의 10년을 겪으면서 국민, 특히 중산층의 삶이 불안해지다 보니 복지의 필요성을 느끼게 된 것입니다. 그래서 우리 국민이 이제는 세금을 더 낼 준비가 조금씩 돼 가고 있다고 보는 것입니다.

김윤태 우리가 복지국가를 만들어야 하고, 그러기 위해서는 세금을 인상해서라도 재원을 마련해야 하며, 세금을 더 낼 국민의 의식이 변화하고 있다고 말씀하셨는데요. 이러한 목표로 내걸고 한국의 정당, 정치세력이 선거에 나간다면 국민의 많은 지지를 얻을 수 있을 것이라고, 낙관적으로 보시는 것 같습니다. 그게 현실적으로 가능할까요?

이상이 가능하다고 보고, 가능해져야 한다고 생각합니다. 그것은 유럽의 경험에서 볼 수 있는데요. 제2차 세계대전 이후 유럽의 각국에서는 세율을 모두 높였고, 최고 소득세율이 최대 70퍼센트까지 가기도 했습니다. 현재 우리나라의 최고 소득세율은 35퍼센트입니다. 일반정부general government의 재정 규모를 국제적으로 비교해 보면, 2010년 현재 우리나라는 GDP의 32퍼센트 정도인데, 북유럽 국가들 평균은 55퍼센트이고, 유럽연합 국가들의 평균은 50퍼센트, OECD 국가들 평균은 45퍼센트입니다. 우리나라는 장차 일반정부의 크기를 키워야 합니다. 지나치게 '작은 정부'를 벗어나기 위한 국민적 노력이 필요한 시기로, 저는 이것을 얼마든지 높일 수 있다고 봅니다. 시대가 바뀌고 있기 때문입니다. 그래서 제가 가장 중요하다고 생각하는 것이 복지국가를 위한 시민정치운동입니다.

지금 당장 대폭의 증세를 주장하면 즉각적인 지지를 얻을 수 있을지에 대해서는 저도 의문을 갖고 있습니다. 왜냐하면 상당수의 보통국민이 복지, 특히 보편적 복지가 필요하고 그것을 위해 누군가는 세금을 더 내야 한다는 것을 알고 있지만, 더 많은 국민은 여전히 잔여주의 선별적 복지의 관점에서 오랫동안 몸에 밴 인식, 즉 '내가 내는 세금은 나와 무관하다'는 의식이 뿌리 깊게 자리하고 있기 때문에 우리 사회가 '반反복지'의 덫에 빠져 있습니다. 여기에서 벗어나는 데는 상당한 노력이 필요합니다.

그 노력이 두 가지 축에서 다 나타나야 합니다. 하나는 정당들이 노력해야 하고, 두 번째 시민사회가 노력해야 합니다. 시민 스스로가 보편적 복지를 요구하고 그것을 위해서라면 세금을 누진적으로 기꺼이 더 내겠다고 말해야 합니다.

국민건강보험이 의료비 문제를 완전히 해결해 준다면, 저는 민간의료보험에 가입하지 않고 그 돈의 일부를 국민건강보험료로 더 내겠다고 인식하는 보통의 국민, 중산층, 서민들이 더 많아져야 한다고 생각합니다. 이것을 달성하는 데는 정치권의 노력만으론 부족합니다. 풀뿌리에서부터 그런 의식이 확산해야 하므로 저는 풀뿌리 시민운동이 굉장히 중요하다고 봅니다. 이런 운동이 보통시민의 정치의식을 높이고, 시민이 보편적 복지국가로 가도록 결심하게 하는 굉장히 중요한 운동입니다. 그래서 제가 '시민정치운동'이라는 말을 쓰는 것입니다.

'중도진보'의 다수파 전략으로 가라

김윤태 정당뿐만 아니라 시민사회세력까지 연합하는 큰 운동이 돼야 한다는 것인가요?

이상이 그렇습니다. 최소한 2011년은 그렇게 가야 합니다. 이 성과를 가지고 궁극적으로는 범야권의 정당질서가 재편되어야 합니다.

김윤태 복지국가 정치운동의 최종 목표는 하나의 정당이 만들어져야 한다고 보는 것인가요?

“진보진영에서 넓은 의미의 사회민주주의 세력들은 중도진보로 합류해야 합니다. 결국, 좌클릭을 감행한 새로운 민주당 세력과 보편주의 복지국가 노선을 천명한 모든 진보개혁세력들이 ‘중도진보의 영역’에 다 모여서 단일정당을 만드는 게 복지국가 정치동맹의 최고로 바람직한 길이라고 생각합니다. 그리고 그게 총선 전에 이뤄지는 게 정답이라고 봅니다.”

이상이 그렇습니다. 복지국가를 전면에 내세운 거대한 중도진보 영역의 통합적 수권정당이 필요합니다.

김윤태 민주당, 민주노동당, 진보신당, 국민참여당, 창조한국당, 사회당 등이 다 하나로 통합돼야 한다는 말씀인가요?

이상이 먼저, 저는 담론의 재구성을 이야기하고 싶은 것입니다. 분명히 하고 싶은 것은, 민주당은 지금의 민주당이어서는 안 된다는 점입니다. 보편적 복지국가를 얘기하고 있지만 다분히 정치적 수사인 측면이 많고, 실제로 보편적 복지국가로 가기 위한 당 내부의 제도적 정비가 필요하다는 것입니다. 당 자체의 체질이 복지국가 정당으로 바뀌어야 합니다. 저는 그게 '중도진보' 정당이라고 보는데요. 민주당이 지금의 모호한 중도개혁 정당에서 중도진보 정당으로 환골탈태를 해야 합니다.

국민참여당도 참여정부 때부터 유지해오던 사회투자국가론의 오류를 인정해야 합니다. 그것을 버리고 보편적 복지국가로 와야 합니다. 그리고 한미 FTA라든지 참여정부 때 했던 소위 신자유주의 정책에 대해서는 반성적 성찰을 해야 합니다. 그렇게 해야 합류할 수 있을 것입니다.

민주노동당은 기존의 NL이라는 주사파 담론을 버려야 한다고 생각합니다. 북한 문제에 대한 태도를 크게 수정해야 하고 북한에 대해서도 할 말은 해야 합니다. 북한 정권을 비판하는 것과 한반도 평화체제 구축의 문제를 하나로 보는 경향이 있는데 그 둘은 별개의 문제입니다. 지금 민주노동당이 복지는 얘기하지만 복지국가 얘기를 잘 하지 않습니다. 그래서 저는 보편적 복지국가를 건설하기 위해서는 지금 민주당에게 요구되는 큰 변화 이상으로 민주노동당도 환골탈태를 해야 할 것으로 생각합니다.

진보신당 내부의 마르크스 - 레닌주의 내지는 전체주의적 사고를 하는 정통 PD세력도 소위 혁명적 사회주의 노선을 견지할 것인지, 아니면 복지국가를 전면적으로 내세우고 의회주의와 다원주의적 입장에서 이를 추진할 것인지, 즉 사회민주주의로 갈 것인지, 아니면 혁명적 사회주의로 갈 것인지 태도를 분명히 해야 합니다.

그래서 진보진영에서 넓은 의미의 사회민주주의 세력들은 중도진보로 합류해야 합니다. 결국, 좌클릭을 감행한 새로운 민주당 세력과 보편주의 복지국가 노선을 천명한 모든 진보개혁 세력들이 '중도진보의 영역'에 다 모여서 단일정당을 만드는 게 복지국가 정치동맹의 최고로 바람직한 길이라고 생각합니다. 그리고 그게 총선 전에 이뤄지는 게 정답이라고 봅니다.

김윤태 정치적인 얘기를 서너 가지 더 해보겠습니다. 기존 정당이나 정치세력, 시민사회까지 망라한 정당을 새로 만드는 것이 방법이라고 했는데, 최근 일부 진보진영에서 민주당을 뺀 진보대통합 운동이 전개되고 있습니다. 그리고 진보신당 조승수 대표, 서울대 조국 교수의 경우 보수, 중도, 진보의 삼각 정치체제로 재편돼야 한다는 의견도 있습니다. 그런데 이상이 대표의 의견은 중도진보와 보수의 양대 정당 중심의 정치체제를 염두에 둔 것 같은데요. 최근 다른 움직임과는 어떤 차이가 있으며, 또 다른 움직임을 어떻게 보십니까?

이상이 보수, 자유, 진보, 이 3구분론은 민주노동당, 진보신당, 사회당까지 포함해 진보진영에서 논의돼 왔던 틀로 지금까지 진보진영에서 계속 주장해 왔던 것입니다. 민주당을 자유주의 중도로 놓고, 진보와 보수 블록이 있다는 식의 이러한 구분 방식을 사용하면서 자유와 진보를 다른 것으로 차별 짓는

데, 이것은 이른바 소수파를 감수하며 유의미한 역할을 찾겠다는 소수파 전략이라는 한계가 있습니다. 이것은 진보진영이 자신들이 고수해온 기존의 틀과 기득권을 유지하기 위한 하나의 논리에 불과하고 '현상유지' 전략입니다. 신자유주의 양극화 성장체계라는 기존의 패러다임을 역동적 복지국가로 교체하라는 밑으로부터의 요구가 터져 나오고 있음에도, 그 요구로부터 자신들의 기존 입장을 지키기 위한 논리인 셈입니다.

그리고 조국 교수 같은 분은 진보적 학자로서 우리나라의 정치상황을 있는 그대로 분석하고 해석하는 위치에 있습니다. "진보는 통합해야 하고, 자유주의 정당들은 좀 더 진보적으로 '좌클릭'하라"고 요구하는 것은 진보적 학자의 입장에서 자연스럽다고 봅니다. 그러나 저는 활동가, 즉 복지국가 운동가입니다. 저의 경우는 기존의 틀을 깨기 위해 싸움을 할 의지를 직접적으로 표출해야 하는 입장에 놓여 있습니다. 저의 주된 정체성은 복지국가 운동가이기 때문입니다. 제 의견은 기존의 오래된 '3 구분론'으로는 복지국가를 만들기 어렵다는 것이고, 저는 이것을 깨고 싶습니다. 그래서 얘기하고 싶은 것은 '4 구분론'입니다. 오른쪽에 정통보수가 있고, 그 다음에 현대 보수주의 이념의 개혁적 보수가 있고. 왼쪽에는 진보적 자유주의와 사회민주주의가 있는데, 이것은 중도진보입니다. 그 옆에 정통진보, 즉 혁명적 사회주의가 위치합니다. 강경보수, 중도보수, 중도진보, 정통진보의 네 가지가 '4 구분론'입니다. 저는 혁명적 사회주의자가 아니라면 중도진보로 가야 한다고 생각합니다. 민주당이 좌클릭해서 옮겨 온 진보적 자유주의 세력이 주도하는 민주당과 사회민주주의 그룹이 주도하는 진보가 만나서 '중도진보'를 형성해야 합니다. 이 '중도진보'는 '중도보수'로 견인돼 나올 새로운 한나라당과 거대한 양대 세력을 형성할 수 있어야 합니다. 그래서 저는 복지국가 세력이 정통진보 노선으로 가는 것은 '소수파 전략'이라고 보는 것입니다. 우리는 '다수파 전략'으로 가야 하며, 그럴 때만 역동적 복지국가의 실현이 가능해집니다.

김윤태 복지국가를 현실화하려면 집권 전략이 있어야 하고, 현재와 같은 '진보대통합' 즉, 민주당을 배제한 연합정치는 사실상 현상유지나 소수파 전략에 불과하다는 것인가요?

이상이 그렇습니다.

김윤태 진보적 자유주의에 가까운 민주당과 사민주의 성향을 가진 진보정당이 함께 한다는 이념적인 가능성에 대해서는 이해할 수 있지만, 현실정치로 볼 때 의석수를 따져보면 민주당이 압도적으로 많지 않습니까? 결국 민주당 중심의 통합이 아니냐, 민주당으로 흡수가 되거나 민주당의 조그만 진보블록이 될 뿐 아니냐. 이런 우려가 있는 것 같습니다. 결국 이상이 대표의 제안은 이념적으로 가능할지 모르지만 현실정치에서 민주당 중심에 동참하라는 식으로 해석되지 않을까요?

이상이 그렇게 이해될 우려도 있다고 봅니다. 김기식 참여연대 정책위원장이 주장했던 빅텐트론에 대한 진보진영의 우려도 그런 것 아닌가요. 일단 명백하게 짚어야 할 게 있습니다. 민주당이 기득권을 버려야 합니다. 그리고 민주당이 과감하게 좌클릭을 해서 '중도진보' 정당으로 바뀌어야 합니다. 그것을 민주당이 해내야 한다는 전제 조건이 있는데, 저는 이것을 해낼 수 있다고 봅니다.

제가 해낼 수 있다고 보는 첫 번째 이유는 지금 총선과 대선이 다가오고 있는데, 지금 이대로 민주당이 총선과 대선까지 가면 한나라당을 이기지 못합니다. 대선은 절대 못 이기고, 총선에서도 과반 의석을 얻지 못할 것입니다.

그것은 장차 절망적인 상황을 의미합니다. 그래서 민주당은 지금의 틀을 과감하게 벗어나는, 민주당의 이념적 위치 재설정과 재구조화 작업에 나설 필요가 절박해질 것입니다.

두 번째 이유는 국민의 열망입니다. 이대로는 못 살겠다는 열망이 너무 강합니다. 그러면서도 이대로 살아갑니다. 왜? 사람은 살기가 버거워지면 생존 본능 때문에 각자도생各自圖生합니다. 여기에서 정치가 국민에게 희망을 주지 못하면 안 됩니다. 신자유주의로 인한 만성적 민생불안이 국민으로 하여금 보편적 복지에 대한 강한 열망을 표출하도록 하고 있어, 이것이 강해지면 강해질수록 기성 정당은 재구조화 작업에 나서지 않을 수가 없게 될 것입니다. 그렇게 되면, 민주당은 아마 당명도 버릴 수 있을 것이고, 더불어 과감하게 '중도진보' 정당으로서의 정체성을 선언하고, 그 내용을 채울 수 있을 것입니다. 그런 가능성을 저는 민주당 내부의 주요 정파들에서 보고 있습니다. 심지어 김근태 전 복지부장관도 50퍼센트를 내주는 한이 있더라도 민주당은 진보정당으로 가야 한다고, 복지국가 정당으로서의 정체성을 분명히 해야 한다고 주장하고 있습니다. 김 전 장관 외에도 민주당 개혁 블록을 포함한 주요 정치 지도자들로부터 그런 목소리들이 강하게 나오고 있기 때문에, 민주당은 현재 상당 수준의 환골탈태가 가능한 조건으로 내몰리고 있다고 봅니다.

김윤태 정치적으로 통합의 가능성이 있다고 보시는데, 복지국가 외에도 한미 FTA 등 다른 현안들에서 노선의 차이가 있습니다. 그런 것들은 어떻게 보십니까?

이상이 한미 FTA를 어떻게 할 것인지, 이런 문제도 복지국가 담론에 모두 포함됩니다. 신자유주의적 복지국가가 세상에 어디 있겠습니까? 그것은 우리가 하고자 하는 복지국가가 아닙니다. 한미 FTA는 복지국가와 배치背馳됩니다. 이를테면, 한미 FTA는 의료민영화 노선이고, 보험회사를 살리는 노선이고, 금융자본을 살리는 노선입니다. 이는 우리네 삶에서 사회적 영역과 사회 공공성을 확충하고 제도화하자는 복지국가 노선과는 맞지 않습니다. 한미 FTA의 투자자-국가소송제가 그런 것입니다. 복지국가는 기본적으로 평화나 생태의 개념까지도 다 포함합니다. 민주주의에 입각한 복지국가의 민주정부야말로 친親평화 정부이며, 친親환경 정부일 가능성이 가장 높습니다.

김윤태 민주당의 환골탈태를 말씀하셨는데요. 그러면 최근 민주노동당, 진보신당 등 진보대통합을 추진하는 세력들은 어떠하며, 또 어떤 자세를 가져야 할까요?

이상이 현재 일각에서는 비민주 진보대통합을 주장하고 있습니다. 저는 그것이 성공하기 쉽지 않다고 보는데요. 왜 그런가 하면, 이 주장은 기본적으로 '가치의 재구성이 없는' 기존의 자칭 진보라고 생각하는 사람들이 모두 모이자는 것으로, 이것은 도로 민주노동당이 될 가능성이 큽니다. 가치의 재구성이 없는 진보의 변화는 진정한 변화가 아니므로 국민에게 감동을 줄 수 없으며 이런 방식은 성공하기 어렵다고 봅니다.

제가 의구심을 가지는 또 다른 부분은 민주당과 같이 안 하겠다고 '비민주'라고 하면서 국민참여당은 넣고 있다는 겁니다. 민주당은 보편적 복지국가를 당의 노선으로 선포까지 했고 한미 FTA도 명확하게 반대하고 있는데, 이렇게 입장이 명확한 정당은 빼고 있습니다. 그런데 국민참여당은 한미 FTA에 대한 명확한 반대 입장도 없고, 복지국가 얘기도 잘 안 하고, 보편적 복지국가 얘기에는 시큰둥한데, 그쪽은 같이 해도 좋다는 논리는 어디에서 나왔는지 모르겠습니다. 이것은 또 하나의 정치공학이 아닌가, 과연 '가치의 재구성 없는 정치공학'이 성공할 수 있을까 하는 의문을 제기하는 것입니다. 명백하게 가치의 재구성을 통해 중도진보 정당에 다 모여야 합니다. 그래야 집권 가능한 복지국가 정당이 나오게 된다고 생각합니다.

복지국가의 열쇠는 '깨어 있는' 시민

김윤태 지금까지 정당의 통합을 말씀하셨습니다. 그렇다면 시민사회에서는 어떻게 조직적으로 참여할 수 있을까요? 나아가 시민사회의 역할은 어떤게 있는지 듣고 싶습니다.

이상이 예를 들어 보겠습니다. 참여정부 말기에 복지를 확대하기 위해 세금을 더 내야 한다는 얘기를 청와대에서 슬며시 꺼낸 적이 있었습니다. 그런데 박근혜 당시 대표가 이를 '세금폭탄'이라고 비판해서 바로 주저앉혔죠. 그래서 저는 풀뿌리 시민사회에서 보통시민의 자각이 굉장히 중요하다고 생각합니다. 퇴임 후 노무현 전 대통령도 말씀했지만, "깨어 있는 시민"이 복지국가로 가는 데 있어 가장 중요하다고 봅니다. 안타깝게도, 참여정부 말기에 와서야 우리나라가 복지국가로 갈 수 있는 바람직한 방향을 이야기했지만 "세금폭탄"이라는 한마디에 무너져 버렸습니다. 국민과 여론이 그런 방향으로 움직였고, 국민이 세금폭탄 논리를 지지하면서 결과적으로 이명박 대통령이 집권하는 보수의 성장주의-감세 프레임이 작동하는 결과를 낳고 말았습니다. 저는 시민의 의식이 복지국가를 향해 제대로 깨어 있지 않으면 복지국가를 만드는 게 불가능하다고 생각합니다.

제가 노심초사하면서 지난 1년 동안 신경을 써왔던 것 중의 하나가 '건강보험하나로' 시민운동입니다. 이 운동은 국민이 "내 여건에 맞게 내가 지금 내고 있는 국민건강보험료의 34퍼센트를 더 내겠다! 그러니 의료비 불안을 없애 달라! 내가 민간의료보험에 가입 안 해도 되게 해 달라! 국민건강보험이라는 국가의 의료보장제도 아래에서 나는 안정감을 얻고 싶다!"고 기꺼이 나서도록 하자는 풀뿌리 시민운동입니다. 이런 생각을 하는 시민, 그리고 중산층이 엄청나게 많이 나타나야 합니다. 그런 연대의식이야말로 복지국가의 핵심입니다. 국민 일반이 갖고 있는 불안을 제도적 방식으로, 사회 연대적 방식으로 해결하고자 하는 깨어 있는 국민, 시민이 많아야 하며, 이것이 시민정치운동이 할 일이요, 이것은 바로 복지국가의 문화, 즉 연대의 문화를 만들어가는 것입니다.

연대의 문화를 만들어 놓았을 때, 이를 기반으로 새롭게 만들어지는 정당은 이 시민적 토대 위에서 복지국가 노선을 내걸고 총선과 대선에서 승리할 수 있습니다. 그래서 2011년 1년 동안 전국적 수준의 풀뿌리 시민정치운동이 굉장히 중요합니다. 그것이 얼마나 들불처럼 일어나느냐에 따라 올 2011년 말의 정치질서 재편 국면에 영향을 줄 것입니다. 만약 그것이 잘 안 되면 정치질서 재편이 잘 안 될 것이고, 그러면 복지국가로 가는 것은 한동안 미뤄지든지 포기하든지 해야 할 지도 모릅니다.

김윤태 복지국가 만들기가 성공하기 위해서는 제도적 차원만이 아니라 시민이 스스로 운명공동체라는 연대의식이 강해졌을 때 성공할 수 있다고 보시는 것 같습니다. 실제로 이런 정치운동이 효과를 내서, 집권에 성공했다고 한다면 제일 먼저 해야 할 복지정책이나 프로그램은 무엇이고, 그 이유도 듣고 싶습니다.

이상이 제일 먼저 할 일은 일자리 정책이라고 생각합니다. 그것도 양질의 일자리가 필요합니다. 비정규직이라는 차별 있는 일자리가 아니라 차별 없는 일자리가 돼야 합니다. 비정규직에 종사했던 사람도 정규직과의 격차가 최소화되는 그런 일자리를 많이 만들어야 합니다. 그것이 복지국가를 하는 이유여야 합니다.

일자리를 많이 만들기 위해서는 두 가지를 해야 합니다. 하나는 사회서비스를 보편주의 방식으로 완전하게 재구성해야 합니다. 사회서비스가 탄탄하게 받쳐주고 있으면 경제주체의 역동성이 높아지고 창의성도 높아집니다. 그래서 사회서비스의 보편적 제도화가 중요합니다. 또 하나가 고용보험인데, 이를 대폭 확충해야 합니다. 이를 위해서 고용보험 분담금을 더 높여야 하고, 특히 기업의 부담을 더 높여야 합니다. 그리고 정부도 누진적 조세를 통해 걷은 세금을 훨씬 많이 쏟아 부어야 합니다. 그래서 고용보험이 실업수당을 제공하면서 적극적 노동시장정책을 주도할 수 있도록 해야 합니다. 그렇게 되지 않는다면 비정규직 문제를 해결할 수 없을 뿐만 아니라 기업의 역동성을 보장할 방법도 없어집니다. 사실, 망해야 할 기업은 망해야 합니다. 망해야 할 기업이 못 망하면 장차 나라가 망할 수도 있다는 생각을 해야 합니다. 망해야 할 기업이 망하도록 하는 것, 그러면서도 노동자에게 양질의 일자리를 보장해주는 것, 그것을 국가가 해야 하는 것입니다. 이 두 가지를 해야 합니다.

김윤태 일단 정권이 교체가 돼야 하고, 보육이나 교육, 요양 같은 사회서비스가 시장 논리에 맡겨지는 게 아니라 국가가 개입해 새로운 일자리를 만들고 사회서비스를 제공해 삶의 질을 높이는 역할들, 노동시장에서 교육이나 훈련에 투자를 많이 하는 고용정책을 확충해야 한다는 것이 한국 복지국가 발전의 최우선 과제로 생각하는 것 같습니다.

이상이 그것을 가능하게 하기 위해선 몇 가지 전제가 있습니다. 첫 번째 전제가 공정한 경제인데요. 여기에서 제가 강조하고 싶은 것은 정부의 적절한 규제, 즉 시장 개입입니다. 특히, 공정거래에 관한 규제가 있어야 합니다. 대기업의 횡포를 막는 규제와 중소기업과 대기업의 생산성 격차를 해소하기 위한 규제, 중소기업을 도와주기 위한 적극적이고 조장적인 산업정책이 중요합니다. 이것이 복지국가의 시장 개입입니다. 이를 위해서는 돈이 필요합니다. 그래서 재원을 마련하기 위한 조세정책, 특히 누진적, 연대적 조세를 강화하는 게 필요합니다. 이와 함께 정부의 적극적 재정정책이 중요하다고 봅니다.

김윤태 복지국가의 중요성, 그리고 복지국가로 가기 위해서는 연대를 통해 정권교체를 해야 하고, 구체적인 제도를 마련해야 한다는 얘기들도 잘 들었습니다. 꼭 성공하시길 바라는 마음입니다. 긴 시간 감사했습니다.

02;

2012년 민주진보정부,
아! 이건 된다

문성근

100만 민란 국민의 명령 대표

국민의 명령 대표 문성근, 100만 민란의 주동자. 처음에는 그다지 어울리지 않는 이름 같았는데 이제 사람들은 그를 배우 문성근으로 부르지 않는다. 언제 다음 영화를 찍을 것인지 묻는 사람도 없다. 왜냐하면 이제 그는 배우라기보다는 시민정치운동가로 자리매김하고 있기 때문이다.

문성근 대표가 보여주고 있는 헌신성은 그의 주장에 대한 찬반을 떠나 많은 이들에게 감동을 주고 있다. 날이 아무리 더워도 혹은 추워도 그는 시민들을 만나기로 한 자리에 반드시 나타난다. 그리고 이명박 정부와 한나라당을 물리치기 위해서는 야 5당이 다 합치는 방법밖에 없다고 목놓아 부르짖는다. 그리고 불러주는 자리면 어디든 가서 역설한다. 야 5당이 다 합쳐야 한다고. 그래서 그는 이제 야권단일정당운동의 대명사가 되었다.

그래서 그의 인터뷰에서 야권단일정당에 대한 부분은 매우 풍성하다. 왜냐하면 항상 하고 다니는 말을 인터뷰 형식을 빌려서 다시 하면 되기 때문이다. 거리에서 하던 이야기, 강연장에서 하던 이야기를 마주 앉은 사람에게 다시 들려주기 때문이다. 어쨌든 그를 만나 본 사람들은 하나같이 그의 말에는 힘이 있다. 뭔가 울림이 있다 한다. 물론 그렇다 하더라도 국민의 명령이 가진 기본적인 한계는 뚜렷하다. 태생적으로 이념지향인 진보정당들은 그의 호소에 조금도 귀 기울이지 않고 있다.

그런 진보정당들을 향해 문성근 대표는 '정파등록제'를 이야기한다. 정파등록제를 실시해 한 당 안에 있으면서도 기존의 모든 정당이 자기 색깔을 유지하면서 단일정당을 구성하자는 것이다. 조직도 그대로 유지하고 심지어는 정책연구소도 각기 따로 운영하고, 공동 당사를 두자는 아이디어다. 그러면 덩치가 큰 민주당에 진보정당들이 흡수될 염려를 하지 않아도 되지 않느냐는 것이다.

일견 그럴듯해 보이지만 문성근 대표의 이런 주장에는 많은 한계가 있다. 우선 세계 정치사를 돌아봤을 때 그런 정당은 브라질 룰라 대통령을 배출한 브라질노동당(PT)이 유일하다. 그런 의미에서 보면, 야권단일정당운동도 한국 상황에서는 사상 초유의 실험을 제안하고 있는 것인데, 이것이 과연 정당정치의 정상적인 발전에 도움이 되는 것인지 해가 되는 것인지에 대한 고민은 그다지 없어 보인다. 그리고 또 하나는 그렇게까지 전례 없는 정치행위를 해야 하는 이유로 제기하는 명분이 매우 약하다는 것이다. 흔히 하는 말로 '묻지 마 반MB연합'이라는 비판도 있다. 문성근 대표의 제안을 정치공학적으로 해석하고 있는 입장에서는 '편가르기' 라고 단순화하여, 이렇게 비판하기도 한다. 문성근 대표가 야권단일정당으로 집권하는 것이 얼마나 중요한지 설명해도 이념적 지향을 중요시하는 집단에서는 알아들을 수 없기 때문으로 보인다.

아쉽지만 문성근 대표는 복지국가에 대한 비전을 갖고 있지 않다. 이것은 사실 문성근 대표의 책임은 아니다. 국민의 명령이라는 조직 자체가 야5당을 다 합치자는 문제의식에서 결성된 조직이기 때문이다.

많은 사람들이 국민의 명령의 100만 민란 운동이 그 열정 위에 가치를 얹게 되면 성공할 가능성이 있다고 보고 있다. 적어도 기존의 모든 정당을 통합해낼 수는 없겠지만 아래로부터의 통합, 즉 사실상의 통합을 이뤄낼 수도 있을 것이라고 가능성을 후하게 쳐준다. 기존 정당의 당원들, 시민들의 마음이 움직여 국민의 요구를 정확히 반영하는 새로운 가치를 내걸고 하나의 당으로 모인다면 형식적으로는 몰라도 적어도 내용적으로는 100만 민란 운동이 성공한 것이라고도 볼 수 있지 않을까.

인터뷰에서 독자들이 눈여겨봐야 할 대목이 하나 있다. 바로 문성근 대표의 정치참여 가능성이다. 약간 우회하고 있지만 그는 정치참여 가능성을 그 어느 때보다 활짝 열어놓고 있다. 100만 민란 운동의 성공을 위해서라면 무엇이든 할 수 있다는 말은 다시 말해서 필요하다면 정치에도 나서겠다는 말이다. 2012년 4월로 예정된 국회의원 선거에 나갈 수도 있다는 말인 것이다.

앞에서 100만 민란 운동이 성공하려면 가치가 필요하다는 점을 지적했다. 그 가치는 이미 제시되어 있다. 2011년 한국사회에서 정당들이 국민에게 팔 수 있는 최고 유망상품은 바로 '복지국가 비전'이다. 지금 여기에 동참하지 않고 있는 정치세력은 하나도 없다. 그렇다면 100만 민란 운동도 한 단계 더 도약하기 위해서는 '복지국가' 라는 가치의 채용을 심각하게 고려해야 할 것으로 보인다. 국민의 명령은 2012년 집권에 동의하는 정치세력은 모두 다 합치자는 주장 위에 복지국가 건설을 위한 정권교체라는 명분을 얹으면 큰 파장을 일으킬 것이다.

문성근(文盛瑾)

1953년 도쿄 출생.
1968년 보성고등학교
1972년 서강대학교 무역학과
1985년 연극 〈한씨 연대기〉로 데뷔
1990년 영화 〈그들도 우리처럼〉
1992년~1994년/1997년9월~2002년 5월 〈그것이 알고 싶다〉-사회자
2000년 영화진흥위원회 부위원장
2001년 스크린쿼터 문화연대 이사장
2001년 노무현을 사랑하는 사람들의 모임 활동

현 | 백만송이국민의명령 대표일꾼, 조중동방송저지네트워크공동대표
저서 | 『10명의 사람이 노무현을 말하다』(공저, 2010), 『문성근의 유쾌한 100만 민란』(2011)

100만 민란, 국민의 마음은 이미 부글부글 끓고 있다

김윤태 요즘 100만 민란 운동 때문에 말 그대로 '풍찬노숙風餐露宿'하고 있다는 얘기를 들었습니다. 거의 140일 가까이 됐고 말 그대로 대장정인데. 참여자도 벌써 6만5,000명(2011년 6월 15일 현재 약 14만 명) 정도라고 들었습니다. 처음 시작할 때의 계획과 기대에 비해 지금 어떻게 평가하고 있습니까?

문성근 아주 잘 되고 있습니다. 처음에는 '뜻은 좋지만 잘 되겠냐'는 우려의 시각이 많았죠. '5만 명 넘으면 내 손에 장을 지진다'는 사람도 있었지만 우리는 될 거라고 생각했습니다. 지금 국민 마음이 부글부글 끓고 있다, 변화를 원한다, 부정적 전망은 그 요구가 얼마나 표출될까 하는 의구심 때문이었습니다.

두 번의 전환점이 있었습니다. 2010년 11월 13일 우금치에서 콘서트를 했는데, 말하자면 전국 1차 봉기인 셈입니다. 2만 명을 넘기긴 했지만 조직화가 제대로 된 상태는 아니었습니다. 우리가 10~ 30명 단위의 최소 단위를 '들불'이라고 하고 그 들불 모임을 움직이는 사람을 '접주'라고 하는데, 지난 2010년 11월은 이제 막 접주들이 생겨나기 시작하던 때였습니다. 당연히 조직적 참여도 어려웠고, 800명 정도를 예상했지만 2배 가까운 1,500명이 왔는데, 이는 지금 상태로는 전국대회가 무리지만 반드시 성공해야 한다는 신념으로 회원들이 자발적으로 온 것입니다. 당시 시민사회단체와 정당 관계자들이 많이들 보러 왔는데, 그때 '이 운동이 끝까지 가겠구나'라고 판단했던 것 같습니다.

두 번째 전환점은 12월 초였습니다. 사실 거리에서 한 번 냉대를 받아 보면 마음이 불편하고 기도 죽습니다. 그런데 어느 날 '파주 들불'이 심학산에서 하루 동안 500여 명의 회원을 받았습니다. 아, 정말 좋았습니다. 또 광주 들불이 무등산 앞에서 비슷하게 성과가 좋았고. 두 군데가 성공하는 걸 보면서 '이건 된다' 싶었습니다.

시민이 그렇게 자발적으로 회원이 되고 활동가가 됐기 때문에 2010년 연말까지 5만 명이 가능했고, 5만 명을 넘겼으니 이제 내용을 좀 더 충실하게 할 필요가 있다고 판단해 정책위원회를 꾸려 조기숙 이화여대 교수를 정책위원장으로 모셨습니다. 이제 2단계에 들어서게 되었습니다.

김윤태 그동안 100만 민란 운동을 전국적으로 벌이면서 '야권단일정당'의 필요성을 알리고 바람을 일으켰다면, 이제는 내용을 채우는 단계로 가겠다는 얘기신데, 구체적으로는 어떤 방향의 내용을 생각하고 있습니까?

문성근 이명박 정부 3년을 겪으면서 이미 합의된 내용이 있습니다. 자유, 정의, 생태, 복지, 평화를 야권단일정당운동의 제안서에 명시를 했는데, 우리가 현 시점에서 공감하는 시대적 가치를 담았다고 생각합니다. 그 말만으로도 시민은 다 이해합니다. 물론 전문가나 직업 정치인은 좀 더 상세한 내용을 원하겠지만 이 운동은 일단 시민을 향한 것입니다.

앞으로도 '투 트랙'으로 가야 합니다. 하나는 연합정당을 건설하기 위한 토론입니다. 정당 득표가 의석수에 반영되는 선거제도 개편을 공동 공약 1호로 걸 수 있지 않을까요? 또 하나는 연합정당이 제시할 정책비전에 대한 토론입니다. 비정규직, 최저임금, 의료, 복지에 대한 정책을 합의해 나갈 것입니다.

흡수에 대한 소수정당의 두려움, 정파등록제로 풀 수 있다

김윤태 100만 민란 운동이 목표로 하는 단일정당의 성격을 놓고 다양한 설명이 있습니다. 무지개 연합정당이라고도 하고, 네트워크 정당이란 말도 합니다. 단일정당의 성격을 구체적으로 설명해주시겠습니까?

문성근 그런 분류는 학자들 얘기고…… (웃음), 우리의 제안은 그동안 한국정치를 보면서 느껴왔던 문제를 토대로 나온 것입니다. 가장 우선적인 특징은 당연히 민주적 운영방식이고, 또 하나는 연합정당입니다. 모두 '2012년 민주진보정부를 세우려면 무엇이 필요할까?'에서 시작한 고민입니다. 3가지가 필요합니다. 하나는 지역구도 완화 흐름을 더 전진시켜야 합니다. 두 번째, 20~30대의 능동적 참여를 이끌어내야 합니다. 꼭 20~30대 전체가 아니라 자유주의적 진보세력이랄까, 아니면 촛불세대로 표현해도 좋겠습니다. 세 번째, 민주진보진영과 진보진영이 어떻게 같이 갈까? 이 세 가지 고민이 새로운 정당에 반영되어야 한다는 고민이 출발점이었습니다.

우선, 같이 가는 방안으로 연합정당을 구성하자는 것입니다. 최대한 합의할 수 있는 것은 합의하되, 못하는 부분은 정파로 경쟁하자는 얘기입니다. 정파등록제(진보진영 정체성 보장제도)도 가능합니다. 합치는 것에 대한 소수당의 두려움은 '결국 흡수되어 소멸될 것'입니다. 정파등록제는 그 두려움도 완화할 수 있습니다. 한 당적이되 이중 멤버십이 되는 것인데, 예를 들어 민노회, 참여회, 진보회 등의 회원이면서 동시에 연합정당의 당원이 되는 것이지요. 기존 정당들의 구조를 통째로 가지고 합치는 것입니다. 이를테면 모든 정파가 협의제 민주주의를 한다고 할까요.

한 가지 또 중요한 것은 온라인과 오프라인의 결합입니다. 기존 정당은 오프라인인데 지금은 그보다는 온라인 사이트에서 회원으로 활동한 경험이 더 많습니다. 취미클럽도 있고 준정치클럽도 있고 팬클럽도 있습니다. 얼굴, 이름, 직업 다 가리고 닉네임만으로 마치 놀이하듯이 정치활동을 합니다. 그 활동들이 그대로 정당활동이 될 수 있도록 하자는 제안입니다. 정치에는 관심이 대단히 많으면서도 정당에는 들어가지 않는 우리나라 국민의 이중심리 때문입니다. 20~30대는 오프라인 당에 대한 거부감은 더 심하지만 직접 민주주의를 원하는 성향은 강합니다. 그 마음을 흡수해야 합니다.

마지막으로 열린우리당의 공중분해 역사에 대한 반성입니다. '노사모'의 경험을 따라한 것이 개혁당이었습니다. 민주당은 1971년 김대중 후보를 도우려고 입당한 분들이 대를 이어 당원으로 활동하고 있습니다. 그 분들과 달리 2000년 이후 참여를 시작한 시민은 상당 부분에서 확연하게 다릅니다. 김대중 전 대통령이 예전에 청중을 동원한다는 느낌의 표현을 사용한 적이 있었는데, 솔직하게 그 시대는 국민을 동원 대상으로 생각하는 정치였습니다. 그러나 지금은 시대가 달라졌습니다.

열린우리당은 서로 차이점을 가진 개혁당과 민주당이 중간지대에서 만난 것이었습니다. 완전히 다른 두 그룹을 '진성당원제(기간당원제)'라는 제도를 통해 억지로 화학적 결합을 시도했던 점에서 문제가 있었죠. 이제는 따로 또 같이 갈 수 있게 만들어야 하는데, 안방은 온돌방이고, 건넛방은 의자가 있는 방이고, 지구당 위원장을 뽑을 때는 거실에서 하는 식이 돼야 합니다.

김윤태 젊은 세대의 정치참여를 확대할 방안은 무엇입니까?

문성근 20~30대에 대한 의무 공천도 필요합니다. 지금의 20~30대는 그 전 세대와는 완전히 다른 산업구조 속에 놓여 있고 정책적 요구도 완전히 다릅니다. 정치권에서는 매번 투표하라는 말만 하지 그들의 말을 들어준 적이 없지 않습니까? 그들에게 그들 스스로 국회의원이 되어 스스로의 문제를 풀어 보라고 하면 어떨까요? 물론 워낙 관심이 없으니 당장은 접근조차 안 되겠지만 통로를 열어줘야 합니다. 직접 관여하면서 정치가 자신의 생활에 어떻게 변화를 줄 수 있는지를 체험하면 달라질 것입니다.

그렇게 해도 안 들어오는 사람도 있을 겁니다. 온라인에서도 쉽게 움직이지 않는 움직이는 사람들은 '지지자 그룹'으로 묶어 생활정치형 자료를 제공하면서 관심을 일으켜야 합니다. 예컨대 고양시 예산안 시민공청회가 있다면, 어디 가면 자료를 다운받아 검토해볼 수 있다는 정보를 제공해주는 것입니다. 이렇게 시민정치 영역에서 활동하다 보면 차츰 정당까지 흡수할 수 있다고 봅니다.

이런 과정을 거쳐 민주진영, 진보진영, 시민단체까지 폭넓은 사람들을 정당의 테두리 안에 모을 수 있고 그것이 바로 전국 정당화입니다. 그렇게 되면 2012년 승리의 조건도 마련되는 것이지요.

김윤태 말씀을 들어보면, 새로운 정당을 만드는 운동은 과거의 정당의 결성과는 매우 다르다는 생각입니다. 이 운동을 시민정치운동이라고 불러도 될는지요?

문성근 이 정당의 성격을 뭐라고 불러야 할지는 모르겠습니다. 세계 정치사에 이런 정당이 나온 적은 아직 없다고 합니다. 그러나 또 우리니까 된다고도 생각하고 있습니다. 좁은 국토의 전국에 초고속 인터넷선이 다 깔려 있고, 10여 년 동안 직접 참여의 경험도 많습니다. 서구 민주국가는 대의제도 안에서 정당이 제대로 기능하고 있음에도 늘 충돌이 벌어집니다. 젊은 세대는 정당 구조 안으로 들어가기 싫어하고 대의제는 한계가 있으니 밖으로 나옵니다. '100만 민란'을 통해 대의제도에 직접 민주주의 요소를 더하면 세계적 모범 정당이 만들어질 수도 있다고 봅니다.

사실 노사모도 2002년 대선이 끝나고 많이 수축되지 않았습니까. 참여연대 같은 단체도 2002년에 충격을 많이 받았죠. 자기들은 전문 활동가가 있고 돈 내는 사람이 따로 있는데 노사모는 돈 내는 사람과 활동가가 동일하니 참여연대 200명 활동가가 노사모 회원 2만 명하고 상대가 되지 않는 거죠. 외국 정치인 가운데는 아예 자기 보좌관을 한국에 보내 연구시키기도 했었죠. 미국 민주당은 무브온MoveOn으로 발전시켰고 우리는 팬클럽으로 끝났다는 게 다릅니다만.

2002년에는 대통령을 만들어 놓고 '이제 됐다'고 손을 놔버렸고 시민사회 단체는 정당 중립을 고집했으니 민주진보 전체의 세력화가 안 된 것입니다. 다 부서져 나갔고 저들의 칼질에 심장이 뚫렸습니다. 단칼에……. 그 바보 같은 짓을 되풀이 하지 말자는 얘깁니다. 처음에는 아니었지만 최근 들어 '국민의 명령'이라는 조직을 2012년 이후에도 시민정치 조직으로 존속시켜야 되겠다고 생각하게 된 것은 그래서입니다.

김윤태 정치학자들의 개념 정리보다 더 명쾌한 설명입니다. 그런데 현재의 정당구조나 상황을 생각하지 않을 수 없는데요. 시민사회의 자발적 역동성을 끌어내기 위해서는 정치와 정당이 바뀌어야 하는 것 아닌가요?

문성근 정상화하자는 얘깁니다. 왕과 귀족에게 독점됐던 권력을 시민혁명으로 뒤집은 것 아닌가요? 시민이 다 와서 제각각 얘기하면 안 되니까 대의제도를 만든 것입니다.

김윤태 정당정치질서에 문제가 있다고 등을 돌리고 관심을 갖지 않는 것은 바람직하지 않다고 보는 건가요?

문성근 바람직하지 않은 수준이 아니라 나라를 망치는 일입니다.

복지와 진보 얘기하는 민주당, 단순히 '립 서비스' 아니다

김윤태 민주당, 민주노동당, 진보신당 등 기존 정당들이 이 변화와 개혁의 흐름에 동참하리라고 보십니까?

문성근 네, 동참하리라 봅니다. 지금 100만 민란에 가입한 기성 정치인도 많습니다. 민주당은 박지원, 정동영, 천정배, 박주선, 이인영 최고위원이 회원이고 원로급에서는 김근태, 유인태, 원혜영 의원이, 지사급에서도 김두관, 안희정, 이광재 지사가 모두 회원입니다.

이인영 최고위원은 민주당 내 야권연합추진특별위원회 위원장이고, 천정배 최고위원은 당개혁특위 위원장이신데, 우리가 정파등록제 얘기를 했더니

“지금 아니면 못합니다. 2012년 총선 전에 반드시 해야 합니다. 김대중, 노무현은 그들의 삶에 감동이 있었고 그건 대가 없는 희생에서 오는 감동이었습니다 그런데 야권에 지금 그만한 인물이 있나요? 짧은 기간 안에 진정 어린 희생이라는 감동을 줄 수 있는 유일한 방법이 야권단일정당입니다. 마음 같아서는 심상정, 노회찬, 이정희, 유시민, 손학규, 정동영, 한명숙, 이해찬, 문재인 다 거리로 나가 정당에 가입해 달라, 시국강연회를 하자, 야권단일정당 당원이면서 동시에 ‘민노회’ 회원으로 가입해달라 호소하자 제안하고 싶습니다.”

이인영 최고위원은 한 단계 더 나가 법률이 허용한다면, 각 정파들이 원내교섭단체를 구성해도 좋다고까지 하고, 천정배 최고위원도 2월 말이나 3월 초쯤 나오는 당 개혁안에 통합 가능성을 충분히 고려해 좋은 안을 내겠다고 말씀하셨습니다.

진보신당은 검토해보겠다고 했고, 부정적인 입장은 국민참여당과 민주노동당인데, 사실 이유는 똑같습니다. 민주당이 안 변할 거다, 민주적 운영도 안 될 것이라는 얘깁니다. '한두 번 속았어'라는 회의감, 또 정책과 이념이 다르다는 얘기도 합니다. 그런데 정책과 이념의 차이가 대체 얼마나 날까요? 민주당이 무상 시리즈를 내놓고 있고 지난 민주당 전당대회에서 모든 후보가 진보를 얘기했습니다. 이 모든 것을 단순히 '립 서비스'라고 말할 수 있을까요?

또 지금의 486, 이른바 '6월 항쟁 세대'가 40대 중후반이 되면서 독자 정치세력화를 시도하고 있습니다. 그동안 이런저런 질타도 많았지만 이런 사람들의 독자세력화가 그렇게 쉽게 되지 않습니다. 세월이 가야 하는데 지금에서야 그 정도 세월이 되는 것 같습니다. 이들이 결성한 '진보행동'이라는 블록이 민주당 내 상당히 견실하게 자리 잡을 것으로 보입니다. 그런 면에서 민주당과 합의 못할 것이 또 무엇인가요?

남는 문제는 민주당의 당원구조인데, 당원이 그대로 있는데 민주당을 민주화한들 뭐할 거냐는 회의가 있습니다. 민주당 당원들은 대부분 오랫동안 활동해 온 사람들로 나쁘게 말하면 배타적이고 어떻게 말하면 강한 결집력이 있습니다. 특히 1970~80년대 모두가 도망갔을 때 얻어 맞아가면서도 당을 지킨 사람들입니다. 시대가 달라졌다고 나가 달라고 하는 건 당연히 절대 말이 안 되죠. 그 분들을 존중하고 존경해야지 그 사람들을 버리는 해결책은 답이 아닙니다.

사실 민주당의 당원 규모는 정확하지 않은데, 25만 명부터 170만 명까지 다양한 설이 있습니다. 25만 명이 대략 맞는 것 같습니다만, 그런데 전당대회 당원 여론조사를 위해 3만 명 찾는 것이 그렇게 힘들었다고 하지 않습니까. 민주당이 25만 명, 작은 정당들을 합치면 15만 명입니다. 통합하면 작은 정당들이 소멸된다고 우려할 만합니다. 그러니 국민이 해결해주자는 것입니다. 당원이 되겠다는 국민을 100만 명을 만들면 동등해집니다. 그보다 더 많은 수의 국민이 당원이 되면 소수 정당의 공포를 씻어줄 수 있습니다. 우리가 들어가서 희석해 주자는 것이, 민란의 핵심 내용입니다.

물론 민주당 내 일부 국회의원이나 지역위원장에서도 거부감이 있습니다. 지금 구조대로 가만히 있으면 '빅3' 중 한 명에게 줄을 서 편안하게 후보가 되는데, 내가 왜 그 선택권을, 즉 공천권을 시민에게 넘기냐는 겁니다. 하지만 그들도 '싫다'고는 말 못합니다. '왜 싫으냐?'고 물으면 '나 국회의원 되기 편해서'라고밖에 할 말이 없기 때문입니다. 여론의 힘으로 그들의 거부를 충분히 넘을 수 있습니다.

진보정당의 실험, 효과적이지 않다는 것 입증됐다

김윤태 결국 상층만의 통합 논의로는 안 된다는 얘기신데, 논쟁 지점은 또 있습니다. 현재 야권통합 움직임 중에는 '진보대통합', 즉 민주당은 빼고 통합하자는 주장도 있습니다. 이 주장은 어떻게 보십니까?

문성근 오죽하면 그렇게 생각할까, 역사적 경험 때문에 그런 주장이 나오는 것인데, 그러니까 더 하자는 얘깁니다. 저는 학자가 아니라 운동가로 현상을 분석하려는 것이 아니라 타파하려는 겁니다. 결국 관건은 민주당이 얼마만큼

믿을 만한 혁신안을 내놓느냐에 달려 있다고 봅니다. 북핵 문제를 놓고 매번 '불가역성'을 얘기하는데, 민주당의 혁신안이 불가역적인 것임을 확실히 인지시켜 줄 필요가 있습니다.

진보정당의 지난 노력을 저 역시 진심으로 존경합니다. 하지만 한 가지 생각해야 할 것은 있는데요. 남북분단 모순에, 지역구도에, 더욱이 《조선일보》가 존재하는 나라입니다. 선거제도는 소선거구제이며 비례대표는 1/5밖에 되지 않습니다. 울산, 창원 같은 곳은 진보정당이 되지만 그 지역을 넘어서면 안 됩니다. 저도 선거 때면 후보는 될 사람을 찍고 정당투표는 진보정당에 줍니다. 비례대표의원 한 명이라도 더 얻으라고……. 그렇지만 한계가 있다는 건 모두가 알지 않습니까.

민주당을 자유주의 세력이라고 질타하면 유권자들이 진보정당으로 올 것이라는 기대를 갖고 20년을 살았는데 국민은 '박정희와 김대중 + 노무현', 이 둘로 나눠서 봅니다. 민주세력이 몰락하면 진보세력도 같이 몰락합니다. 천하를 3분 할 수 있는 건 아니라는 것이 역사적으로 입증됐고, 분단에 전쟁까지 치른 나라에서 진보정당의 실험이 효과적이지 않다는 것을 생각해볼 때가 됐다고 봅니다. 정치적 이익으로 따져 보더라도 6.2 지방선거에서 진보진영도 연대의 꿀맛을 보지 않았습니까.

문제는 지방선거는 후보군이 수천 명이지만 총선은 아니라는 데 있습니다. 지방선거 때도 중앙 차원의 연대는 불발됐는데 총선이 가능할까요? 2012년 총선에서 후보가 되려고 이미 지역에서는 머리 터지게 싸움을 시작했습니다. 그런데 선거에 임박해서 '이 지역구는 민주노동당에게 줄 거니까 넌 물러서라'고 할 수 있을까요? 안 되는 얘깁니다.

진보대통합도 잘 됐으면 좋겠습니다. 논의가 단순해질 수 있기 때문입니다. 힘을 키워서 힘 대 힘으로 맞장 뜨면 좋겠습니다. 그럼에도 남는 문제는 민주당의 지역적 한계인데, 언제까지 민주당을 저렇게 방치할 수 없습니다. 판을 바꾸고 야권단일정당을 만들어 지역구도를 넘자는 겁니다.

2012년 4월 총선까지 지금처럼 지지고 볶고 있으면 진다

김윤태 2012년 총선과 대선에서 이기려면 정당 간 통합이 전제되어야지, 후보단일화나 정책연합 수준으로의 연대는 불가능하다는 얘기인가요?

문성근 선거연합은 안 된다는 말입니다. 끝까지 합의가 안 되면 망합니다. 벌써 몇 번의 경험이 있지 않았습니까? 1987년도 그렇고, 2002년이나 지난 지방선거의 경기도지사 경우도 결국 여론조사로 했습니다. 현재 법으로 하면 다른 당 후보들의 경선은 안 되고 여론조사뿐인데 그렇게 되면 제일 큰 당이 끝까지 합의를 늦추려 할 것입니다. 끝까지 가야 큰 당 후보에게 유리하니까요. 2010년 7.28 재보선에서 은평 을이 그런 것 아닙니까. 그렇게 후보를 뽑으면 최선의 후보가 뽑히지 않을 수도 있고, 또 최선의 후보가 뽑혀도 다른 정당 당원들이 찍지 않는데 당원들뿐 아니라 유권자도 그렇습니다.

요즘 거리를 다니면서 '정치는 연애구나'라는 생각을 많이 합니다. 정치는 후보와 유권자가 소통하고 마음을 주고받는 과정인데, 이미 한 후보에게 마음을 줬는데 막판에 자기들끼리 콩닥콩닥하더니 사퇴했다고 해서, 그 마음이 전부 다 '단일후보'에게 가지 않는다는 생각입니다. 경기도지사 선거가 그 사례입니다. 만일 여론의 압박 때문에 민주당 지도부가 이정희, 노회찬에게 특정 지역을 준다 해도 그 지역에서 민주당 후보로 나오려던 사람이 불복해서 무소속으로 출마하면요? 이겨서 복당하겠다고 하면 어떻게 될까요? 그러니 다시 생각해보자는 얘깁니다. 연합정당에 들어와 정파등록제도 하고, 원내교섭단체도 하고, 집권하면 바로 선거제도를 개편해서 결선투표도 도입하고, 기존 진보블록이 분리해서 생존이 가능하겠다 싶으면 그때는 또 분리하면 됩니다. 집권당의 노동부 장관, 복지부 장관을 맡는 정파로 일단 시작하게 되면 우리 정치 모순의 근본인 지역구도는 상당히 극복할 수 있다고 봅니다. 남북관계도 좀 더 나아지지 않을까요? 그렇게 진보블록이 다수 정파가 되어 가게 해야 합니다.

이미 당 대 당으로 합쳐도 새 야권단일정당의 진보블록이 절반은 됩니다. 기존 진보정당 외에 민주당 내에 486도 있습니다. 우리 주장은 각자가 가진 작은 파이를 내놓으라는 게 아니라 엄청난 큰 파이를 함께 만들어서 나눠 갖자는 얘깁니다.

그에 덧붙여 민주주의도 한 발 나아가고, 한스러운 이 지역구도도 깨질 거라 봅니다. 노무현 전 대통령의 죽음을 헛되이 하면 정말 안 됩니다. 참여정부의 공과에 대해 여러 가지 비판들은 있었지만 노무현 전 대통령이야 말로 죽음으로 '진보'라는 용어를 해금한 사람 아닌가요. 김대중 전 대통령은 진보라는 용어를 정치에서 쓴 적이 없습니다. 늘 중도개혁, 중산층과 서민의 정당이라고만 했습니다. 노무현 전 대통령의 진보 해금이 교육감선거에도 영향을 미쳤고, 지역구도도 그렇다고 봅니다. 노무현 전 대통령은 온 몸을 던져 철옹성 같았던 지역구도를 완화하신 분이셨습니다.

노무현 전 대통령 서거의 충격이 과연 언제까지 갈까요? 6.2 지방선거에서는 무상급식 때문이 아니라 국민이 노무현 전 대통령에 대한 미안함으로 불완전한 야권연대를 밀어줬습니다. 물론 무상급식이 영향은 미쳤겠지만 야권을 밀어준 국민의 바닥은 미안한 마음이었습니다. 그러니 지금 해야 합니다.

국민은 노무현 전 대통령에게 미안해하는데, 정치권은 미안한 마음이 없나요? 민주당이나 국민참여당이나 김대중-노무현 두 대통령을 배출한 정당이라면 이번엔 지역구도를 넘어서야 합니다.

김윤태 2002년에도 문성근 대표는 명계남 씨와 함께 새로운 한국정치의 실험을 주도했었고, 어찌 보면 한 개인에 대한 지지 운동이었지만 그것이 정치개혁의 큰 도화선이 됐습니다. 그런데 야권단일정당은 어떻게 보면 단순히 대통령 하나 바꾸는 것이 아니라 또 다시 새로운 정치 실험입니다. 지금 추진하는 새로운 시민정치운동이 앞으로 승산이 있다고 보십니까?

문성근 이길 겁니다. 물론 여러 가지 변수는 있습니다. 만일 2012년 4월 총선을 박근혜 전 한나라당 대표가 지휘한다면 그때부터는 '과거 심판'에서 '미래 선택'으로 넘어갈 것입니다. 그때까지 지금처럼 지지고 볶고 있으면 집니다. 국민 열을 머리 꼭대기까지 올려놓고 나서 하면 '너희 둘 다 나오면 질 것 같으니까 단일화하는 거지'라는 조소나 받기에 십상입니다.

거리 나가서 보면 압니다. 이명박 정권을 비판하면 잠깐 듣다가 돌아섭니다. 돌아서려고 하면 바로 얘기합니다. 민주정부 10년, 다 잘했다는 것 아닙니다. 정말 잘못한 것 많습니다, 죄송합니다. 앞으로 잘하겠습니다. 그런데 이명박 한나라당 정권은 정말 아니지 않습니까? 어떻게든 2012년에 민주진보정부를 세우려면 야권단일정당이 필요합니다. 국민의 힘으로 만들어내자고 호소합니다. 돌아섰던 국민이 그러면 "되겠어요?"하면서도 서명을 하고 가십니다.

지금 국민은 마음을 닫고 돌아앉은 변심한 연인입니다. 그리고 욕망을 좇아 이명박 대통령을 지지했었던. 그건 사랑해서가 아니었습니다. 돈 준다고 하니까, 내 집값 올려준다니까, 그런데 그 거품이 확 꺼져 버리자 민망해진 겁니다. 그런 즈음에 노무현 전 대통령이 서거했고 민망함에 미안함이 더해졌습니다. 일종의 허망함 같은 것이었습니다. 연기자식으로 표현하자면, 내장이 다 빠져 나간 것 같은 상태……, 미안함도 있고 그래도 민주진영이 한나라당보다는 낫구나 하면서 조금 돌아본 것이 지난 6.2 지방선거였습니다.

그러니 먼저 위로부터 해야 합니다. 죄송하다, 잘못했다고. 그래서 여러분을 그렇게 고통스럽게 했다고. 입바른 거짓말이 아니라 진정으로 믿음직한 사람으로 느껴져야 마음을 돌릴 수 있습니다. 다시 열릴 겁니다.

복지와 평화는 '나랑 결혼해주면 이렇게 할께'란 약속일 뿐 마음부터 얻어야

김윤태 과거 10년 동안 민주정부가 유권자나 국민을 실망하게 했다면, 제일 많이 잘못한 것이 어떤 것이라고 보십니까? 그리고 10년 전보다 사람들의 삶의 질이나 만족도가 더 나빠졌다고 생각하시나요?

문성근 1997년 대선에서 우리가 표를 다수 얻어 대통령은 뽑았지만 완전한 약세였습니다. 그런데 노무현 대통령 당선으로 5년 연장되니 나른해졌고, 왜 비판받을 여지가 없겠습니까? 그러나 당당한 토론이 필요하다고 봅니다. 저는 학자는 아니지만, 김대중-노무현 두 분은 당대에 가장 진보적인 사람이었습니다. 노 대통령은 진보를 넘어 불안할 정도로 굉장히 과격했습니다. 그분들을 비판할 때는 가장 진보적이었던 사람들이 대통령이 되서 그렇게 했다면 거기에는 상당한 이유가 있지 않을까라는 점을 먼저 생각해봐야 합니다.

한나라당이 망가뜨린 나라를 빠르게 회복시켰고 1997년 국민소득 7,000불이었던 나라가 2006년 3배로 늘었습니다. 수치가 그렇습니다. 그런데 다만 양극화가 심해져 비정규직이 늘어났습니다. 여야를 불문하고 공약이 '삽질'에서 '복지'로 바뀐 것은 바로 6.2 지방선거였습니다. 다시 말하면, 지방선거 전까지 우리 국민은 고도성장이라는 박정희 환상에서 헤어나오지 못하고 있었단 얘깁니다.

민주정부 10년의 첫 번째 멍에는 국민이 성장을 원한다는 사실이었습니다. IMF는 해고의 자유화라는 각서를 쓰게 했고 김대중 정부는 그 과정에서 탈락한 사람들을 위해 복지를 확대했고, 기초생활보호제도도 민주정부에서 도입됐습니다. 근본적 한계와 시대적 흐름을 놓고 좀 더 구체적으로 비판해야 합니다. 또 어떻게 보면 참여정부의 출발은 원칙과 상식이라는 구호로 대표되는 정치개혁이었다고 봅니다. 정상적인 사회를 만들자는 그 출발이 조기 달성돼 버리면서 경제로 넘어갔는데 그 부분에서는 준비가 부족했었습니다.

다음 정권도 쉽지는 않을 겁니다. 한나라당은 집권만 하면 나라를 망가뜨리기 때문입니다. 참여정부에서도 외환위기 때 생긴 빚 때문에 원리금 상환으로 1년에 7조 원이 들어갔다는데, 아까워서 미치겠더랍니다. 민주정부 10년 동안 간신히 추슬러 놨더니 또 국가, 공기업 부채가 3년 동안 450조 원 늘었다고 합니다. 국가 예산이 1년에 300조 원인데 빚을 400조 원을 늘리는 사람이 대체 어디 있습니까? 매번 설거지를 해야 하는 운명이 안타깝지만 그래도 완전히 부도 난 다음에 하는 것보단 낫다 싶습니다.

김윤태 문성근 대표의 말을 듣다 보면 조직을 내게 주면 내가 세상을 바꾸겠다는 의지가 보입니다. 만일 집권을 한다면 그 이후 새 정부가 해야 할 가장 중요한 일은 무엇일까요?

국가채무, MB정부 5년간 184조 원 증가

국가채무, MB정부 5년간 184조 원 증가, 2014년 500조 넘어설 듯, 적자성 채무도 급증
우리나라 국가채무가 2009년을 기점으로 향후 5년간 184조 원 가량 늘어날 것으로 분석됐다. 한국조세연구원(KIPF)은 '재정동향 창간호'에서 기획재정부가 작성한 국가채무관리계획을 분석한 결과 이명박 정부 집권 1년차인 2008년 309조 원이던 국가채무가 2013년에는 493조 4000억 원으로 184조4000억 원 늘어날 것으로 예상했다. 새 정권이 들어선 2014년에는 500조 원을 넘어설 것으로 보인다.
2009년부터 2013년까지 국가채무 증가액 184조4000억 원은 노무현 정부를 포함한 2003년부터 2008년의 143조3000억 원보다 41조1000억 원이나 많은 규모다. 이명박 정부 임기 동안 국가채무가 급증하는 것은 소득세, 법인세, 종합부동산세 등 감세정책으로 세입은 줄어든 반면 대규모 토목사업인 4대강 사업 등 세출은 엄격하게 통제하지 않고 있기 때문이다. 이에 따라 재정건전성 문제가 현 정권 말기와 다음 대선에서 큰 논란거리가 될 것으로 보인다.
특히 현 정부 임기 동안 국가채무 가운데 외환시장 및 서민 주거 안정용 국채 등으로 구성되는 금융성 채무를 제외한 채무인 적자성 채무가 급증할 것으로 분석됐다. 금융성 채무는 대응자산을 보유하고 있기 때문에 대출금 회수 등을 통해 상환이 가능하지만 적자성 채무는 국민이 내는 세금으로 갚아야 한다. 이명박 정부 첫해인 2008년 132조6000억 원이던 적자성 채무는 2013년에는 124조4000억 원이 증가한 257조 원에 이를 전망이다. 이에 따라 2008년 전체 국가채무의 42.9%를 차지하던 적자성 채무가 2013년에는 67.5%로 급증할 것으로 예상됐다.
조세연구원은 "적자성 채무는 향후 조세 등 실질적 국민부담으로 상환해야 하므로 발행규모 및 상환 일정을 관리해 적정 수준으로 유지하는 노력을 강화할 필요가 있다"고 지적했다.

-《프레시안》, 2010.2.17.

문성근 인간이 존중받는 사회입니다. 지금은 너무 상스러워졌습니다. 시민의 자존을 다 상했습니다. 한 사람 한 사람이 우주를 가진 귀중한 존재라는 인식이 확산되는 사회가 돼야 합니다. 복지 얘기도 많이 하는데 그것 역시 인권 차원으로 접근할 필요가 있습니다. 비정규직 문제도, 한 공장에서 일하면서 한 쪽 라인은 월 300만 원, 다른 쪽 라인은 월 120만 원을 받는데, 인간이 인간에게 이러면 될까라는 물음으로 접근하자고 말하고 싶습니다. 물론 위로가 먼저입니다. 복지나 평화는 '나랑 결혼해주면 이렇게 할께'라는 약속입니다. '나는 너하고 결혼할 마음 자체가 없다'는 사람에게 그런 말이 통할까요?

김윤태 복지 논쟁이 최근에는 증세 논쟁으로 옮겨가고 있는 듯합니다. 증세를 주장하지 않는 복지는 포퓰리즘이라는 얘기이신가요?

문성근 섬세하게 검토해야 합니다. 노무현 정부의 2030 계획도 결국은 장기적인 재정계획이었습니다. 퇴임 후에 한 얘기지만, 지금 극우의 나라에서, 2020년에는 중도의 나라로, 2030년에는 진보의 나라로 가자, 복지국가로 가

참여정부의 '비전 2030'

참여정부 복지와 관련해 빼놓을 수 없는 일은 '비전 2030' 보고서이다. 2006년 8월 30일 당시 기획예산처 장관 장병완은 노무현 대통령이 주재한 '비전 2030 보고회의'에서 "한국이 2010년대에 선진국에 진입하고 2020년대에 세계 일류국가로 도약해 2030년에는 '삶의 질' 세계 10위에 오른다"는 내용의 '비전 2030-함께 가는 희망 한국'이란 보고서를 발표했다. 이 보고서에서 한국이 성장동력의 확충, 인적자본의 고도화, 사회적 자본 확충, 사회복지 선진화, 적극적 세계화라는 5대 국가전략을 제시했다. 이를 통해 성장과 복지의 동반성장을 위한 50개 과제를 제대로 추진하면 2030년에는 1인당 국민소득 4만9,000달러, 삶의 질 세계 10위를 달성할 것으로 전망했다. 또 복지 분야 재정의 비중이 2005년 25.2퍼센트에서 2030년 약 40퍼센트까지 높아져 복지수준이 크게 개선될 것으로 예상했다. 그러나 당시 보고서 내용은 1,100조 원의 재원을 마련할 방법을 제시하지 않아 '공허한 청사진'이라는 비판을 받았다. 그리고 집권 말기에 이르러 이런 비전을 세운데다, 정치적 미숙함으로 사회 각계의 지지를 이끌지 못하고 보수세력에게 정권을 내줌으로써, '비전 2030'은 장밋빛 비전으로 그칠 수밖에 없게 되었다. 그러나 2007년 대선에서 한나라당 후보 이명박의 공약이나, 2010년과 2011년에 벌어진 무상급식, 무상의료 등에서 비전 2030의 내용이 다시 제시되었다.

자는 계획이었습니다. 거기에 섬세한 재정계획이 붙어 설득력 있게 접근해야 하겠습니다. 물론 선수들이 잘 할 걸로 믿습니다.

출마? 이 운동 책임지는 일이라면 뭐든 하겠다

김윤태 국민의 명령 대표이기도 하지만 노사모 이전까지는 국민에게 사랑받는 배우였습니다. 2002년에도 그랬지만, 이번에는 아예 새 정당을 만들겠다고 나섰는데, 그런 힘이 어디서 나오는지 궁금합니다.

문성근 (한숨) 아무래도 어려서부터 밥 먹을 때마다 계속 정치 얘기를 들었던 경험이 크지 싶습니다. 할아버지가 조선인 중에는 최초의 캐나다 유학생이었고 해방됐을 때 유창하게 영어를 하는 소수의 한국인 중 하나였습니다. 우리 집안이 아직 만주에 있을 때 할아버지가 서울에 가서 이승만 선생을 만나고 오셨는데. 돌아와서 구체적으로는 말씀하시진 않았지만 '큰일 났다, 우리 민족 큰일 났다'고 하셨답니다. 그리고 당신의 호를 벙어리라는 뜻의 '승아'로 짓고 이승만 선생이 미군정에서 같이 일하자고 했는데도 거절하고 막노동을 하며 살았다 하십니다. 그런 얘기를 들은 영향도 있고, 무엇보다 아버지에 대한 죄송함이 큽니다. 늘 뵈면서 살 수가 없어서, 평소에는 안 보이게 하려고, 문목(문익환 목사) 사진을 거실에 두지 않고 책장 뒤에 걸어 놨습니다.

민망한 얘기지만 김대중 선생님이 '네가 싸워라'는 얘기도 하셨고……. 노무현 전 대통령의 유서에서 집 가까운 데 작은 비석 하나 세우라는 얘길 보고 처음에는 이 나라가 얼마나 싫으면 국립묘지를 거부하실까 생각했는데 1년

이 지나서야 알았습니다. 죽어서도 지역구도를 넘어서는 데 기여하겠다는 의지라는 생각이 듭니다. 봉하 마을에 묻혀 있으니 자꾸 사람들이 찾아가게 됩니다. 거기서 바로 부엉이바위가 보입니다.

지금 아니면 못합니다. 2012년 총선 전에 반드시 해야 합니다. 종편이 4개나 더 생겼는데 이번에 지면 언제 이길 수 있을까요? 기존 공중파도 이미 우리에게 불리한 여건입니다. 또 김대중, 노무현은 그들의 삶에 감동이 있었고 그건 대가 없는 희생에서 오는 감동이었습니다. 그런데 야권에 지금 그만한 인물이 있나요? 2012년 총선을 박근혜 전 대표가 지휘해 치르면 이미 이슈가 과거 심판에서 미래로 넘어가는데 어떻게 경쟁할 수 있을까요? 짧은 기간 안에 진정 어린 희생이라는 감동을 줄 수 있는 유일한 방법이 야권단일정당입니다.

마음 같아서는 다 같이 거리에 나가자고 제안하고 싶습니다. 심상정, 노회찬, 이정희, 유시민, 손학규, 정동영, 한명숙, 이해찬, 문재인 다 거리로 나가 정당에 가입해달라, 시국강연회를 하자, 야권단일정당 당원이면서 동시에 '민노회' 회원으로 가입해달라 호소하자 제안하고 싶습니다. 안 듣겠지만 말입니다.

김윤태 이미 시민정치운동을 하고 있지만 직접 출마를 한다든지, 입각을 하든지 현실정치에 뛰어들 생각도 있는지요?

문성근 김대중 대통령 때부터 지금까지 늘 그런 권유는 많았습니다. 그런데 2002년에는 사죄의 마음이 컸었는데, 1987년 대통령선거에서 민통련 의장으로서 민주적인 투표를 거친 조직적 결정이었지만, 결국 야권은 분열하고 말았다는 문목(문익환 목사)의 책임에 대한 사죄였습니다. 제가 참여정부에서

입각하면 결국 노무현 덕을 보는 것 아닌가, 그렇게 되면 사과가 성립되지 않는다고 생각했습니다. 2002년에도 앞으로 배우로 받게 될 불이익을 알면서도 참여한 것입니다. 대의제는 원래 시민의 참여를 위해 피로 얻은 것 아닙니까. 그 참여가 개인의 영달과 관계없더라도 해야 한다는 것을 입증하기 위해 참여했습니다. 사실 저는 시민정치운동을 하다가 정당정치인이 되는 사람에게 굉장히 고맙게 생각합니다. 정치인의 삶이 얼마나 피곤합니까. 제대로 하려면 정말 고달픈 삶입니다.

사실 불이익도 컸습니다. 민주진영의 딜레마도 거기 있습니다. 민주진영은 민주주의 하자는 것이니까 한나라당 지지했다고 집권한 뒤에 그 문화예술인을 못 살게 굴지는 않습니다. 유일한 예외는 이덕화 씨의 경우인데, 직접 국회의원으로 출마를 했고 그 과정에서 감정이 많이 상했던 겁니다. 이덕화 씨도 국민의 정부 때고 참여정부 때는 정말 한 번도 없었는데, 지금의 한나라당은 못살게 굽니다. 가만히 돌아보면 한나라당을 지지한 사람은 복귀에 아무 문제가 없습니다. 대중은 상관 안 한다는 겁니다. 물론 배우만 열심히 하는 것보다 정치에 참여하는 것이 마음에 안 들 수는 있지만, 문제는 정권의 천박함입니다. 국민은 상관하지 않는데 그 세력은 천박하니까 당하는 수밖에 없는 것입니다.

제가 연기자에서 직업을 정치인으로 바꾸는 것도 마찬가지입니다. 그 자체가 바람직하지 않을지는 몰라도 내 자유에 속하는 부분이고 미리 내 자유를 속박할 생각은 없습니다. 또 최근에는 '이 운동에 대해 책임을 져야 하지 않나?' 하는 생각을 하게 됐습니다. 2012년 이후에도 존속시켜야 한다는 고민이 생겼고, 이 운동이 잘 되게 하는 방향으로, 이 운동을 책임지는 일이라면 (나를) 필요로 하는 일은 뭐든 안 할 수는 없다는 생각입니다.

사실 배우는 사회과학 서적을 자꾸 읽으면 방해가 돼서 안 된다고 합니다.

대본을 느껴야 하는데 생각을 하게 된다는 겁니다. 감독은 좀 다른데 완전히 다른 직업입니다. 감독도 정서로 느끼는 것이 대단히 중요하지만 동시에 여러 인물을 충돌시키고 풀어내는 사람이다 보니 사고가 포괄적이고 과학적이어야 하고 구조적 생각이 필요합니다. 저는 배우 자질이 그다지 없는 사람이 배우하려고 25년 동안 노력해 왔습니다. 그래서 지금도 여전히 빨리 끝내고 배우로 돌아갔으면 합니다. 연기할 때가 젤 행복합니다. 내 행복을 찾으면 제일 좋지만 그러나 책임을 방기하지는 않을 생각입니다.

열심히 운동하는 한 선배에게 이번이 마지막 봉사라고 생각하는데 어떻게 생각하느냐고 물어보니 그 선배가 이렇게 답을 하더군요. "사람이 숨 쉬고 있는데 마지막이 어디 있겠냐"고.

김윤태 긴 시간 많은 대화 감사드립니다.

03

복지국가 실현을 위한 **다수화된 정치세력이 필요**

김기식

참여연대 정책위원장 · 내가 꿈꾸는 나라 공동준비위원장

인터뷰가 진행될 때 그는 참여연대 정책위원장이었다. 그러나 그는 지금 '내가 꿈꾸는 나라'의 공동준비위원장이다. 내가 꿈꾸는 나라는 한국판 무브온 MoveOn을 표방한 시민정치운동조직이다.

김기식 위원장의 꿈은 무엇일까? 인터뷰를 읽어보면 그가 서 있는 자리를 잘 알 수 있다. 그는 야권연합정당 운동의 최초 담론이었다고 할 수 있는 '빅텐트론'의 주창자다. '빅텐트론'은 많은 사람들에게 미국 민주당식으로 야권을 재편하자는 말로 이해되고 있다. 그리고 그는 복지동맹을 이야기한다. 정치적 민주화를 이루기 위해 과거 야권이 '민주동맹'을 맺어 함께 싸웠다면 이제는 '복지동맹'을 결성해 이명박 정부와 한나라당에 맞서자는 것이다.

복지국가 단일정당론과 국민의 명령이 가진 문제의식과 아주 유사하다. 어떻게 보면 중간쯤에 서 있는 것 같기도 하다. 복지국가를 주장한다는 점에서 국민의 명령과 약간 차이가 있고, 그러나 그렇다고 해서 그렇게 강하게 내세우지 않는다는 점에서는 복지국가 단일정당론과 또 다르다. 결정적인 차이는 증세 문제에 대한 그의 태도다.

김기식 위원장은 비교적 단호한 태도로 '증세 논의'를 반대한다. 정치적으로 현명하지 못하다는 것이 핵심 문제의식인 것으로 보이는데, "부자감세의 철회가 정치적으로 더 중요한 개념"이라는 입장이다.

사실 증세 문제만 빼놓고는 김기식 위원장이 다른 이들과 큰 의견 차이가 없다. 예를 들어서 이른바 '민진당 프로젝트'는 이인영 민주당 최고위원이 말하는 '민주진보당'과 작명까지 같다. 민주개혁진영을 대표하는 진보적 자유주의자들과 진보진영을 대표하는 사회민주주의자들이 연합해서 새로운 정당을 만들자는 구상인 것이다. 큰 틀에서 봤을 때, 김기식 위원장이 복지동맹을 강조하고 있기 때문에 어쩌면 이인영 최고위원과 이상이 대표 사이에 위치하고 있다고 볼 수 있다.

그렇게 봤을 때 그동안 김기식 위원장은 많은 오해를 받아 왔다고 할 수 있다. '민주당 강화론'에 불과하다거나 가치가 배제된 '묻지 마 통합론'이라는 비판은 잘못된 것이다. 물론 실천과정에서 그렇게 변질되거나 잘못 진행될 가능성이야 있다고 할 수 있다. 세상 모든 일이 그렇지 않은가. 본래의 의도와 상관없이 일이 잘못되는 경우는 종종 있다. 하지만 적어도 김기식 위원장은 그럴 생각이 아니라는 것이 인터뷰를 통해서 충분히 드러났다. 그는 정말 새로운 시민정치운동을 하겠다고 길을 나선 것이다.

그런데 많은 사람들이 김기식 위원장의 구상이 과연 실현 가능한 것이냐는 의문을 갖고 있다. 그리고 그런 의문의 핵심에는 민주당이 자리 잡고 있다. 민주당을 믿을 수 없다는 것이다. 그동안 개혁적인 성향을 보여 온 사람들은 몰라도 호남 토호세력이나 관료 출신들까지 얘기가 확대되면 민주당은 도저히 어찌해볼 수 없는 당이 되어버린다. 이런 민주당에 대해서 김기식 위원장은 변화 가능성을 높게 보고 있다.

2010년 10월 전당대회에서 민주당이 '보편적 복지'를 당헌의 목적 사항으로 집어넣은 것이 아마도 가능성의 증거일 것이다. 그리고 6.2 지방선거에서 무상급식 공약을 전면에 내세운 것도 있을 것이다. 정동영, 천정배, 정세균, 손학규 같은 대선 주자급 지도자들이 모두 복지를 이야기하고 있는 것도 중요한 근거가 될 것이다. 이 인터뷰 후에 생긴 일이지만 민주당이 3+1(무상급식, 무상의료, 무상보육+대학생 반값 등록금) 정책을 내놓은 것도 변화된 모습이다.

김기식 위원장은 이러한 변화를 주목하면서 동시에 민주당이 자체의 동력만으로는 궁극적인 변신에 성공하지는 못할 것이라고 보고 있다. 그래서 생각하는 것이 안팎에서의 연합이나 동맹이다. 그렇게 해서 복지국가로의 지향이 확고한 세력들이 다수를 점하게 되면 결국 민주당은 변할 것이라는 생각이다. 이런 방향으로 간다면 김기식 위원장은 호남세력도 배제하면 안 된다고 생각한다. 자칫 잘못하면 '호남 자민련'이 생겨서 불필요한 불안 요인을 만든다는 것이다.

김기식 위원장은 최근 '내가 꿈꾸는 나라'라는 시민정치운동 조직을 만들기 위해 동분서주하고 있다. 그는 한국을 대표하는 시민단체인 참여연대에서 16년간 일한 사람이다. 그래서 세상 사람들은 그의 움직임을 주목하고 있다. 하지만 의구심을 가진 채로 주목하고 있다. 그의 '민진당 프로젝트'는 성공할 수 있을까? 열쇠는 그에게 있거나 혹은 없을 수도 있다. 김기식 위원장은 이른 시일 내에 열쇠를 보여주어야 할 부담을 안고 있다.

김기식(金起式)

1966년 서울 출생
1985년 서울대학교 입학
1993년 참여민주주의를 위한 사회인연합 사무국장
1994년 참여연대 창립 발기인
2000년 총선시민연대 사무처장
2003년 정치개혁시민연대 공동운영위원장
2002년 참여연대 사무처장
2007년 참여연대 정책위원장

현 | 시민사회단체연대회의 운영위원장, 시민정치행동 내가 꿈꾸는 나라 공동준비위원장

시장을 통한 분배, 더 이상 작동하지 않는다

김윤태 최근 복지국가를 둘러싼 논쟁이 한창입니다. 한나라당, 민주당, 민주노동당, 진보정당까지 모든 정당들과 차기 대선주자들 대부분이 복지를 강화해야 한다는 주장을 하고 있습니다. 최근의 논쟁을 어떻게 평가하십니까?

김기식 시대의 흐름을 반영하고 있는 지점인 것 같습니다. 국내적 관점에서 보면 이명박 정부의 등장은 한마디로 이야기하면 "민주화가 밥 먹여주냐"라는 것 때문 아닙니까? 민주화 이후 민주정권 10년이 지났지만 양극화는 심화되고, 비정규직이 양산되고, 삶의 실제적 조건들이 악화됐고, 사람들이 다시 먹고사는 문제의 심각함에 봉착한 것입니다. 지난 민주정권은 그 문제에 대해서 사람들이 희망을 가질 수 있는 미래의 비전, 대안을 실현하지 못해 결국 익숙한 것으로 회귀했다고 할까요. 사람들이 다른 선택지를 갖지 못했기 때문에 과거 성장주의 시대, 고도성장이 만들어냈던 시장적 분배효과에 대한 기대를 갖고 이명박 정부를 선택했던 것입니다.

그 기대감은 이런 측면이었습니다. 과거 성장주의 시대에는 경제적, 양적 성장이 이뤄지면 임금이랄지 대기업과 중소기업의 산업 연관효과와 같은 시장 메커니즘을 통해 경제적 이익이 일정하게 분배되는 효과가 나타났습니다. 그런데 1990년대를 거치면서 소위 산업적 연관효과도 끊어졌고, 노동시장에서는 비정규직이 늘어나면서 정규직과 분절화가 심각하게 대두됐고, 또 대량 실업자들은 자영업 쪽으로 대거 이동했습니다. 수출하는 대기업은 성장하지만 내수를 중심으로 하는 중소기업의 이윤율은 떨어지는 조건에서 성장이 시장을 통해 분배되는 효과가 끊어졌습니다. 미국발 경제위기 이후 통계상으로 보면 한국은 어느 나라보다도 급속하게 성장률을 회복했고, 경상수지 실적도 굉장히 좋습니다. 그렇지만 사람들의 삶은 나아진 게 없습니다. '한강의 기적'에 대한 기대감이 이제는 작동하지 않는 환상이라는 것을 뼈저리게 느낄 수밖에 없었다는 것입니다. 경제적 성장이 시장을 통해 분배되는 효과가 더는 한국사회에서 작동하지 않았기 때문에 이명박 정권이 들어선 뒤 불과 2년 만에 그 성장주의의 신화가 깨진 것입니다.

국민은 이제 시장주의·성장주의와는 다른, 국가에 의한 적극적 분배기능의 제고를 요구하고 있습니다. 그것은 6.2 지방선거에서 무상급식에 대한 지지로 나타났는데, 이명박 정권이 선택한 성장주의에 대해서 더는 기대를 갖지 않게 됐다는 이야기입니다. 세계적으로 보면 1970년대 후반부터 이어온 신자유주의적, 보수화된 흐름들이 지난 2008년 미국발 경제위기 이후에는 포스트-신자유주의 쪽으로 가고 있습니다. 금융규제, 재정정책의 중요성, 노동과 고용친화적 정책이 강조되고 있고, 그러한 흐름을 반영해서 미국에서는 100년 만에 의료보험 개혁이 이뤄졌고, 일본도 파견제 금지와 같은 정책을 공식화하는 흐름을 보이고 있습니다. 이런 점에서 한국사회 역시 복지국가의 방향으로 가야 한다는 시대적 흐름이 형성돼 있습니다. 과거 보수야당 소리를 들었던 민주당에선 너도나도 복지를 이야기합니다. 박근혜 전 한나라당 대표조차도 "복지국가는 아버지의 꿈"이라고 하면서 다음 대선에서의 국가비전을 복지에 맞춘 듯합니다. 결국 시대적, 세계사적 흐름을 반영하고 있다고 볼 수 있겠습니다.

김윤태 왜 진보진영이 지난 10년 동안 복지에 대한 이야기를 철저하게 제기하지 못했냐는 지적도 제기되고 있습니다.

김기식 기본적으로는 두 가지 측면이 있다고 봅니다. 최초의 평화적 정권교체를 통해 출범한 김대중 정부는 IMF 경제위기 상황과 함께 물려 있었고, 신자유주의적 흐름이 세계사적으로 맹위를 떨치고 있는 조건에서 대외의존적 경제구조인 한국사회는 이와 벗어나는 다른 길을 선택하기 어려웠습니다. 만약 IMF 사태로 인해 강제되는 조건이 아닌 가운데 출범했다면 김대중 – 노무현 정부의 정책방향은 상당히 달랐을 것입니다. 또 다른 측면으로는 국내적으로 복지국가를 지향할 수 있는 조건 자체가 부재했습니다. 김대중 정부가 DJP 연합이 아닌, 단독으로 집권했다면 달랐을 것입니다. 호남에 한정돼 있던 DJ는 결국 충청지역에 기반으로 한 JP의 보수세력과 연합해 정권을 만들었고, 그래서 정책을 힘 있게 추진할 수 있는 첫 1년 반 정도의 경제정책은 박태준이나 김용환, 이규성 등 JP그룹이 사실상 주도했습니다. 김대중 정권은 경제정책을 이들에게 위임해서 위기를 타개하는 데 거의 올인하는데, 이는 전면적 복지국가를 추진하는 것 자체가 불가능했다는 이야기입니다.

그럼에도 불구하고 신자유주의를 보완하기 위해 복지국가의 기틀을 마련했고, 통합주의적 정책을 강력하게 추진했습니다. 복지국가의 기초가 되는 국민연금의 전 국민 확대, 의료보험의 통합, 고용보험의 확대, 국민기초생활보호법 등 신자유주의와는 이념적으로는 반대에 있는 사회정책들이 이뤄졌습니다. 그런 면에서 김대중 정부를 일면적으로 신자유주의적 정부라고 규정하기는 어렵다고 봅니다. 경제정책의 신자유주의적 성격은 분명하지만, 사회정책적으로는 복지국가적, 사민주의적, 통합적인 방향으로 갔던 모순이 있었는데, 그것이 노무현 정부하에서도 연장해 나타난 측면이 있습니다. 노무현

5년을 돌이켜 보자면, 집권세력 스스로가 시대적 과제에 대한 인식이 불철저한 측면도 있고, 2004년 총선부터 1년 정도의 기간을 빼면 집권 5년 내내 안정적인 국정운영의 주체를 형성하지 못했던 측면도 있습니다. 그런 지점이 상호작용하면서 노무현 정부도 김대중 정부의 한계를 뛰어넘지 못한 게 아닌가 싶습니다.

김윤태 노무현 정부 당시 서민층 등 국민의 지지가 약화된 이유도 같은 맥락에서 짚어볼 수 있지 않을까요?

김기식 노무현 정부 탄생의 가장 큰 동력은 지역주의 극복과 정치개혁이었습니다. 그 점에 있어 노무현 정부는 자신에 대한 국민의 요구를 충실히 수행하려고 노력했다고 생각합니다. 권위주의를 타파하고 검찰이나 국세청을 통한 권력통치를 포기하고, 자신의 수족을 자르면서까지 대선자금 문제를 수사했습니다. 그런데 국민은 노무현 대통령의 당선과 참여정부 출범 그 자체로 일정하게 정치개혁은 달성됐다는 생각을 했던 것이고, 출범하는 순간부터 먹고사는 문제라는 사회경제적 요구를 표출한 것입니다. 그런데 노무현 정부가 이 지점을 정확하게 포착해 국정 어젠다agenda로 가져오지 못했습니다. 후반기에 와서는 저출산, 고령화, 사회양극화 문제 등에 집중했지만 그때는 이미 정권이 각종 정책을 힘 있게 추진하기 어려운 조건이었습니다. 부분적으로는 복지예산, 보육예산 등이 확대되는 성과를 냈지만, 국민이 원하는 만큼의 정책 실현은 하지 못했습니다.

김윤태 김대중 정부는 1997~98년 외환위기에 직면하면서 불가피하게 신자유주의적 요소를 받아들였고, 노무현 정부 때는 국민이 요구했던 삶의 질

개선의 요구를 제대로 반영하지 못한 각각의 한계는 있지만 대체로 한국사회의 복지는 발전해 왔다고 평가하는 것 같습니다. 그렇다면 민주정부 10년을 거치는 동안 우리가 복지국가라고 평가할 수준까지 왔다고 보시는지요?

김기식 퇴임 이후 노무현 전 대통령 스스로, 또 집권세력의 정책담당자들이 양극화나 저출산, 고령화 등을 참여정부 초기의 국정 어젠다로 삼지 못한 것에 대해 후회하고 성찰했다는 이야기를 들었습니다. 김대중-노무현 정부에서 이뤄진 복지제도의 확대를 폄하해선 안 됩니다. 세계적으로 이렇게 빠른 시간 안에 주요한 국가복지 시스템의 근간을 정비해낸 예는 많지 않습니다. 요즘 '보편적 복지'를 많이 거론하는데, 보편주의가 새로운 이야기도 아닙니다. 이미 상당 부분은 보편주의적으로 제도가 설계됐고 시행하고 있습니다. 예를 들어, 우리는 전 국민을 대상으로 한 단일한 의료보험 시스템을 갖고 있고 이는 모든 국민에게 보편적으로 적용하는 시스템입니다. 독일만 해도 조합주의적 연금제도와 의료보험 시스템이지 않습니까. 이는 서구의 복지국가 사례와 비교해 봐도 굉장히 진보적인 모델입니다. 그것을 김대중 정부 기간 동안 달성했던 것입니다. 국민기초보장법은 국민의 권리로서의, 동시에 국가의 의무로서의 복지를 규정한 최초의 법률로, 김대중 정부는 복지를 시혜적 차원이 아니라 국민의 권리이자 국가의 의무라는 기본원칙 속에서 확립해냈습니다. 생활보호대상자가 수급권자로 바뀌었습니다. 복지영역에서는 가히 혁명적인 수준의 변화인 것입니다.

아직 사회서비스영역에 있어서는 불충분하고, 보편주의적 관점에서 일정한 문제가 있지만 한국사회가 복지국가의 초입에 와 있다는 평가를 받기에 충분하다고 봅니다. 현실적으로 비어 있는 부분은 물론 있습니다. 높아진 비정규직과 자영업자 비율로 인해서 제도 자체는 전 국민을 포괄하는 시스템이지만, 실제로는 비정규직 노동자의 국민연금 가입률은 30퍼센트, 건강보험 가입률을 38퍼센트, 고용보험 가입률은 37퍼센트에 불과하고, 자영업자 중 상당 부분은 국민연금에서 빠졌거나 의료보험료를 내지 못하는 조건입니다. 이렇게 형성된 사각지대 문제는 심각합니다. 복지국가를 더욱 발전시키는 것은, 크게 두 가지 영역의 과제가 아닐까 합니다. 사회보험 영역에서 사각지대를 해소하는 문제, 또 하나는 보육이나 자녀양육, 노인복지 등 더욱 다양하게 분출되고 있고 또 절박해지고 있는 보편적 요구를 사회시스템의 영역에서 충족시키는 것입니다.

김윤태 독일이나 영국, 프랑스 등이 지금과 같은 복지제도의 틀을 60~70년 걸려 형성했다는 점을 감안하면 10년 정도 짧은 기간 동안 이뤄낸 성과를 긍정적으로 평가할 수 있겠습니다. 하지만 한계도 명확해 보입니다. 건강보험의 보편적 적용범위에도 불구하고 보장성 비율이 낮고, 자기부담 비율은 높습니다. 고용보험과 국민연금도 껍데기만 있을 뿐, 알맹이가 없다는 평가도 있습니다. 한국의 복지모델이 미국식 모델처럼 극빈층에 대해서만 최소한의 혜택을 주고 있는 구조적 한계를 가지고 출발했다는 비판에 대해선 어떻게 평가하십니까?

김기식 그런 이야기는 들어보지 못했습니다. 우리나라의 주요한 국가복지 시스템을 구축하고 개혁하는 과정에 구체적으로 개입하고, 관여하고, 운동을 벌였던 입장에서 보면 애초에 설계 단계부터 사회복지를 최소화하거나 특정 부분을 배제하려 했던 것은 전혀 없었습니다. 말 그대로 전 국민을 대상으로 한 국가복지 시스템을 설계하고 입법화했습니다.

다만 참여연대 내에도 그런 반성은 있습니다. 우선 성장률 변수를 고려하지 못한 점이고, 또 다른 측면은 비정규직 문제입니다. IMF 이전만 해도 사실상 완전고용, 종신고용 상태였는데 경제위기 이후 우리의 노동시장의 변화가 너무나 급격했습니다. 정부 통계로도 실업률이 10퍼센트가 넘을 정도였고, 현재 비정규직 비율은 50퍼센트에 이릅니다. 35퍼센트인 자영업자 비율도 OECD 어떤 나라와도 비교되지 않는 수준입니다.

이런 상황을 IMF 이전까지는 그 누구도 예측하지 못했습니다. 이러한 변화가 복지제도에 미치는 직접적인 영향을 고려하지 못한 측면이 있었고, 그것을 정확하게 인식하고 보완책을 마련하지 못한 것은 김대중-노무현 정부의 한계, 나아가 진보진영 전체의 한계라는 생각입니다. 2000년대 이후 국민연금 부분에 있어서도 기초연금 도입 논의를 시작했고, 지금은 진보진영에서 대세를 형성한 것도 그러한 반성에 기인한 것입니다.

모든 영역에서 '보편적 복지'를 하자는 게 아니다

김윤태 미국식 모델처럼 빈곤층들에게 최소한의 복지를 제공하는 게 아니라 모든 국민을 대상으로 한 국가의 역할을 강조하셨는데, 미국식보다는 유럽식 모델에 방점을 찍고 있는 것처럼 들립니다.

김기식 특정한 해외의 모델을 목표로 설정하기는 어렵다고 생각합니다. 학계에서 복지국가 모델을 이야기할 때 북유럽의 사민주의 모델, 독일 조합주의 모델, 영미 자유주의 모델을 말합니다. 보편주의와 선별주의도 쟁점입니다. 구체적 모델에 앞서 복지국가를 규정하는 조건을 봐야 합니다. 서유럽의 복지국가는 높은 경제성장률, 베이비붐으로 인한 피라미드형 인구구조 즉, 두터운 경제활동인구, 상당히 높은 노동조합 조직률, 전통적 산업노동자들을 기반으로 한 사회적 조건 등이 작용해 구축됐습니다. 또한 국가의 규모도 중요한 변수입니다. 북유럽 모델에서 공통적인 것은 대체로 1,000만 명 이하의 작은 국가라는 점입니다. 즉, 역사적 · 사회적 조건에 따라 실현가능한 복지국가 모델을 찾아야 한다는 생각입니다.

김윤태 최근의 가장 큰 쟁점은 보편적 복지와 선별적 복지를 둘러싼 논쟁입니다. 같은 맥락에서 '보편적 복지'는 우리의 조건에서 실현가능한 모델인가요?

김기식 모든 것을 보편주의적으로 하자는 것은 있을 수 없는 일인 것 같습니다. 보편주의와 선별주의가 결합된 형태일 수밖에 없는데, 다만 보편적인 욕구가 존재하는 부분은 보편적 제도를 짜야 한다는 것입니다. 노후대책이나 출산, 양육, 보육, 교육복지의 필요성은 아주 빈곤한 사람이든 중산층이든, 1퍼센트의 재벌가만 빼고는 다 느낄 겁니다. 예를 들자면, 있는 놈은 있는 놈끼리, 없는 놈은 없는 놈끼리 나눠서 하자는 게 선별주의적 접근입니다. 그런데 계층을 나눠 접근하면 사회가 통합하지 못하고 분열하게 되는데, 그런 면에서 선별적 복지는 옳지 않다는 게 진보적 복지국가론자들의 주장이고, 저도 같은 생각입니다. 하지만 모든 것을 다 보편적으로 하자는 것은 또 별개의 문제라고 봅니다. 근본적으로는 보편적 욕구가 존재하는 곳에는 보편적 제도를 짜고, 제도와 정책의 목적과 성격에 따라 또 다양한 요구가 다양하게 존재하는 영역에선 선택적인 프로그램을 통해 대응하는 방식이 옳다고 생각합니다. 보편적 제도하에서 자산, 소득에 따른 차등 지원 방식을 선택할 수도 있습니다.

어떤 의미에서 한국은 독일의 조합주의 모델을 뛰어 넘은 측면이 있고, 의료보험 시스템 자체는 전 세계적으로 봐도 우수한 편입니다. 반면 저소득층에 대한 의료서비스를 무상으로 제공하는 측면에서 보면 미국보다도 못한 측면이 있습니다. 우리는 기초생활보장법상 수급권자, 3퍼센트 정도만 무상의료 혜택을 받는데 미국은 14퍼센트가 받고 있습니다. 진보주의자들은 미국을 두고 '천박하고 수준 낮은 복지제도'라고 이야기하지만 저소득층 의료서비스는 우리가 미국만도 못한 실정입니다.

김윤태 미국식도 유럽식도 아닌, 한국의 현실에 맞는 새로운 모델을 찾아야 한다는 이야기인가요?

김기식 한국의 복지제도 모델은 일관된 흐름에서 설계되고 구축된 게 아니므로 다양한 요소가 혼재돼 있습니다. 복지국가를 지향하는 정치주체 중심으로 목적의식적으로 국가시스템을 짜지 못했고, 우후죽순으로 발전했고, 제도간의 상호작용을 고려하지 않았습니다. 어떤 부분은 굉장히 자유주의적이지만 다른 부분은 사민주의적, 또 다른 부분은 조합주의적인 측면이 있습니다. 대체로 보편주의적 복지가 담고 있는 사회연대성의 원리, 국가의 적극적 역할을 강조하는 데 동의합니다. 하지만 한국이 특정 복지모델로 가야 한다는 논리에 대해선 별로 관심이 없습니다. 그것은 학문세계에서나 가능한 범주화가 아닌가 싶습니다. 학자들 사이의 논의는 이해하지만, 정치의 영역에서 이야기는 적절치 않아 보입니다. 결국 국가론적 관점에서 하나의 국가시스템을 어떻게 구축할 것인지에 대한 종합적인 시선이 필요합니다. 복지와 노동, 복지와 산업, 복지와 재정정책 사이의 관계가 종합적으로 고찰되지 않으면 좋은 것을 나열해 놓은 것 이상이 될 수 없고, 복지국가도 건설할 수 없습니다.

“현재 시대적 과제는 정치 혁신입니다. 민주당의 기득권적 구조를 해체시키고, 소수정당으로서의 진보정당이 갖고 있는 소수파 정서와 이념적 경직성을 극복해야 합니다. 민주당 내의 진보적 흐름과 진보정당, 시민사회의 진보적 흐름이 결집해서 정치적·사회적으로 복지를 추구할 새로운 주체, 새로운 정당 질서를 만들어내야 하고, 복지국가를 지향하는 새로운 정당이 나와야 합니다. 국민의 요구와 희망이 있는데 자신의 기득권 질서 때문에 저항한다면 그 심판은 국민이 하지 않겠습니까?”

부유세 도입하자고?
증세와 감세 프레임에선 증세론이 무조건 진다

김윤태 어쨌든 현재보다 더 많은 복지, 보편적 복지를 지향한다면 더 많은 예산이 필요한 것이 사실입니다. 결국 재원조달 문제가 쟁점으로 부상할 수밖에 없지 않겠습니까?

김기식 재정을 빼고 이야기하는 복지는 거짓말이 분명합니다. 국가재정 확대의 필요성은 어떤 복지국가를 상정하더라도 불가피할 수밖에 없습니다. 우리처럼 전체 GDP에서 국가재정이 30퍼센트 정도면 복지국가로 갈 수 없습니다. 그러나 '증세'라는 용어를 사용하는 것에 대해선 상당히 신중해야 합니다. 전략적으로도 그렇고, 현실적으로도 그렇습니다. 증세라는 용어에는 그 세금의 부담주체가 누구인지의 문제를 희석시키고, 국민 모두의 부담이라는 식의 정치선동의 대상이 될 위험성이 내포돼 있어, 국가재정의 확대를 정치적으로 막으려는 세력이 이용할 수 있습니다. 뿐만 아니라 국민적 동의 기반도 만들기 쉽지 않습니다. 증세보다는 이명박 정부하에서 이뤄진 '부자감세의 철회'가 정치적으로 더 중요한 개념인 것 같습니다. 나아가 조세특혜 철폐라는 지점도 정확하게 짚어야 합니다. 우리나라 조세감면 규모가 어느 정도인지, 얼마나 심각한 문제인지, 국민도 모르고 진보진영도 충분히 검토하지 못하고 있습니다.

김윤태 한국의 조세감면 규모가 얼마나 됩니까?

김기식 올 2011년 예상으로 약 31조 원입니다. 이명박 정부 출범 전에는 18

조 원 정도였습니다. 조세증가율에 비해 조세감면 증가율이 2배 가량 됩니다. 기업영역에서 보면 조세감면의 혜택은 대부분 대기업에 집중되고 있습니다. 낮아진 법인세를 환원하고, 나아가 더 올리자는 이야기도 있습니다. 그런데 우리나라 최고 기업이자 가장 이익을 많이 내는 삼성전자를 봅시다. 법인세 최고세율인 22퍼센트를 적용받는다면 10조 원 이익이라고 할 때 2조2,000억 원을 내야 하지 않나요? 그런데 실제 삼성전자는 법인세를 1조1,000억 원밖에 내지 않고 있습니다. 삼성전자의 법인세 실효세율은 10~11퍼센트 사이라는 겁니다. 명목상 법인세율을 3퍼센트 증가시키는 것보다 삼성으로 하여금 자신이 내야 할 법인세 22퍼센트를 제대로 내도록 해야 합니다. 이것은 명백한 조세특혜입니다. 조세감면이라는 이름 아래에 대기업이 받고 있는 특혜의 규모는 실로 엄청납니다. 조세정의의 핵심은 소득이 있는 곳에 세금을 부과하는 것인데, 우리는 금융자산이나 부동산 등 자산소득이라는 명백한 소득에 과세하지 않습니다. 이러한 특혜를 폐지하자는 것이고, 부자감세와 조세특혜의 철폐, 조세정의의 실현이라는 관점이 실제로 재원을 확보하는 과정뿐 아니라 보수진영과 논쟁하는 과정에서도 국민적 지지를 확보할 수 있는 올바른 관점이라고 봅니다.

김윤태 민주당 정동영 최고위원은 부유세를 언급하고 있고, 진보신당 조승수 대표 역시 사회복지세 신설을 주장합니다. 이러한 증세 주장에는 반대한다는 이야기인가요?

김기식 그 취지는 충분히 이해하지만 부유세나 사회복지세의 신설에 대해선 매우 신중해야 한다는 생각입니다. 기본적으로 복지에 있어 기여자와 수혜자의 분리는 옳지 않습니다. 필연적으로 제도가 균열되고 보편적 복지가

이명박 정부의 주요 세제개편안의 세금감면 규모와 귀속효과

세금 감면		세금 감면 귀속				
사유	금액(억)	서민중산층	부유층	중소기업	대기업	분류기준
근로소득	15,252	10,818	4,434	–	–	과세표준 4,600만원기준
사업소득	8,855	3,304	5,551	–	–	과세표준 4,600만원기준
양도소득세	15,363	–	15,363	–	–	양도소득세 과세대상을 고려
상속세	3,261	52	3,209	–	–	상속재산 10억 기준
증여세	9,557	495	9,062	–	–	증여재산 1억 기준
법인세	57,444	–	–	17,033	40,411	과표 100억 (매출액 약 1,000억) 기준
종부세	22,700	–	22,700	–	–	종부세 과세대상 고려
합계 (비중)	132,432 (100%)	14,669 (11.1%)	60,319 (45.6%)	17,033 (12.9%)	40,411 (30.5%)	

출처 : 국가재정운용계획 2008~2012, 2007~2011 참조

붕괴될 우려가 있기 때문입니다. 기여자가 수혜를 받지 못하면 제도 밖으로 나가서, 즉 민간의 영역에서 자신들끼리 시스템 구축을 시도하게 됩니다. 본인이 혜택을 받지 못하는데 돈만 내겠다는 사람이 있겠습니까? 조지 레이코프(『코끼리는 생각하지 마』의 저자)가 이야기하듯 증세 · 감세 프레임에 걸리면 우리가 무조건 집니다. 현실적으로 봐도 이미 세금을 잘 내고 있는 사람에게 "더 내라"고 이야기하는 게 아니라, 제대로 세금을 내지 않는 사람에게 "제대로 내라"는 쪽으로 가야 한다는 것입니다. 그것이 훨씬 더 설득력 있는 접근입니다.

복지국가를 실현할 수 있는 다수의 '정치주체' 형성이 중심 과제

김윤태 다음 대선을 앞두고 민주진보진영이 연대나 통합을 모색해야 한다는 소위 '빅텐트론'을 제기하셨는데, 한편에선 이념이나 가치가 다른데 무조건 모이자는 것이냐는 비판도 있습니다. 생각하고 있는 복지동맹, 진보적 정치연합의 모델은 어떤 구상인가요?

김기식 복지국가의 실현을 정책의 관점에서 주로 이야기하는 경향이 있는데, 사실 복지국가는 명백히 정치적 산물입니다. 복지는 결코 진보의 전유물이 아닙니다. 역사적으로도 근대복지제도의 효시라고 할 수 있는 질병보험, 재해보험제도는 비스마르크 시절 도입한 제도입니다. 복지를 보수의 입장에서 보면, 총자본의 관점에서 자본주의체제를 유지하기 위해서 사회불만세력, 혁명세력을 체제 내화 한다는 측면이 있고, 반면 진보진영과 노동계급은 혁명적인 경로가 어려워진 가운데 대의민주주의 틀 내에서 복지제도의 확대를 관철한 양면적 측면이 있습니다. 결국 복지제도는 양 진영의 끊임없는 정치적 힘겨루기, 그 힘들 간의 타협의 산물로 만들어지게 됩니다. 진보의 힘이 훨씬 더 강력할 때는 사민주의적 복지시스템이 만들어지고, 양쪽의 힘이 비슷하면 타협하며, 미약할 때는 자유주의적 복지모델로 가게 됩니다. 한 사회의 정치사회적 역관계가 복지국가의 모델을 결정한다는 것입니다. 우리도 복지국가는 정책이 아니라 정치의 수준에서 이해해야 합니다. 사회적 역관계를 반영하는 복지국가 모델을 염두에 둘 때 결국 핵심은 그것을 중점적으로 추진할 정치주체를 어떻게 형성할 것인가의 문제입니다. 한국의 조건은 굉장히 어려운 게 사실입니다. 복지국가를 실현할 수 있는 중심적 정치주체가 미약하거나 부재한 상황이기 때문입니다. 민주진보진영의 다수를 점하는 민주당은 당 자체로 보면 중도 자유주의적 성향이고, 사민주의 성향의 진보정당은 지지율 2~5퍼센트 수준에서 소수로 남아 있습니다.

정치주체 형성의 관점에서 많은 진보적인 정치학자들이나 진보정당은 보수, 중도, 진보의 3자 정립구도를 이야기합니다. 그런데 우리가 지향하는 복지국가 모델을 상정할 때 전 세계 어느 나라도 다수를 점하는 중도자유주의 정당을 축으로 소수 진보정당이 연합해서 복지국가를 실현한 예는 없습니다. 복지의 불가역적 성격으로 인해 복지국가가 형성된 이후 보수파가 집권해도 복지국가 모델이 유지된 경우는 있어도, 복지국가 형성과정에서는 그렇다는 것입니다. 서구에선 복지국가를 지향하는 사민주의 정당이 반反보수의 중심주체로 형성돼 있었고, 이러한 사민주의 정당의 힘이 세면 단독으로 집권하고, 약해지면 자신을 기준으로 각각 왼쪽과 오른쪽을 끌어들여 연립주체로 집권하는 모델이 아닙니까. 반면 우리는 다수가 중도자유주의 정당이고, 진보세력이 소수화된 구조입니다. 이것이 연립하고 정책적 합의문서를 쓴다고 해서 복지국가로 나아갈 수 있겠습니까? 아무리 좋은 제도라고 해도 그것을 관철시킬 힘이 없다면 제도로 성립되기 어렵고, 현실적인 이행과정에서 거의 100퍼센트 왜곡되고 맙니다.

복지국가를 진정 고민하는 세력에게 요구되는 중심적 과제는 복지국가를 실현할 수 있는 다수의 중심주체를 형성하고, 부족한 부분을 연합 혹은 연립정부 관점에서 바라보는 것입니다. 그런데 민주당 내에서 복지국가의 책임 있는 주체가 될 수 있는 부분은 1/3, 적게 잡으면 1/4정도입니다. 진보정당은 소수고, 시민사회는 정치 외부에 존재할 뿐 아니라 사회 전체적으로 보면 산재된 형태로 흩어져 있습니다. 제가 이야기하는 빅텐트는 기존 정당질서가 통합하거나 합당하는 것에 국한한 관점이 아닙니다. 각각의 주체별로, 정치와 시민사회로 산재된 복지국가의 주체들이 복지국가를 목표로 하는 복지동맹, 정치적 차원에서 이야기하면 '복지국가 정치동맹'으로 결합하자는 것입니다. 뭉치면 다수가 될 수 있습니다.

2010년 지방선거를 기준으로 보면 민주당 지지율은 32~36퍼센트, 나머지 정당은 16~18퍼센트로 2 대 1 정도의 구도입니다. 이것을 하나의 빅텐트 구조에서 생각해 보면, 민주당 내의 1/3 세력과 진보정당, 국민참여당, 시민사회세력이 결집하는 순간 복지국가를 추구하는 정치주체가 50퍼센트를 점할 수 있습니다. 그 상태에서 선거를 한 번만 치르면 보수의 반대편에서 다수가 될 수 있는 구도가 형성될 것입니다. 복지국가라는 가치를 공유하면서 진보적 자유주의 세력과 사민주의 세력이 정치적으로 결합해야 합니다. 세력적으로 보면 한국사회의 3대 상수는 호남, 친노親盧, 그리고 진보입니다. 이 3자를 아우르지 않고서는 다수화해서 집권할 수 있는 길은 없습니다. 단순히 집권뿐 아니라 이 3자를 아우르는 정치주체를 만들지 않고는 결코 복지국가도 실현할 수 없습니다. 그런 관점에서 빅텐트를 이야기한 것입니다. 단순하게 2012년 총선과 대선을 위한 게 아닙니다. 빅텐트는 단일정당론이 아닙니다. 그 과정에서 더 좌파적이거나, 혹은 중도 중에서도 일부 보수적인 그룹이 몇 개의 소수화된 정당이 남을 수 있습니다. 그러나 그것과 무관하게 복지국가를 지향하는 중심적 정치주체를 형성하자는 관점에서 빅텐트를 이야기하는 것입니다. 한나라당을 제외한 나머지 정당이 모두 하나의 정당으로 뭉쳐야 한다? 그렇게 될 수는 없을 것입니다. 모두 정당 설립의 자유가 있는 것 아닙니까.

김윤태 그렇다면 정책연합이나 후보단일화 수준의 선거연합을 의미하는 것인가요?

김기식 아닙니다. 선거연합이나 후보단일화는 분립해 있는 질서를 그대로 둔, 단순한 지분 나누기입니다. 그 전제는 현재 중도보수를 포함해서 중도자유주의 세력, 호남 기득권 세력이 주도권을 장악하고 있는 민주당 질서를 그대로 두고 단순히 정책 합의문서와 권력지분 나누기로 연립정부를 만들자는 것 아닙니까. 이렇게 해서는 복지국가를 실현하기는 어렵다고 봅니다. 복지국가를 지향하는 정치세력이 단일한 세력으로, 강력한 힘의 중심을 만들지 못하는 한 복지국가 실현과정에서의 정치적 대립, 좌우의 공격, 시민사회 내부의 계급적 저항을 돌파해 낼 수 없습니다. 적어도 복지국가를 실현하려는 정치주체는 강력한 단일대오로 결집해야 합니다. 시대의 요구는 과거 김대중-노무현 정부 때보다도 더 진보적으로 이동해 있습니다.

그런데 정치주체의 측면에서 보면 현재의 민주당이, 혹은 민주당 지도자들이 더 높아진 진보적 요구를 체화된 형태로 수렴해서 국가정책으로 실현할 수 있는 확고한 자기신념, 그것을 뒷받침할 수 있는 세력기반을 갖고 있습니까? 그렇지 못합니다. 그렇다면 설사 연립정부를 수립해 정권교체를 한다고 해도 그 정권이 복지국가를 지향하는 정책을 현실적으로 시행할 수 있을까요? 그 지점에 대한 회의가 있습니다.

현재 시대적 과제는 정치 혁신입니다. 민주당의 기득권적 구조를 해체시키고, 소수정당으로서의 진보정당이 갖고 있는 소수파 정서와 이념적 경직성을 극복해야 합니다. 민주당 내의 진보적 흐름과 진보정당, 시민사회의 진보적 흐름이 결집해서 정치적·사회적으로 복지를 추구할 새로운 주체, 새로운 정당 질서를 만들어내야 하고, 복지국가를 지향하는 새로운 정당이 나와야 합니다. 다만 선언적으로 세력의 편제를 미리 설정해서 "누구는 되고, 누구는 안 된다"는 접근은 곤란합니다. 분명한 가치지향, 그 가치를 실현할 수 있는 정책을 내걸고 그것에 동의하는 세력이라면 모이자는 겁니다. 국민의 요구와 희망이 있는데 자신의 기득권 질서 때문에 저항한다면 그 심판은 국민이 하지 않겠습니까?

진보정당 확장론도, 민주당 혁신론도 불가능, 빅텐트는 '민주진보당' 프로젝트

김윤태 결국 모든 정당들이 복지동맹을 중심으로 새로운 정당을 건설하자는 제안으로 해석됩니다.

김기식 그 시기와 경로는 유연하게 생각하고 있습니다. 정치는 과정입니다. 단일한 경로로 그림을 그리고, 세력을 편제한다고 해서 정당을 건설할 수 있나요? 복지국가를 지향하는 민주진보당, 결국 빅텐트는 '민주진보당 프로젝트'입니다. 복지동맹의 수준에서 민주진보정당이 만들어지는 과정에는 여러 경로가 있을 수 있다고 봅니다. 이런 지향을 가진 각각의 정치세력이 각 정당에서 주도권을 잡고, 그 다수의 힘으로 당 전체를 끌고 들어와 합칠 수도 있고, 강력한 기득권적 저항이 발생하면 깨고 나올 수도 있고, 또는 중간 수준에서 통합하고 연합하는 과정에서 2단계로 질서를 만드는 단계적 과정일 수도 있습니다.

현재 대한민국은 일정한 정치적 과도기에 있다고 봅니다. 산업화와 민주화 이후 새로운 국가비전으로서의 복지국가로 나아가는 과정에서 그 정치주체를 만드는 과정이라는 의미로 생각할 수 있겠습니다. 그 과도기적 과정은 앞으로 5~10년간에 걸쳐 진행될 것입니다. 다만 2012년이든 2017년이든 정치주체를 형성해야 한다는 목표를 설정하지 않으면 복지국가 실현은 불가능하다는 게 중요합니다. 정치세력을 만들지 않고 무슨 수로 복지국가를 실현하겠습니까? 전 세계 어느 국가에서 사민당, 노동당이 다수가 되지 않고 연립정부를 통해 복지국가를 실현한 예가 있나요? 중도자유주의 정당 중심의 정치구도하에서 소위 자유주의 모델을 넘어선 복지국가를 실현한 예가 있나요? 5~10퍼센트 지지율의 소수 진보정당 중심으로 복지국가를 실현한 예가 있나요? 없습니다. 보수-중도-진보의 3자 정립구도하에서 진보정당이 나중에는 중도를 넘어 다수가 될 수 있다는 주장도 있습니다. 그게 가능한 이야기인가요? 20세기 초반 영국 보수당-자유당 구도에서 자유당이 몰락하고 노동당이 탄생한 사례를 제외하면 세계사적인 예가 있나요? 한국에선 지난 반세기 동안 보수와 중도자유주의 정당이 각축하고 있는데, 그것도 분단 냉전체제, 3자 정립구도하에서 진보정당이 자체적으로 확장해 다수가 되겠다? 과연 상상할 수 있는 경로인가요?

김윤태 진보정당이 원내에 진출하면서, 본격적으로 한국의 제도정치권에 진입한 이후에 여러 성과도 있었지만 분명한 한계도 노정했다는 지적이 적지 않습니다.

김기식 많은 사람이 지난 2007년 대선을 지금의 민주당, 과거 참여정부에 대한 국민적 심판이라고 평가합니다. 100퍼센트 동의합니다. 하지만 과연 진보정당은 국민적 심판에서 자유로운가요? 그렇지 않다고 생각합니다. 13퍼센트 지지율로 화려하게 원내에 진입한 이후 진보정당의 지지율 변화에 주목할 필요가 있습니다. 중도자유주의가 몰락하면 진보의 세가 확장되나요? 2008년 촛불사태 직후 이명박 대통령의 지지율이 18퍼센트, 민주당 지지율은 9~12퍼센트일 때도 민주노동당 5퍼센트, 진보신당의 2퍼센트 지지율은 변하지 않았습니다. 진보정당의 지지율이 최대치까지 확장됐던 것은 자유주의 정당인 열린우리당이 압승했던 2004년 총선 때였습니다. 자유주의 세력의 팽창과 연동해 움직인다는 것입니다. 현재 진보정당의 의미는 소수 견제자, 명백한 소수파 전략입니다. 집권이 아니라 견제세력으로 한정되는 것입니다.

김윤태 진보정당 내에선 이념과 노선이 다르기 때문에 민주당과 선거연합 이상의 가능성을 모색하기란 곤란하다는 시각이 적지 않습니다. 반면 민주당은 어떤가요? 변화를 위한 모색이 이뤄지고 있기는 하지만 평가의 지점은 다양할 것 같습니다.

김기식 민주당이 자체 혁신을 통해 복지국가의 정치주체를 형성할 수 있을까요? 이 부분에 대해서도 회의적입니다. 민주당 내 혁신세력 역시 자체의 힘만으론 호남 기득권 구조와 그에 기반으로 한 민주당 내 중도세력의 주도권을 깨기 어려워 보입니다. 복지국가 정치주체 형성의 관점에서 보면 진보정당 확장론도, 민주당 자체 혁신론도 모두 가능성이 없는 이야기입니다. 그렇다면 민주당 내의 진정성 있는 세력과 진보정당, 시민사회세력이 합쳐 다수를 형성하는 것 외에 다른 길은 없다는 게 제 관점입니다. 그 과정에서 중도와 왼쪽을 끌어안으면서 더 확장된 형태로 빅텐트를 구성하면 더 좋겠고, 그 빅텐트 안에서 각각 다른 성향들이 내부 블록으로서 경쟁하고 각축하는 형태가 얼마든지 가능합니다. 기존 정당들을 봐도 민주당은 계파적, 진보정당은 정파적 구조를 갖고 있습니다. 미국 민주당이나 유럽을 보면. 공통의 합의기반이 있지만 하나의 정당 안에 이념적·정책적 다양성이 존재하고 역동적 정치과정 속에서 정강과 노선, 대표주자가 결정됩니다. 계파나 정파구조야말로

구시대적인 것이 아닌가요? 다양한 이념·정책그룹이 한 정당 내에서 각축하는 구조가 오히려 정당의 건강성을 보장하는 측면이 있다고 생각합니다.

김윤태 민주당에서 복지국가를 추구할 수 있는 세력은 소수에 불과하다는 얘기를 하셨는데, 최근 민주당은 복지국가를 추진하는 데 적극적인 모습을 보이고 있고, 당 강령에 보편적 복지에 대한 문제의식도 담았습니다. 이러한 변화는 어떻게 보시나요?

김기식 박근혜 전 한나라당 대표의 복지국가부터 시작해서 민주당 내의 여러 복지국가 이야기가 무의미하다고 생각하는 것은 아닙니다. 그러나 중요한 것은 어떤 이념과 신념을 자기 입장으로 하느냐가 기본이지만, 그렇다고 해서 복지국가가 되는 것은 아니라는 것입니다. 국가의 자원은 한정돼 있고, 땅을 판다고 뭐가 나오나요? 국가의 자원을 어떻게 배분할 것인지가 복지국가의 핵심입니다. 국민소득 2만 달러, 11~13위 경제대국을 달성했는데 복지국가를 하지 못하는 이유는 뭘까요? 대한민국의 자원이 어디엔가 편중돼 있기 때문입니다. 바로 대기업과 특권적 소수계층입니다. 그렇다면 복지국가 실현은 한정된 자원을 독식하고 있는 세력으로부터 그것을 빼앗아서 국가가 대다수 서민에게 배분하는 문제입니다. 당연히 엄청난 저항이 발생할 것이고 그 세력은 우리 사회의 모든 것을 다 갖고 있습니다. 자본, 언론, 지식사회, 종교……. 그 저항을 뚫어내고 정책을 실현하기 위해선 강력하게 이를 뒷받침할 세력이 있어야 합니다.

한나라당의 저항뿐 아니라 시민사회 내의 기득권적 계급저항도 매우 강력하게 나타날 것입니다. 조세특혜를 폐지하자면 대기업은 가만히 있겠습니까? 대부분의 국민에게 해당되지도 않는 종부세를 '세금폭탄'으로 낙인찍고 결국은 정권을 잡은 뒤 무산시켜버리는 상황에서 부유세를 하자고? 그렇게 해서 복지국가가 된다? 착각입니다. 그 저항을 뚫고, 저항하는 세력에 맞서 정치적 힘을 갖고 타협해 낼 수 있어야 합니다. 총자본과 총노동의 관점에서 타협을 끌어낼 수 있을 정도의 중심적 정치주체를 형성하지 못하는 한 복지국가는 그저 그림의 떡일 뿐입니다.

김윤태 민주노동당이나 진보신당 내부의 정치인들도 이런 빅텐트론에 동의하고 있다고 보십니까?

김기식 진보정당 내에서 복지국가 정치주체 형성론을 부정할 사람이 누가 있겠습니까? 물론 이른바 정통좌파의 입장에서 보면 사민주의 자체가 수정론이기는 합니다(웃음). 하지만 그건 강단과 운동의 영역이지, 정치주체의 입장에선 고민할 수밖에 없을 것으로 생각합니다.

경로와 시기를 제한하지 말자, 그러나 '비非민주 선통합론'은 위험하다

김윤태 현재 논의에서는 민주당을 제외한 나머지 세력들이 먼저 통합하자는, 소위 '비非민주 선통합론'도 제기되고 있습니다.

김기식 비민주 선先통합론은 위험해 보입니다. 역사적으로 소외되어 왔던 호남인에게는 '호남 배제론'으로 느껴질 수 있기 때문입니다. 호남 기득권 세력들에게도 "봐라, 또 우리를 빼려고 한다"면서 마치 '호남 자민당'과 같은 형태로 움직이려고 하는 명분을 주면 안 됩니다. 이쪽에서 누구를 먼저 배제하는 식으론 곤란하다고 생각합니다. 그 외에도 비민주 통합론이 갖고 있는 정치공학적 측면의 한계를 지적하지 않을 수 없습니다. 가치와 노선을 이야기하면서, 국민참여당은 되는데 민주당은 안 된다? 성립할 수 없는 이야기가 아닌가요? 오히려 복지국가 측면에서 보면 민주당이 더 왼쪽, 국민참여당이 더 오른쪽에 있는 양상을 보이고 있습니다. 복지국가라는 지향을 놓고 이야기하면 모두에게 개방해야 하는 게 아닌가요? 진정성을 갖는다면 누구와도 손잡을 수 있다는 태도가 옳지, 민주당과 지분 협상을 하기 위한 파이를 키우자는 게 공학적 논리 이상의 설득력이 있을까요. 차라리 진보정당 선先통합론은 이해되는 측면이 있습니다만…….

정치권에 몸담지 않은 채 사람들에게 다양한 정치적 상상력의 공간을 제공해야 하는 우리 같은 사람들은 단정적이어선 안 된다고 생각합니다. 진보적 자유주의와 사민주의, 물론 다릅니다. 어떻게 똑같겠습니까. 하지만 조합주의적 복지국가 모델도, 사민주의 복지국가 모델까지도 수용할 수 있는 게 진보적 자유주의 아닌가요? 이념그룹으로서 경쟁할 수 있으니까 뭉치자는 취지입니다.

김윤태 민주당은 앞으로 어떤 점이 바뀌어야 한다고 생각하십니까?

김기식 민주당에서는 중요한 변화가 이뤄지고 있다고 봅니다. 그런데 민주당 내부에서 복지국가를 지향하는 세력이 자체적인 힘만으로 민주당을 혁신할 수 있을까요? 어려울 것 같습니다. 의지와 진정성의 문제를 떠나서 세력적으로 그렇다는 겁니다. 그렇기 때문에 세력적 통합을 통해 현재 민주당 내부 구도를 변화시켜야 합니다. 내부적 한계를 외부세력과 통합하고 연합하는 과정을 통해 극복할 수 있어야 복지국가세력이 다수가 될 수 있습니다. 그것을 정당질서 수준으로 끌어올려야 합니다. 그 과정에는 다양한 경로와 방식이 있을 수 있고, 시기적으로도 2012년에 하면 좋지만 안 된다고 해도 중장기적인 과정을 거쳐 모색해야 한다고 생각합니다. 빅텐트는 민주당의 기득권 질서가 해체되거나, 혹은 노선적인 좌클릭을 전제하지 않고는 불가능합니다. 2012년 이전에 이뤄질 가능성은 반반이라고 생각하고 있습니다.

김윤태 민주노동당과 진보신당 등 진보정당의 경우엔 어떤가요?

김기식 진보정당은 이념적·정치적 경직성을 좀 버려야 하는 게 아닌가 생각합니다. 국가는 뭔가, 국가의 시스템이 어떻게 작동되는가, 정책이 현실적으로 어떻게 실현될 수 있는가? 이런 문제에 대해 좀 더 현실에 밀착한 고민을 해야 합니다. 세력적 역관계랄지, 계급투쟁이랄지 하는 부분에 누구보다 해박한 분들이 정책의 실현이라는 문제에 대해선 너무 단순하게 생각하는 경향이 있어 보입니다. 농반진반으로 하는 이야기인데, 노동운동 할 때 임단협을 통해 사측과 타협하는 게 주업이었던 분들이 왜 정치와 정책에 있어선 일체의 타협을 부정하고 비판하는지 모르겠습니다. 정치와 정책이야말로 타협의 산물 아닌가요. 진보정당 내부에서 제기되는 이른바 3자 정립 구도론, 확장적 집권론 등을 객관적으로 평가해봤으면 좋겠습니다. 핵심은 소수파 의식을 버려야 한다는 것이고, 계속 원칙적인 이야기를 하면서 비판·견제 세력으로 남을 것인가, 스스로 다수화해서 복지국가를 실현할 것인가. 바로 그 지점입니다.

김윤태 정치권뿐 아니라 시민사회까지 참여하는 큰 틀의 빅텐트를 제기하고 있는 걸로 알고 있습니다. 참여연대도 몇몇 인사들이 정치인으로 출마하거나, 정치세력으로서 정당에 들어갈 수도 있다는 의미인가요?

김기식 개별 시민단체는 자기의 고유한 영역을 갖고 있습니다. 다만 시민사회의 역할이 비판·견제자를 넘어 복지국가 형성이라는 관점에서 적극적으로 정치 주체화할 필요는 있습니다. 같은 맥락에서 시민사회 인사들의 정치참여는 하등 문제되지 않을 뿐 아니라 사실 적극적으로 사고해야 한다고 봅니다. 시민운동가가 정치를 하는 게 뭐가 문제인가? 다만 복지주체 형성의 과정에서 시민사회의 역할이 단순한 정치참여로 귀결될 수는 없다고 생각합니다.

비非정당적 시민운동이 필요합니다. 한국에선 서구와 같은 계급적 대중정당 모델이 가능하지 않다고 봅니다. 정치사회적 동력이 정당적 질서로 모두 다 담아지지도 않습니다. 20~30대는 더욱 그럴 것입니다. 정당적 질서로도 담아지지 않고, 개별 시민단체로도 담아지지 않는 광범위한 정치사회적 동력을 담는 그릇이 비정당적 시민정치운동의 영역이라고 봅니다. 1987년 국민운동본부, 미국의 무브온MoveOn이나 티파티Tea Party 같은 형태가 바로 이러한 비정당적 정치운동 조직이 아닌가 합니다.

국민이 행복을 꿈꿀 수 있는 나라, 복지국가가 별건가

김윤태 김 위원장이 제기하고 있는 복지국가 정치운동이 좋은 성과를 남기길 바랍니다. 마지막 질문입니다. 앞으로 한국사회는 어떤 방향으로 나아가야 할까요?

김기식 지금 문제의 핵심은 국가의 역할론입니다. 1990년대 이후 진보는 진보대로, 보수는 보수대로 국가의 영역을 축소시켜 왔습니다. 진보가 국가로부터 시민사회의 자율성 확대를 추구해 왔다면, 보수는 국가로부터 시장의 자율성을 확대해 왔습니다. 그런데 이는 결과적으로는 시장지배력, 자본권력의 강화로 귀결됐습니다. 우리가 직면한 사회경제적 의제나 한반도 의제는 국가를 매개로 하지 않고 해결할 길이 없습니다. 그런 점에서 국가의 역할, 국가영역에 개입하기 위한 정치의 중요성이 강조될 수밖에 없습니다. 하지만 국가의 통치와 억압기제로서의 성격 역시 간과할 수 없습니다. 국가 역할론의 강조는 20~30대의 자유주의적 경향과 모순된 측면도 있습니다. 이런 점에서 국가에 대한 시민 통제, 시민 주권을 강조하고 싶고, 그런 맥락에서 복지국가론과 함께 '시민국가론'을 제기하고 있는 것입니다. 촛불시위 과정에서 가장 광범위하게 불려진 "대한민국은 민주공화국이다. 대한민국의 모든 권력은 국민으로부터 나온다"는 노래는 시민 주권성에 대한 대중적 의지를 표현한 것입니다. 그리고 복지국가의 형성과정이 다수 시민의 이해와 목소리가 국가의 정책과정에 반영되는 정치적 과정이란 점에서 시민국가론이 복지국가론과 상호보완적 관계에 있다고 생각합니다. 앞으로 복지국가 논쟁이 보다 발전적으로 진행되길 기대합니다.

그런데 개인적으론 복지국가 논쟁을 하면서 이론적이고 철학적 논의보다 사실은 이런 생각을 먼저 합니다. 2010년 연말 날치기 파동 이후에 트위터에서 이런 글을 봤는데, 서울 관악구에 있는 어떤 아이에게 장래 희망을 물었더니 "(기초생활) 수급권자"라고 답했다고 합니다. 모 방송사 피디가 버려진 아이를 취재한 사연도 들었는데, 역시 희망을 물었더니 "어른이 되는 거요"라고 했다 합니다. 커서 어른이 되기 전에 죽을 것 같다면서 내놓은 대답이었답니다. 장래 희망이 어른이고, 수급권자인 아이들에게 GDP, 성장률, 1인당 국민소득이 도대체 무슨 의미가 있겠습니까? 가장 바람직한 나라는 '부강한 나라'가 아니라 국민 개개인이 행복을 꿈꿀 수 있고 희망을 가질 수 있는 나라 아닌가요. 지금까지는 기본적으로 부국강병론, 나라의 부강함만이 담론을 지배해 왔습니다. 진보진영에게도 국가와 사회를 고민하는 데 있어 노동자, 농민, 학생 등 사회집단적 사고가 중심이었습니다. 복지국가가 별건가요. 국민 각자가 행복을 꿈꿀 수 있고, 희망을 가질 수 있는 나라입니다. 이런 관점에서 시스템을 설계하고, 정치를 하겠다는 게 복지국가 논쟁의 핵심이 아니겠습니까.

김윤태 긴 시간 진지한 답변에 감사드립니다.

2부

민주당 리더가 말하는
복지국가 정치동맹의 길

04;

작은 차이 때문에
'MB 후예'의 재집권을
용인할 텐가?

이인영

민주당 최고위원

이인영 민주당 최고위원은 1987년 6월 항쟁의 주역 중 한 명이다. 그는 당시 고려대 총학생회장이었고 전국대학생대표자협의회(전대협)의 의장이었다. 당시만 해도 민주화운동의 주요 동력이었던 대학생들의 대표자였다. 6월 항쟁은 미완의 시민혁명이었지만 그 후 한국사회는 근본적으로 달라졌다. 정치적인 차원의 민주화가 착착 진행되어 이제 한국은 개발도상국으로서 민주화와 경제발전을 동시에 이룬 모범사례로 꼽히고 있다. 이인영 최고위원은 그런 원체험을 한 정치인이다. 그래서 그는 6월 항쟁 때처럼 단결해서 싸우면 승리한다고 생각하고 있다. 야권이 하나로 뭉친다면 이명박 정부와 한나라당을 이기고 2012년에는 정권을 교체할 수 있다고 보는 것이다.

그가 생각하는 '87년 6월의 재현'은 바로 '광범위한 복지동맹'이다. 복지를 매개로 야권이 연대하고 연합하자는 것이다. 논의를 처음 시작할 때는 안 되면 선거연합이라도 하자는 입장이었으나 최근에는 통합정당, 연합정당 즉, 단일정당을 건설하자는 입장으로 기울었다.

그렇다면 이인영 최고위원은 복지국가에 대해 어떻게 생각하고 있을까? 그가 생각하고 있는 그림은 독일과 프랑스 더하기 북유럽 모델인 것 같다. 그렇게 말하면서도 그는 조심스럽게 북유럽 모델에 대해서는 정통하지 않다고 스스로 고백하고 있다. 정확하게는 알고 있지 못하지만 적어도 영미식으로 가지 않고 유럽식으로 가자는 인식을 갖고 있는 것이다. 나름대로 실용적인 사고다.

이인영 최고위원은 증세에 대해서는 매우 조심스러운 태도를 취한다. 그는 반대하는 것은 아니지만 "국민이 납득할 수 있을 때 조세신설을 채택할 수 있다"고 말한다. 사실상 일단은 조세신설의 방법이 아닌 다른 방법으로 재원 마련을 해야 한다고 주장하고 있는 것이다. 정치인으로서 신중할 필요가 있겠지만 재원 마련 방안에 대해 소극적인 태도를 보이는 것은 다소 아쉬운 대목이다.

그는 민주정부 10년에 대한 평가에서도 진보진영의 비판을 일부 수용하기는 하지만 '신자유주의 정부'라는 비판은 수용하지 않는다. 민주정부 10년의 시기 동안 신자유주의 경제정책을 무분별하게 도입했고, 그러는 사이에 사회양극화가 매우 심각해졌으며 비정규직이 양산되고 자영업자들이 급증한 것이 국민의 정부와 참여정부의 책임이라는 비판에 방어적인 입장을 보여주고 있는 것이다. 그의 답은 "이중적 성격"을 띠고 있었다는 것이다. 일부 그런 측면도 있었지만 '국민기초생활법' 도입 등에서 알 수 있듯이 그렇지 않은 면도 있었다는 것이다.

이인영 최고위원은 2010년 10월 민주당 전당대회에서 야권통합을 공약으로 내걸고 당선된 사람이다. 그래서 그에게는 언제나 야권통합의 전도사라는 꼬리표가 붙어다닌다. 당에서 맡고 있는 대표적인 직책도 '연대연합특별위원장'이다. 그래서 그는 야권의 연대와 통합을 이야기하는 자리에는 전국 어디도 마다하지 않고 동분서주 뛰어다니고 있다. 그는 민주당의 변화를 기본적으로 전제하면서도 동시에 진보정당의 변화도 주장한다. 사회민주주의와 진보적 자유주의가 만나는 새로운 정당에 대한 아이디어도 이야기한다. 민주당은 조금 더 진보 쪽으로 이동해야 하고, 진보정당들은 조금 더 현실적인 방향으로 선회해야 한다고 주장하는 것이다. 그렇게 해서 민주진보당 또는 진보민주당이 탄생하게 된다면 이인영 최고위원은 그 당이 결국 복지국가 정치동맹을 주도하게 될 것으로 생각하는 것으로 보인다.

보는 사람에 따라 다르겠지만 어느 정도는 실현가능한 구상이다. 이인영 최고위원의 구상에 대해 말하면 그게 되겠어? 라고 반문하는 사람도 있지만 그렇게 되면 좋은데 라고 말하는 사람도 꽤 있다. 자신의 구상에 대해 의문을 품는 사람들에게 이인영 최고위원이 해야 할 일은 '말이 아닌 실천'이다. 이인영 최고위원과 민주당이 보여줘야 한다. 변하고 있는 모습을 보여주고 딱 그만큼 신뢰를 얻고 그 힘을 바탕으로 구상을 실현해가는 자세가 필요하다. 최근 그의 행보를 보면 적어도 진정성은 아무도 의심하지 않는 것 같다.

민주당의 비정규특위 위원장을 맡아 노동현장을 찾아다니고 있고 4.27 재보선에서 전남 순천에서 민주당이 공천권을 행사하지 않는 방식으로 야권연대를 실천하는 결정을 주도했다. 하지만 여전히 문제는 민주당이다. 진보정당에 있는 사람들 중 많은 이들이 민주당의 변화를 믿지 않는다. 그리고 민주당의 큰 덩치를 부담스러워 한다. 2012년에 민주당과 함께 뭔가를 해본다는 것, 즉 단일정당을 만들거나 선거연합을 하는 일이 진보정당 사람들에게는 큰 부담인 것이다. 물론 이인영 최고위원이 진보정당 사람들의 마음을 모르고 있는 것은 아니다.

이인영 최고위원은 2010년 10월 민주당 전당대회 최고위원 선거에서 4등을 했다. 언론은 주목했다. 손학규, 정동영, 정세균에 비해 턱없이 낮은 인지도와 조직력의 한계를 뚫고 '486 세대'를 대표하는 인물로 민주당 지도부에 입성했기 때문이다. 그는 인터뷰에서 2011년 연말 열릴지도 모를 민주당 차기 지도부 선거에서 대표직에 도전할 가능성을 열어놓았다. '담대한 도전'이라는 표현을 썼고 도전하게 된다면 "당의 정책과 노선, 세력의 변화를 넘어 세대의 변화까지 도전해 볼 수 있을 것"이라고 포부를 밝혔다. 이인영의 꿈은 과연 성공할 수 있을까? 아직은 알 수 없다.

이인영(李仁榮)

1964년 충북 충주 출생
1983년 충주고등학교 졸업
1987년 고려대학교 제20대 총학생회장, 전국대학생대표자협의회(전대협) 1기 의장
1997년 새천년민주당 발기인
2002년 노무현후보선대위 인터넷기획단 부위원장
2004년~08년 제17대 국회의원 (서울 구로갑), 국회 교육위원회 위원, 국회 예산결산특별위원회 위원, 국회 미래전략특별위원회 위원, 국회 정치관계법특별위원회 위원, 국회 행정자치위원회 위원
2010년 민주당 서울특별시당 2010년 지방선거기획단장, 민주당 4대강 대운하 반대특별위원회 위원장

현 | 민주당 최고위원, 민주당 야권통합특별위원회 위원장, 민주당 비정규직특별위원회 위원장, 민주당 구로구갑 지역위원회 위 원장
저서 | 『나의 꿈 나의 노래』(2007)

4대강 '토건쿠데타'의 직접적 피해가 복지 분야

김윤태 이인영 최고위원은 새천년민주당 발기인으로부터 시작해서 김대중 – 노무현 정부 시기 10년을 함께 하셨습니다. 먼저 김대중 – 노무현 정부의 복지정책에 대해서 어떻게 생각하는지부터 묻고 싶습니다. 김대중 – 노무현 정부에서 복지국가가 출발했다고 평가할 수 있는가요?

이인영 개인적으로는 복지국가의 뼈대와 기초를 김대중 – 노무현 정부 시절 만들었다고 평가하고 있습니다. 국민기초생활보장법, 4대 보험의 전국민화, 기초노령연금이나 장기요양보험의 도입 등이 제도적인 뼈대였습니다. 그리고 보육에 대한 지원이 지속적으로 확대됐고, 전반적으로 복지재정의 규모나 양이 늘어가는 과정, 살이 늘어나는 과정이었다고 볼 수 있습니다. 진짜 복지국가가 됐다고 단언할 수는 없지만, 그것을 향한 의미 있는 출발이었다고 봅니다. 적어도 대한민국에서 정부가 수립된 이후에 복지가 국가의 제도나 시스템으로 작동하기 시작한, 어떤 면에서 새로운 정체성이 된 중요한 의미를 갖고 있다고 생각합니다. 민주당의 경우에도 복지가 또 하나의 정체성이 된 것도 이 시기입니다. 긍정적으로 평가합니다. IMF와 양극화가 심화된 시기의 불가피성으로 해석되는 측면도 있지만, 다른 한편으로는 정권이나 정치세력의 의지도 함께 작동했다고 봅니다.

김윤태 그런데 10년이 지난 지금까지도 한국의 진보개혁세력은 '복지국가가 시대정신'이라고 이야기합니다. 김대중-노무현 정부 당시 미진한 점이 있었기 때문이라는 지적도 나오고 있습니다.

이인영 뼈대를 제외하고 살이, 복지의 양이 늘어나고 있는 것인지를 따져보면 미흡하다고 생각합니다. 그보다 더 심각한 것은 과연 경제로부터 복지가 독립하고 있는지 여부입니다. 국민의 정부, 참여정부 당시에도 부족하다고 생각했지만 이명박 정부 들어와 더욱 심각해졌습니다.

김윤태 김대중-노무현 정부가 신자유주의를 추종했다는 지적에 대해선 어떻게 생각하십니까?

이인영 지난 두 정부 때도 과연 복지가 시장으로부터 독립, 병립하고 있는 것인지에 대해서 자신은 없었습니다. 일정하게 신자유주의의 길로 가는 게 아닌가 하는 지적도 많았었습니다. 저는 김대중-노무현 정부가 꼭 신자유주의 정부라고 보지는 않습니다. 이중적 성격을 가진 정부였다, 불가피하게 시장으로부터 신자유주의적인 측면에 직면한 부분도 있었지만, 신자유주의와 양극화의 폐해를 보완하고 극복하려는 제도적 장치도 동시에 구축했다고 생각합니다. 만일 정말 신자유주의적 정부였다면 그 가치에 위배되는 정책들은 털어내야 하지 않았겠습니까? 하지만 당시에는 그것들을 도입해서 보완해 왔습니다. 그래서 이중적 성격을 지닌 정부라고 보는 것입니다.

김윤태 이명박 정부의 복지정책은 어떻게 평가하십니까? 서민복지예산이 정말 줄어들었나요?

이인영 지난 정부에도 시장으로부터 복지를 어떻게 위치 지울 것인지 불명확한 부분이 있었는데, 그 문제는 이명박 정부 들어 훨씬 심각해졌다고 생각합니다. 한나라당에서 주장하는 복지는 시장적 복지, 시혜적 복지인 것으로 보입니다. 게다가 그런 복지마저도 시장경제가 흔들릴 때 굉장한 위협을 받습니다. 물론 절대금액은 늘어났지만 참여정부 때까지 유지해 온 복지재정 증가율이 정체되거나 감소됐습니다. 4대강 사업이라고 하는, 경제적 토건쿠데타가 일어나면서 가장 먼저 줄어든 것이 복지 분야입니다. 30조 원을 4대강에 쏟아 부으면서 복지는 둔화되고 정체됐습니다. 이번 예산안 날치기 과정에서 가장 극명하게 나타난 것이 서민복지예산은 싹둑 잘려버리고 사모님 예산이나 형님 예산, 실세 예산만 챙겨준 부분 아닌가요. 시장에서 독립해서, 시장과 병립할 수 있는 복지를 갖추지 않으면 복지는 언제든지 흔들리고 위협받을 수 있습니다.

김윤태 지난 전당대회에서 보편적 복지를 당의 강령으로 채택하는 등 민주당은 최근 다시 복지를 강조하는 방향으로 나아가고 있습니다. 김근태 전 열린우리당 의장은 "작은 미국이 아니라 큰 스웨덴으로 가자"는 이야기도 했습니다. 진보개혁세력 내에서 스웨덴 모델에 대한 논쟁도 있는 것 같습니다. 해외의 모델 중 어떤 것을 참고하고 있나요?

이인영 스웨덴이나 핀란드 등 북유럽 모델에 대해 정통하게 알고 있지는 못합니다. 다만 독일·프랑스형 복지와 북유럽형 복지가 결합된 양태를 많이 생각하는 편입니다. 시장경제의 경우 독일의 사회적 시장경제에 주목하고 있습니다. 복지와 어울리는 시장경제 모델이 있고, 그 위에 복지를 쌓아야 탄탄하게 조화를 이룰 수 있습니다. 독일의 사회적 시장경제는 북유럽식과는 좀 다릅니다. 그것과 북유럽식 사회적 협약 모델을 함께 결합하는 게 어떤가 싶습니다. 북유럽이냐, 독일－프랑스식이냐를 구분하지 말고 우리에게 맞는 장점을 찾아볼 수도 있는 것 아닐까요. 최근에는 갑자기 '한국형 복지모델'에 대한 이야기가 많이 나오니까 주춤하고 있습니다(웃음).

김윤태 박근혜의 '한국형 복지모델'은 어떻게 평가하고 계십니까?

이인영 박근혜 전 대표가 제기하는 것은 시장 종속형 복지일 가능성이 높아 보입니다. 재원이나 재정 조달전략도 부정확하고, 나아가 보수의 정략형 복지라는 측면도 있어 보입니다. 집권전략 차원이든 보수의 기득권을 유지하기 위해 시혜적 차원에서 민중들의 요구를 포섭하는 차원이든, 한계가 있다고 생각합니다. 그것과는 다른 차원에서 북유럽식 모델과 독일－프랑스식 모델을 함께 생각해볼 수 있지 않을까요.

김윤태 어쨌든 미국식 모델은 아니라고 보는 것 같습니다.

이인영 영미식 모델은 아닌 것 같습니다. 프랑스의 복지지출이 스웨덴보다 많다는 면도 생각해 볼 필요가 있습니다.

김윤태 독일이나 프랑스 같은 대륙의 모델은 사회보험 위주로 가고, 스웨덴 등 북유럽은 국가역할을 강조합니다. 어쨌든 두 모델 모두 GDP 대비 복지지출의 비율은 30퍼센트 이상으로 상당히 높은 반면 우리는 8～9퍼센트 수준입니다. 우리가 유럽식 모델로 간다고 한다면 불가피하게 막대한 재정이 들어가게 될 텐데 그 재원은 어떻게 마련할 수 있다고 보십니까?

이인영 대략 300조 원쯤을 생각할 때, 국가재정에서 재정전략, 재정에 대한 배분전략 등을 일정하게 수정하면 가능합니다. 산업정책이랄지……, 중소기업이나 자영업을 제외하고 산업육성비나 SOC 등을 적절하게 조정하면 국방비에 손을 대지 않아도 5조 원에서 10조 원 정도는 정돈할 수 있고, 지하세원을 투명화하는 동시에 조세의 형평성을 갖추면 20조 원 안팎의 추가 세원을 확보할 수 있는 것으로 알고 있습니다. 세제를 신설하는 것보다는 능력에 따라 부담하도록 하고, 누진제 등을 검토할 수 있겠습니다. 이 같은 세 가지 방향에서 30조 원 안팎으로는 확보할 수 있을 것 같습니다.

그 외에도 조세특혜 문제를 손댈 때가 됐다고 생각합니다. 세금을 다시 신설하거나 제도를 손보는 것 외에도 특혜를 주는 세금제도를 정상화하면 10조 원 정도는 해낼 수 있습니다. 법인세 등 최근 5년 동안 90조 원을 이야기하지 않습니까. 그러한 부분만 원위치해도 어느 정도 마련할 수 있습니다. 꼭 새롭게 세금을 신설하지 않아도 이러한 것을 통해 복지재원을 확대하고, 우선 국민이 복지를 경험해 보는 것이 중요합니다. 그 다음 정도의 단계, 필요한 재원 즉, 세금을 늘리자는 것을 국민이 받아들일 수 있을 때 접근할 필요가 있다고 봅니다. 조세신설은 국민이 납득할 수 있을 때 채택해야 합니다.

김윤태 장기적으로는 증세가 불가피하더라도 국민의 지지가 없으면 시기상조일 수 있다는 이야기로 들립니다. 반면 민주당 정동영 최고위원은 부유세를 이야기하고 있고, 진보신당 조승수 대표는 사회복지세와 같은 목적세 신설을 제기했습니다. 당장 증세하자는 주장에는 반대 입장이십니까?

이인영 증세를 하자는 이야기, 부유세나 사회복지세 신설에 대해 반대하는 것은 아닙니다. 다만 그 이전 단계를 좀 마련해 놓고 넘어가자는 것입니다.

조세신설은 필요하면 해야겠지만 그것은 국민이 받아들일 수 있을 때여야 합니다. 지금은 재정배분 전략의 변화와 조세투명화, 조세정의의 실현이라는 측면에서 접근해도 꽤 많은 부분을 할 수 있을 것이라는 생각입니다. 부유세를 신설해서 얼마를 확보하려고 하는 것인지 물어보면 10조 원이나 20조 원 정도를 이야기합니다. 하지만 그것은 꼭 세금을 신설하지 않아도 재정배분 전략이나 투명화, 조세정의 차원에서 특혜를 정상화하면서 할 수 있는 액수입니다. 우선은 이렇게 간 뒤에 국민이 복지 경험을 하고 불가피한 증세를 받아들일 수 있을 때 접근하는 것이 맞는 것 같습니다.

정권교체를 위한 가장 센 힘, 연대보다는 통합이다

김윤태 전당대회 때 민주당이 보다 진보적으로 바뀌어야 한다고, 민주당 밖에 있는 진보진영과 연대와 통합을 추진해야 한다는 주장이 많은 관심을 받았습니다. 그리고 그 이후 석 달이 지났습니다. 하지만 민주당 전당대회의 목표가 얼마나 이뤄졌는지에 대해서는 기대가 컸던 탓인지 별로 성과가 없다는 논란도 있는 것 같습니다. 어떤 일이 진행됐고, 또 앞으로의 과제는 무엇인가요?

이인영 연합이나 통합과 관련한 본격적인 이야기는 아직 하지 못했습니다. 특히 통합과 관련해 만나자마자 "결혼합시다"라고 이야기할 수는 없지 않습니까? 제 입장에선 사전적 과정에 있는데 두 가지 측면입니다. 우선 연합이나 통합을 위해선 지향이 같아야 하는데, 가치에 있어 서로 얼마나 진정성이 있는 것인지는 물음표가 남아 있는 것 같습니다. 하지만 올해 친환경 무상급식

"정말 2012년에 정권교체를 하려고 하는 것인가? 모든 것을 다 걸고 범진보개혁세력의 역량을 총결집한 대회전, 정권교체를 이루고자 하는가? 그렇다면 가장 센 힘을 어떻게 만들 것인가? 저는 연합보다는 통합이라고 생각합니다. 연합보다는 통합이 훨씬 센 힘이고, 그 뒤에 다시 분리하는 한이 있더라도 2012년의 대회전이 가장 절체절명의 과제라면 연합공천이나 후보단일화 수준으로는 부족하다고 생각합니다."

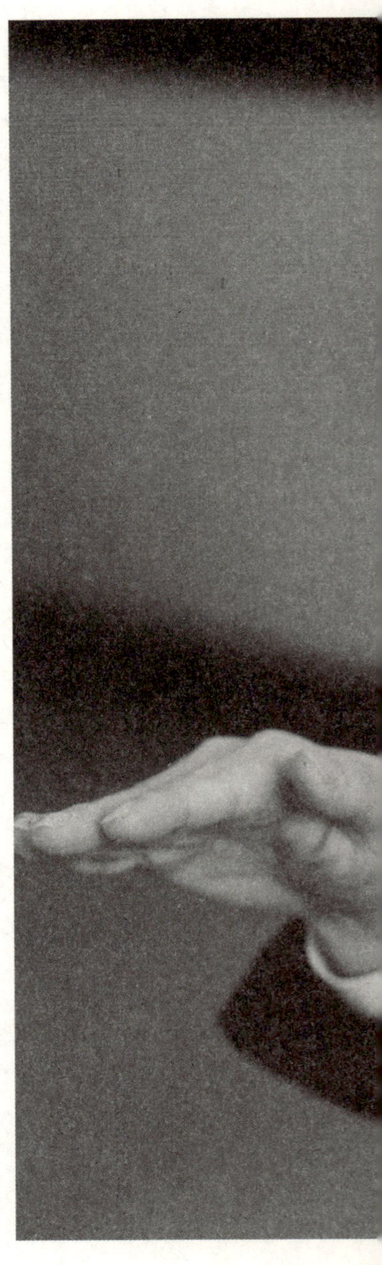

이 실현되고 대중의 눈높이에 맞춘 복지의 경험이 쌓이면 그 진정성은 빠르게 형성될 것이고, 그 경험은 진보정당이나 진보적 시민단체에도 영향을 줄 것이고, 그것을 통해 신뢰도 더욱 생길 수 있다고 봅니다. 지방자치단체를 통해 꾸준히 실천할 것이고 정책 논쟁이나 구체적 투쟁과정을 통해 끊임없이 확대해 가려고 합니다. 민주당은 무상급식을 넘어 의료의 공공성을 강화하는 무상의료 접근법을 이미 발표했고 무상보육이나 등록금 반감 문제도 제기해 나갈 것입니다. 그 실천적 뒷받침의 근거가 아직은 부족하지만 이미 시작됐습니다.

김윤태 무상급식 등 복지정책을 추진하는 공동행동을 벌이면서 민주당이 진보정당과 진보적 시민단체와 연대할 수 있다고 보는 듯합니다. 앞으로 연대와 연합의 전망은 어떻게 보십니까?

이인영 민주당이 제대로 싸우지 않는다는 부정적 이미지가 컸던 것도 사실입니다. 하지만 2010년 연말 예산정국을 거치면서 이런 부분도 상당히 정리된 게 아닌가 생각합니다. 투쟁과 가치, 바로 이 두 가지 측면에 있어 현재의 민주당을 그 이전의 민주당보다 한 단계 높은 수준에서 바라볼 수 있다는 것입니다. 이를 바탕으로 "연대와 연합의 수준을 전면적이고 본격적으로 하겠다, 민주당이 능동적이고 주도적으로 하겠다"라고 선언은 한 상태입니다. 진보적 시민사회나 진보정당은 여전히 민주당이 연대에 소극적이라고 이야기하는데, 전략이 조금 다른 측면이 있습니다. 옅은 불에 바로 장작을 올려놓으면 탈까요? 낙엽을 좀 더 많이 태우고 잔가지도 올려놓고 해서 밑불을 만들어야 장작이 탈 수 있다고 생각합니다. 연대와 연합을 위한 민주당의 기초체력을 확보하는 측면에 많이 치중해 왔는데, 그때 다른 한편으로는 시민사회나 진보정당의 경우 대중적 토대에 입각해 연대로 나오는 부분은 약해 보였습니다. 서로가 약한 상태에서 옅은 불만 모아서 장작을 태우자는 것은 착각이라고 생각했습니다. 그래서 민주당이 일정하게 잃어버렸던 부분을 회복하는 과정으로 지난 2010년 연말을 충분히 쓰고 싶었고 그 과정에서 어느 정도 국민에게 어필한 부분도 있고 시민사회의 신뢰를 회복한 부분도 있다고 생각합니다. 그래서 본격적·전면적·주동적으로 보다 책임 있게 나가겠다고 이야기하고 있습니다.

김윤태 민주당이 민주노동당, 진보신당과의 연합과 통합을 이루기 위해 무엇을, 어떻게 해야 할까요?

이인영 범국민운동이나 대국민운동의 수준에서 연대와 정치공조는 언제든 할 수 있다고 생각합니다. 시민사회나 진보정당도 마찬가지입니다. 연대를 넘어 연합의 단계로 나아가야 하는데 선거나 권력을 매개로 최소한 정치세력은 할 수 있지 않을까요? 4월 재보선이 하나의 시금석이 될 것이라고 생각합니다. 일단 거기까지는 하려고 합니다. 2011년 3월과 6월에는 진보신당과 민주노동당이 아마 전당대회도 할 것이고 그것을 통해 정리되는 부분도 있을 것입니다. 진보정당에서는 진보소통합을 먼저 하겠다고 하나, 그 결론을 한편에서는 봐야 할 것 같습니다. 동시 병행적으로 할 수 있지 않느냐는 이야기도 있는데 진보소통합을 진행하고 있는데 대통합, 범민주진보대통합을 하자는 것은 일종의 훼방 아닐까요? 그것을 기다리고 있습니다. 국민참여당도 비非민주 선先통합을 하자고 하는데 진보정당 입장에서는 일차적으로 멀어져 있는 관심사인 것 같습니다.

내부적으로는 민주진보대통합의 담론들이 감정의 문제가 아니라 객관적·이론적으로 성립할 수 있는지 논의해야 한다고 생각합니다. 필요하면 논쟁도 할 수 있습니다. 핵심은 이런 것들입니다. 우선 정말 2012년에 정권교체를 하려고 하는 것인가? 모든 것을 다 걸고 범진보개혁세력의 역량을 총결집한 대회전, 정권교체를 이루고자 하는가? 그렇다면 가장 센 힘을 어떻게 만들 것인가? 저는 연합보다는 통합이라고 생각합니다. 연합보다는 통합이 훨씬 센 힘이고, 그 뒤에 다시 분리하는 한이 있더라도 2012년의 대회전이 가장 절체절명의 과제라면 연합공천이나 후보단일화 수준으로는 부족하다고 생각합니다.

김윤태 2012년 정권교체를 위해서 선거연합보다 정당통합을 주장하는데, 가능하다고 보십니까? 민주노동당과 진보신당에서는 민주당과 통합하기는 어렵다는 의견도 있는데, 이는 어떻게 생각하시나요?

이인영 만일 연합정권, 연립정권을 만들겠다고 한다면 연합당이나 연립당도 하지 못할 이유가 없다고 생각합니다. 민주당과 진보정당이 대중의 눈에서는 아직은 분리되지 않고 있고, 선거에서 민주당 후보를 지지하지만 비례는 진보정당을 지지하는 경향이 상당히 섞여 있습니다. 유럽처럼 대중의 분열 속에서 진보와 중도가 확고하게 분별 정립한 상태는 아니라고 생각합니다. 정치세력이 분열하지도 않은 대중에게 분열을 요청하고 강제할 수는 없다는 이야기입니다. 올 2011년 중순, 상반기를 지나면서 통합의 요구는 국민 속에서 더욱 높아질 것입니다. 그 갈래는 여러 측면일 것입니다. 노동 분규가 많아질 수도 있고 복지체험 속에서도 확대될 것입니다. 이명박 정권도 워낙 잘못하고 있어 그 속에서 국민은 수권 가능한 진보, 실현 가능하고 대안적인 진보는 뭔가 하는 부분들을 계속 요구할 것입니다. 하지만 동시에 민주노동당이나 진보신당, 국민참여당의 현재 상태가 그 기준에 충족된다고는 생각하지 않을 것입니다. 2012년에는 총선과 대선이 있기 때문에 통합을 하면 더 간명하게 생각할 여지가 많아집니다. 그런 면들을 감안하면 올 2011년 중순부터 현재의 상태는 끝을 내야 한다는 생각입니다. 늦어도 11월 전에는 결론을 내야 합니다. 민주당 전당대회가 11월이고, 각 정당들이 통합된 전당대회, 법률적으로는 신설합당일 텐데 그것을 하든지, 아니면 불가피하게 연합공천·후보단일화 방식을 택해야 합니다. 지금은 이론적·객관적으로 편견 없이 이야기를 해보고 여름쯤 본격적으로 실질적인 이야기를 한 뒤에 연말 전에 결론을 내자는 생각입니다. 움직이지 않는 것이 아니라 전략적으로 움직이자는 겁니다. 무작정 움직인다고 되는 성격의 일이 아니지 않습니까.

김윤태 현재 민주당 연대연합특위 위원장을 맡고 계시고, 낮은 차원의 선거연합이 아니라 궁극적으로는 하나의 정당으로 통합하는 방향으로 가자, 올해 11월까지 결론을 내자는 주장으로 요약됩니다. 그런데 바람직한 방향인지를 떠나서 과연 현실적으로 가능할까요?

이인영 정치세력 간에는 무엇이 옳은지를 두고 편견 없이 토론하고 논쟁할 필요가 있습니다. 그런데 결과적으로 결정은 대중의 요구에 따라 내려지리라 봅니다. 대중의 요구에 순응하는 세력과 그것에 어긋나는 세력이 나눠질 가능성도 전혀 배제할 수는 없습니다. 그러나 대중의 요구가 얼마나 강력한 것이냐, 그에 따라 결정할 문제입니다. 그 요구는 올 2011년 중반부터는 표출되기 시작할 것이고 그것을 타고 해낼 수 있다고 생각합니다.

김윤태 궁극적으로 우리나라의 정치구도가 보수–중도–진보의 삼각 구도보다는 보수–진보 양당체제로 바뀌는 것이 바람직하다고 보는 것 같습니다.

이인영 삼분립보다는 범진보와 범보수로 가는 것이 좋다고 생각합니다. 실사구시적으로 생각해 보면 비정규직 문제를 해결하는 데 있어 중도와 진보의 해법이 다를까요? 중소기업과 자영업 문제에 대한 해법이 다른 것일까요? 대체로 같을 수밖에 없는 것 아닌가요? 예를 들어 중도가 비정규직 해법과 관련해 "어떤 때는 비정규직이 필요하고, 다른 때는 없어도 된다"는 식으로 접근하는 것이 가능한가요? 중소기업이나 자영업 대책도 "어떤 기업은 망해도 되고, 어떤 기업은 보호해야 한다"라고 할 수 있나요? 불가능한 이야기입니다. 중도적인 해법이라는 것도 결국 범진보의 해법 안에 들어와 있을 수밖에 없고, 범진보와 보수로 정립되는 것이 맞습니다.

복지 이야기를 많이 하지만, 민주당의 복지와 진보정당의 복지의 방향이 정말로 다른가요? 정도의 차이, 진정성과 치열함의 차이는 있을 수 있지만 방향 자체가 다른가요? 하나의 정당 내부에서 할 수 있다고 봅니다. 정파등록제 이야기도 들리는데 그런 것을 통해서도 할 수 있다고 생각합니다. 감정, 정서, 과거의 문제를 떠나서 사회민주주의와 사회적 자유주의는 공존할 수 있습니다. 예를 들어, 진보정당이 내놓은 '건강보험 하나로'를 보면, '하나로'는 사회적 자유주의의 해법입니다. 그것을 내놓으면서도 "사민주의와 사회적 자유주의가 공존하는 하나의 정당은 만들 수 없다", "함께 할 수 없다"는 것은 잘 이해되지 않습니다. 조정할 수 있다는 이야기입니다.

가짜복지와 진짜복지의 분수령

김윤태 이인영 최고위원은 민주당뿐 아니라 민주진보진영 내에서도 단일한 정당으로의 통합을 가장 강력한 목소리로 주장하고 있는 걸로 알고 있습니다. 1987년 민주쟁취 국민운동본부와 같이 민주헌법, 직선제와 같은 최소 강령에 동의한 모든 정치세력이 모인 경험을 하셨지만, 이와는 달리 하나의 단일정당을 만든다면 가치와 이념이 같아야 하는데, 진보정당 쪽에서 부정적인 시각을 갖고 있는 것도 사실입니다. 앞서 김대중-노무현 정부를 '이중적 시기'라고 규정하기는 했지만 진보진영의 입장에선 과거 김대중-노무현 정부 때 보였던 신자유주의적인 측면을 고려하지 않을 수 없는 것 아닌가요?

이인영 그런 차이는 있다고 생각합니다. 저는 김대중-노무현 정부를 단지 신자유주의 정부로 규정하는 데 반대하는 것입니다. 오히려 이중적 성격이 있었고, 그 과정을 뚫고 신자유주의를 넘어서는 정권으로 끌어갈 수도 있었고, 백기 투항하는 정권으로 방치할 수도 있었지만 당시 신자유주의를 넘어서기 위해 노력했던 흐름들이 있었습니다. 김대중-노무현 대통령에게도 그런 마음 정도는 있었다고 생각합니다. 그러나 당시 경제적인 불가피성이 이중성을 강제한 것이지, 그 분들이 본성적으로 또 철학적으로 신자유주의라고 생각하지 않습니다. 민주당 내에서 신자유주의 정책을 지지하는 분이 있을 수는 있지만 대체적인 흐름은 그렇다고 봅니다. 그럼에도 불구하고 해석의 차이는 있을 수 있겠지요.

그런데 그러한 차이가 이명박 정권의 후예가 다시 등장해선 안 된다는 것보다 우위에 있을까요? 절대 그럴 수 없다고 생각합니다. 1987년 CA(제헌의회)냐 직선제냐 논쟁이 군사정권을 종식해야 한다는 당위보다 우위에 있을 수는 없었습니다. 지금도 마찬가지입니다. 모든 것을 걸고 반드시 이겨야 한다면 센 힘이 뭔지를 보여주자는 것입니다. 연합보다는 통합이 센 힘입니다. 그렇다면 그 차이나 각자의 이해와 요구를 조금 절제하고 억제하더라도 더 큰 부분을 위해 걸 수 있어야 합니다. 1987년 당시 학생운동은 민청련도 불철저하다고 봤고 민통련은 더 멀게 봤고 야당은 정말 우습게 생각했습니다. 그런데 그렇게만 갔으면 6월 항쟁은 실패했을 겁니다. 학생운동이 야당과도 함께 하려는 마음이 있었기 때문에 성공했고, 학생들이 자신들끼리만 화염병이나 각목, 짱돌을 들었으면 국민과 더 멀어졌을 것입니다. 보도에서 박수치고, 지나가면서 경적을 울리는 등 국민이 당장 실천할 수 있는 부분부터 시작했고, 때로는 학생들이 자기희생을 각오하고 비폭력으로 드러눕기도 했습니다. 이런 과정 속에서 시민의 참여와 시민과의 일체 속에서 성공할 수 있었습니다. 현재의 차이가 이명박 정권의 집권 연장, 한나라당의 집권 연장을 막아야 한다는 명제보다 더 우위에 있을 수 있나요? 그렇게 한다고 해서 진보정치의 정체성이 강화되는가요? 절대 그렇지 않다고 봅니다. 오히려 민주당의 진보적 정체성을 강화시키는 쪽으로 훨씬 더 주동적으로 할 수 있다고 생각합니다.

김윤태 한나라당의 집권 연장에 반대하는 차원을 넘어서 범진보진영의 연합이 추구하는 목표는 무엇인가요?

이인영 우리는 지금 가짜복지와 진짜복지의 분수령에 서 있습니다. 다음 정권을 잡으면 진짜복지의 길로 갈 수 있고, 김대중-노무현 정부보다 더 진보적인 정부를 만들 수 있습니다. 연합·연립정부를 만들어도 그렇습니다. 반면 박근혜 전 대표가 정권을 잡으면, 조금 독한 표현이지만 가짜복지의 길을 갈 가능성이 높다고 봅니다. 우리는 복지가 작은 나라여서 양만 늘어도 좋아 보입니다. 사람들도 박수를 칠 것입니다. 2012년에 정권을 못 잡으면 2017년에도 그 가능성이 멀어질 것입니다. 영국의 대처정권과 같이 보수집권의 장기화가 가능해진다는 이야기입니다. 보수의 복지는 진보가 바라는 복지와 다릅니다. 비정규직도 계속 양산될 것이고 게다가 FTA도 있지 않습니까. 평화의 문제도 그렇고, 다음 정권을 우리가 잡으면 통일의 문을 두드릴 수 있습니다. 그러나 한나라당이 재집권하면 굉장히 멀어질 것입니다. 이명박 정권이 냉전과 대결을 강화하면서 이 지경이 됐습니다. 북한의 정권에 변동이 생기는 상황, 설사 북한이 붕괴된다고 해도 통일과 평화의 길로 가게 될까요? 그렇지 않을 것입니다. 고구려가 망했다고 해서 결코 신라로 오지 않았습니다. 이런 점을 감안해도 우리가 집권해야 합니다. 진보정치세력의 이해관계를 봐도 2012년은 굉장히 중요한 시기입니다. 정권교체를 위해 더욱 강력한 힘을 만들 방법이 있는지 검토해야 합니다. 그보다 우위에 있는 것은 없습니다.

김윤태 범진보진영을 결집하는 공통의 목표로 복지동맹의 가능성은 어떻게 보십니까?

이인영 1987년에 우리가 직선제 대신 제헌의회 투쟁을 했으면 성공했을까요? 복지동맹 이야기를 많이 하는데 어디까지가 복지동맹일 수 있는가를 생각해 볼 필요가 있습니다. 미국에서 민주당이 완성된 시기도 복지동맹의 차원에서 볼 수 있습니다. 우리가 지금 어떤 시기를 거치고 있습니까? 광범위한 복지동맹을 만들어야 한다는 합의가 가능하다면 그에 입각해 말 그대로 순수한 의미의 단일정당은 아니겠지만 연합적 형태의 통합정당, 단일정당을 만들 수 있다고 봅니다. 그것을 위한 정세적·정치 사상적·역사적·대중적 기초도 있습니다. 지금 민주당 내의 진보행동은 대체로 이런 부분까지는 공감하는 것 같습니다. 이것에 입각해서 민주당 안에선 진보 노선을 더 견인하고 밖에서는 통합의 매개 역할을 하려고 합니다.

내년 총선에서 한번 붙어보자

김윤태 민주진보진영의 연대나 통합이 단순한 반反MB연합을 넘어 반反신자유주의적 방향을 추구해야 한다는 것으로 이해됩니다. 그러한 흐름이 민주당 내에선 진보행동이라는 이름으로 모여 있고 노무현 정부에서도 '386 정치인'들이 대거 참여했고, 이제 386, 아니 486 세대 정치인들은 중견 정치인이 됐습니다. 이들의 역할을 어떻게 보십니까?

이인영 민주당이 과거에 제대로 투쟁했느냐, 민주당이 진보적이었느냐의 부분보다 더 심각하게 진보행동 구성원에게는 비판과 비난이 있습니다. 결과적으로는 성공하지 못했지만 지난 전당대회 때 저를 단일후보로 내세우려고 했던 것은 지난 시기에 대한 자성의 출발이었고, 중대 이슈마다 서로 다른 입장을 내세우고 서로 다른 후보를 밀고 있었던 스스로에 대한 반성이었습니다. 이제 본격적으로 우리의 정치를 하자는 것이 저를 단일후보로 만들려고 했던 취지였습니다. 누가 알아주지 않아도 지난 2010년 12월에 거리에서 열심히 선전하고 시민을 만나고 서명도 받았습니다. 10여 명 정도가 꾸준히 참여했습니다. 좀 더 나아가자면 "비정규직 현장에서 너희들의 모습을 보고 싶다"는 요구에도 부응해야 한다고 봅니다. 그렇게 할 생각입니다. 비정규직을 해소할 수 있는 대안, 파견법이나 비정규직법도 검토할 생각입니다. 민주당의 공공의료 강화 정책과 중복된 측면도 있지만 건강보험 하나로 운동도 우리는 적극적으로 해야 한다고 생각합니다. 정책과 노선도 그렇지만 현장의 실천도 강화할 생각입니다. 그런 곳에서 우리의 모습을 더 많이 봐야 채찍을 주려던 분들이 사탕도 주시지 않겠습니까. 그렇게 할 생각이고 비판도 감수할 것입니다. 반성했다는 이야기보다 더 중요한 것은 실천이 아니겠습니까.

김윤태 거리에 나가서 투쟁하는 것 외에 더 구체적인 계획이 있습니까?

이인영 김영춘 최고위원이 민주당 서민특위를 맡아서 각종 삶의 현장을 찾아가고 대안을 만들고 있습니다. 저는 비정규직특위를 맡아서 그 쪽에 집중하려고 합니다. 임종석 전 의원도 이 문제에 대해 깊은 사고를 하고 있어 비정규직특위를 통해 현장에서 다 들을 생각입니다. 두세 달 정도는 욕도 먹겠지만 그래도 갈 것입니다. 그렇게 쌓아올린 것을 토대로 대책을 만들고, 정기국회 때 쟁점화시킨 뒤 2012년 총선에서 진짜 붙어보려고 합니다. 그 과정에도 진보행동은 함께 할 것이고, 지난 2010년 연말 한두 달이 민주당에 대한 인식을 바꾸는 데 조금이라도 의미 있는 시간이었듯 진보행동 역시 그렇게 갈 수 있다고 봅니다. 그렇게 되면 지난 전당대회 때보다 더 큰 폭발력이 젊은 정치인들 속에서 새롭게 생길 수 있다고 생각합니다. 그렇게 누적된 근거와 기반 속에서 올 2011년 연말쯤 포문을 열기 시작하면 더욱 큰 당의 변화를 실제로 만들어낼 수 있을 것입니다.

김윤태 마지막 질문입니다. 486 정치인들이 단순한 노화가 아니라 새로운 가치를 추구하는 집단으로서 진보를 대변하는 세력이 되어야 한다는 포부로 들립니다. 연말 민주당 전당대회에 출마할 의사는 있나요?

이인영 제가 또 해야 하는지는 모르겠습니다(웃음). 우리들 중 누군가 담대한 도전을 할 수 있을 것이라고, 당의 정책과 노선, 그리고 세력의 변화를 넘어 세대의 변화까지 도전할 수 있을 것이라고 봅니다.

김윤태 다음 전당대회를 기대하겠습니다. 오랜 시간 말씀에 감사드립니다.

05;

증세 없는 보편적 복지는 **허구다**

정동영

민주당 최고위원

정동영 민주당 최고위원이 달라졌다. 달라져도 보통 달라진 것이 아니다. 과거 열린우리당 시절 중도실용노선을 주창하던 그가 한국정치에서 가장 급진적인 복지국가 노선을 내세우고 있다. 그리고 그는 대통령 선거에서 사상 최대 표 차이로 야당 후보에게 진 여당 대통령 후보였다. 표 차이만 문제가 아니었다. 그는 '가족이 행복한 나라'라는 다소 애매모호하고 도대체 누구를 대변하겠다는 것인지 알 수 없는 선거 슬로건을 들고 나왔다. 그런 그가 이제 사람들이 어리둥절해 할 정도로 빠른 속도로 변하고 있다.

사회복지 부유세 도입 주장, 과거 정권에서의 정치행보에 대한 반성문 제출, 2010년 10월 전당대회에서 민주당 당헌 목적에 '보편적 복지' 명시 주도, 증세 논쟁에서의 단호한 증세 입장 견지, 환경노동위원회로 상임위를 옮겨 '노동 5대 현안' 국정조사 요구, 한미 FTA 문제에 대해 '전면재협상'으로 당론 변경, 등록금 문제 해법으로 '반값을 넘어 무상등록금' 주창 등이 최근 정동영 최고위원이 보여주고 있는 변화의 내용이다. 분명 변하기는 변했다. 처음에는 많은 이들이 '저러다가 말겠지' 부정적인 시선으로 봤지만 최근에는 '정동영이 정말 변한 거 아니냐'라고 말하는 사람들이 늘어나고 있다. 그의 일관된 노력 때문이다.

정동영 최고위원은 '역동적 복지국가'를 주장한다. 그가 말하는 역동적 복지국가는 복지국가소사이어티의 그것과 같은 것이다. 보편주의 방식의 복지국가다. 그래서 그는 보편주의 방식을 채택하고 있는 스웨덴을 예로 든다. 스웨덴 사회민주당이 20세기 초에 내걸었던 '국민의 집' 개념을 이야기한다. "따뜻한 가정처럼 (개인을) 보살펴주는 나라"가 되어야 한다는 것이 그의 주장이다. 그는 그래서 2010년 가을에 스웨덴을 방문하고 돌아왔다. 스웨덴에서 많은 사람들을 만나보고 복지서비스가 펼쳐지는 현장을 돌아보고 왔다. 국회에서 한-스웨덴 친선협회 회장도 맡고 있다. 결국 정동영 최고위원은 한국형 복지국가 모델을 실현하자고 주장하는 것이다.

스웨덴을 거론하고 있기는 하지만 한편으로 정동영 최고위원은 주장의 근거를 우리나라 역사와 헌법에서 찾고 있기도 하다. 그가 주장하고 있는 부유세의 원조가 사실은 김대중 전 대통령이라는 것이다. 김대중 대통령이 대통령 후보이던 시절, 1971년에 부유세 도입을 주장했다고 한다. 이미 30년 전에 나온, 그것도 우리나라 대통령을 지낸 사람이 내걸었던 공약이 뭐가 그리 급진적인 것이냐는 이야기이다. 그리고 그는 헌법 119조의 경제민주화 조항을 상기시킨다. 헌법정신이 이미 우리나라를 보편적 복지국가로 만들 기본적인 이념을 제공하고 있다는 생각이다.

정동영 최고위원의 야권연대와 통합에 대한 입장은 기본적으로 통합정당을 지향하고 있다. 또한 그는 이를 실현하기 위한 구체적 로드맵을 최초로 제안하기도 했다. 즉, 정책연합을 위한 원탁회의의 구성과 민주진보정부의 정책로드맵에 대한 합의, 이를 기초로 야권단일정당 창당준비기구를 구성한 후 늦어도 12월까지는 창당을 해야 한다는 것이다. 2012년 총선이라는 정치일정을 반영하여 현실적인 일정표를 제안한 것이다. 가치와 비전을 먼저 세우고 이에 동의하는 세력들이 단일정당을 수립한다는 의미에서 이는 이상이 복지국가 만들기 국민운동본부 공동본부장의 생각과 일치한다.

그는 문성근 국민의 명령 대표의 100만 민란 운동에도 회원으로 가입했다. 생각이 같다고도 했다. 복지국가 단일정당 건설을 주장하면서 동시에 100만 민란 운동에 대한 관심이 있다는 것이 모순된 것이 아니냐고 물을 수도 있을 것이다. 하지만 그렇지는 않다. 복지국가 단일정당을 가장 먼저 제안한 이상이 복지국가 만들기 국민운동본부 공동본부장도 여러 자리에서 자신이 '국민의 명령 회원'이라는 사실을 밝히고 있다. 정동영 최고위원도 마찬가지 입장인 것으로 보인다. 국민의 명령의 뜻은 뜻대로, 복지국가 단일정당이라는 지향은 지향대로 긍정하고 있는 것이다.

정동영 최고위원은 2012년 대선 예비 후보다. 인터뷰에서는 대선을 이야기할 때가 아니라고 하고 있지만 세상 사람들은 그가 2012년에 다시 대선에 도전할 것이라고 보고 있다. 민주당에서 대선 후보로 선출되는 길은 매우 험난할 것으로 예상된다. 손학규 민주당 대표나 정세균 최고위원이 만만하지 않은 상대인데다가 대선 레이스의 속성상 어떤 다크호스가 등장할지는 아무도 모르기 때문이다. 게다가 그에게는 호남 출신이라는 핸디캡도 있다.

하지만 한편으로 그에게는 '복지국가 노선'이라는 최대의 무기가 있다. 그의 말대로 국민의 요구가 시대정신이라면, 그는 지금 국민의 요구에 가장 적극적으로 부응하고 있는 정치인인 셈이다. 아직은 많은 국민들이 몰라보고 있지만 만약 그의 노력이 결실을 거둬 국민들이 역동적 복지국가를 만들자는 그의 이야기에 귀 기울이게 된다면, 또한 "호남은 지역이 아니라 정신이다"라는 그의 말처럼 2012년 대선이 지역이 아닌 가치의 구도가 된다면, 의외로 그에게 대통령 후보가 되는 길이 쉽게 열릴지도 모른다. 그렇게 해서 만약에 그가 민주당이나, 복지국가 단일정당의 대통령 후보가 된다면 그는 아마도 한국정치사에서 가장 당선 가능성이 높은 '진보' 대통령 후보가 될 것이다.

정동영(鄭東泳)

1953년 전북 순창 출생
1979년서울대 문리대 국사학과 졸업
1988년 영국 웨일즈대학원 석사
1978년 MBC 보도국 정치부기자, 미국LA특파원,
1996년 MBC 통일부차장, MBC 뉴스데스크 앵커
1996년 15대 총선 당선
2000년 16대 총선 당선, 새천년민주당 대변인·최고위원
2004년 열린우리당 당의장, 통일부 장관 겸 NSC(국가안전보장회의) 상임위원장
2006년 열린우리당 당의장
2007년 제17대 대통령 후보

현 | 제18대 국회의원 (전주 덕진), 민주당 최고위원
저서 | 「개나리 아저씨」(1999), 「개성역에서 파리행 기차표를」(2007), 「중산층 나라를 만들겠습니다」(2007), 「트위터는 막걸리다」(2010)

복지의 확대,
국민이 이미 강제하고 있다

김윤태 최근 정치권에서는 '복지담론'이 유행처럼 번지고 있습니다. 기존 진보정당은 물론이고 민주당, 나아가 한나라당의 박근혜 전 대표까지 복지를 얘기합니다. 이런 현상을 어떻게 평가하고 계시는지요, 일시적 유행인 것일까요, 아니면 복지가 새로운 시대정신이 된 것일까요?

정동영 시대정신이란 국민의 요구입니다. 국민의 고단한 삶이 '복지'라는 국가의 역할을 주문하고 있습니다. 그것이 2010년 6.2 지방선거에서 확인됐고, 그 전에 2007년 대선에서 민주당이 실패한 결정적 이유기도 했습니다. 그런 의미에서 '복지국가'가 시대정신임은 맞는다고 생각합니다. 당시 성장률 4.5퍼센트, GDP 2만 달러, 무역수지 5,000억 달러와 같은 거시지표가 물론 의미 없는 것은 아니었지만 국민 개개인의 삶의 질과 직접적인 연관성이 없었습니다. 그것이 본질이었는데 우리가 핵심을 놓쳤고, 그것이 정권을 뺏긴 이유였습니다.

김윤태 경제는 성장하는데 삶의 질이 나빠지는 이유는 뭘까요? 국가운영의 원리가 문제란 말일까요?

정동영 지금 국민은 지난 수십 년 동안의 국가운영 원리를 바꾸라고 요구하고 있습니다. 성장, 개발, 효율, 시장, 규제완화, 노동유연화, 자유무역(FTA) 등은 이제 아니라는 얘기를 하고 있는 겁니다. 이런 것을 놓고 더 가속기를 밟는다고 국민 개개인의 삶에 어떤 의미가 있을까요? 국민소득 2만 달러가 4만 달러가 된다고 내 삶이 획기적으로 달라질까요? 이제 새로운 방향으로의 전환점에 서 있습니다. 복지국가로의 대전환은 이미 국민의 요구로 강제될 수밖에 없는 시점에 접어들었습니다.

김윤태 그래서인지 민주당도 지난 2010년 10월 전당대회에서 처음으로 강령에 '보편적 복지'라는 문구를 넣었습니다. 강령 수정에 큰 역할을 한 사람이 정동영 최고위원이셨고 선거 기간 정 최고위원은 역동적 복지국가를 주장하면서 사회복지 부유세를 들고 나오기도 했습니다.

정동영 제가 당에 기여한 것이 있다면 바로 당의 노선과 정체성을 진보적 민주당으로 견인해낸 것이라고 생각합니다. 복지국가 논쟁에서 초기에 당이 낙오하지 않도록 만들었다는 점에서 대단히 의미가 있었다고 평가합니다. 2010년 지방선거 전후로 저는 '담대한 진보'를 얘기하면서 당이 그 방향으로 가야 한다고, 어중간한 중도는 좀 접어놓자고 얘기했습니다. 그러다가 전당대회를 거치면서 다들 불가피한 큰 흐름으로 인식하게 된 것입니다. 물론 아직은 내면화, 심화 단계에는 이르지 못했습니다.

김윤태 정당의 강령 개정은 정치노선의 변화를 의미합니다. 많은 국민의 바람처럼 앞으로 민주당이 더욱 더 진보적으로 바뀌어야 한다고 보고 계신 것 같습니다.

정동영 사실 당도 움직이는 생물입니다. 국민의 삶 속에 모세혈관을 뿌리내리고 있는 조직이란 얘깁니다. 국민은 지금 너나 할 것 없이 너무 삶이 팍팍하기만 합니다. 자영업을 하는 사람 가운데 요즘 장사 잘 된다고 하는 사람이 열에 하나도 드물고, 한 집 건너 한 집마다 대학을 나온 아들딸들이 취직이 안 돼서 집에서 놀고 있습니다. 이런 현실에 발을 디딘 정치세력이 지금 가야 할 길은 어디일까요.

김윤태 정당 강령 개정 과정에서 역동적 복지국가 대신 보편적 복지라는 문구로 수정된 이유가 궁금합니다.

정동영 강령이 개정은 됐지만 아쉬움도 남습니다. 처음에 저의 제안은 당헌 2조의 목적 부분을 다 삭제하고 민주당은 '역동적 복지국가 건설을 목적으로 한다'고 단순명쾌하게 바꾸자는 것이었습니다. 그렇게 되면 당이 누구를 대변할 것인지, 왜 민주당이 정권을 잡아야 하는지를 설명할 때 당헌 2조만 보여주면 되지 않겠습니까? 또 그것이 '복지 동맹'의 발판이 될 것이라고 설득했습니다. 전당대회 준비위원 25명 전체에게 편지도 보냈지만 특정 후보가 주장한 것을 어떻게 그대로 당헌에 집어넣느냐는 이유 때문에 그대로 관철되지는 못했습니다.

지금의 강령은 그런 과정을 거쳐 일종의 타협한 결과물입니다. 역동적 복지의 핵심이 '보편적 복지'니까 민주주의, 인권, 평화 등 당의 여러 목적 중 하나로 병기했습니다. 원래 주장했던 것보다는 좀 떨어지긴 하지만 그럼에도 큰 전환인 것은 분명합니다.

盧가 복지부 장관 제안했지만 그땐 남북 문제에 더 관심 있어 사양

김윤태 두 민주정부에서도 복지라는 정책 방향은 있었습니다. 김대중 정부에서는 '생산적 복지', 노무현 정부에서는 '참여 복지'로 불렸습니다. 두 정부의 복지정책에 대해서는 어떻게 평가하십니까?

정동영 외환위기 이후 국제통화기금(IMF)이 우리에게 강제한 것은 4가지였습니다. 자유화, 민영화, 규제완화, 노동유연화. 이들은 신자유주의의 핵심이기도 했습니다. 김대중 정부는 이를 받아들이면서 빚어진 고통과 불행을 치유하기 위한 작업으로 기초생활보장제 등 사회안전망을 설계했습니다. 참여정부에서는 복지재정이 상당히 큰 폭으로 증가했습니다. 4대 사회보험의 틀도 완성했습니다. 그런 점에서 두 정부는 보편적 복지로 가는 기초를 닦았다고 볼 수 있겠습니다.

개인적으로 안타깝게 생각하는 것은 노무현 전 대통령이 2004년 저에게 복지부 장관을 제안했는데 거절했던 일입니다. 그때는 복지보다는 남북관계 문제에 시선이 더 가 있었던 데다, 또 복지 문제에 대한 준비도 덜 돼 있었습니다. 제가 오랫동안 고민해오고 관심 가져온, 더 잘할 수 있는 분야를 하려고 통일부 장관을 고집했습니다.

그러나 이제와 고백하건데 7년 전에는 제가 상황을 꿰뚫어 보지 못했습니다. 지금도 자랑스럽고 또 안타까운 개성공단, 9.19합의 등의 성과를 남겼지만 남북관계와 평화만큼이나 복지가 중요한 문제라는 인식이 부족했습니다. 어찌 보면 당장의 먹고사는 문제에 국민들은 더욱 고통을 받고 있었다는 것을 지금처럼 절박하게 느끼지는 못했었습니다.

김윤태 김대중–노무현 정부가 복지국가의 틀을 마련했다고 평가하셨는데, 한계가 있었다면 어떤 점을 꼽을 수 있을까요?

정동영 선별적 복지에 머물렀다는 점이 아닌가 합니다. 예를 들면 결식아동 지원 예산을 편성하고 홍보했고, 정부에서는 밥 굶는 아이가 없다고 국민 앞에 자랑했습니다. 국민은 무상급식 수준까지 더 앞으로 나가라고 요구하고 있었는데 우리는 선별적 복지를 홍보만 했던 것입니다. 그게 한계였다 생각합니다.

또한 노동 문제에 대해 천착하지 못했었던 점도 안타깝습니다. 노 전 대통령이 퇴임 후 집필한 『진보의 미래』를 보면 정리해고와 노동유연화를 받아들인 것이 실패의 시작이었다고 성찰하고 있습니다. 2002년부터 2005년까지 비정규직이 2배나 늘어나면서 폭증하고 있었는데 우리는 보고만 있었습니다. 이것은 정권 재창출을 할 수 없었던 배경이 됐습니다. 우리는 참여정부의 반성과 성찰을 계승해야 합니다. 그것이 바로 보편적 복지의 시작입니다.

역동적 복지국가의 핵심은 보편적 복지와 경제민주화

김윤태 정 최고위원이 새로운 방향으로 제시한 '역동적 복지국가'의 구체적 내용은 무엇인지 듣고 싶습니다.

정동영 선별적 복지, 시혜적 복지에서 이제는 보편적 복지, 역동적 복지로 가야 된다고 생각하게 된 것은 2008년 9월 두 번째 금융위기가 왔을 때였습니다. 미국발 금융위기는 우리가 걸어 온 길이 신기루였다는 것을 깨닫게 해 주었습니다.

대표적인 것이 한미 자유무역협정(FTA)입니다. 수출시장을 넓히고 경쟁력을 강화하면서 시장을 더 개방하면 된다고 생각했지만 아니었습니다. 연봉을 100만 달러씩 준다는 미국의 월가를 보면서 돈 장사로 돈을 벌 수 있다고 생각해서 참여정부도 '금융 허브'를 얘기했었습니다. 그런데 돈 장사로 돈을 버는 것이 결국 '사기'였다는 것을 금융위기가 깨닫게 했고, 내가 잘못 봤구나, 알게 된 셈입니다. 그 지점부터 반성과 대안 모색에 집중했습니다.

김윤태 노무현 정부가 추진한 금융허브, 개방형 선진통상국가의 목표가 모두 신기루라는 말인가요? 그러면 역동적 복지국가에는 새로운 경제 대안이 있다는 건가요?

정동영 역동적 복지국가의 두 가지 핵심 내용은 보편적 복지와 경제민주화입니다. 경제민주화는 헌법에도 규정하고 있습니다. 현재 한국사회의 재벌집중특혜경제와 헌법 119조는 어울리지 않습니다. 119조 2항은 "국가는 균형 있는 국민경제의 성장 및 안정과 적정한 소득의 분배를 유지하고, 시장의 지배와 경제력의 남용을 방지하며, 경제주체 간의 조화를 통한 경제의 민주화를 위하여 경제에 관한 규제와 조정을 할 수 있다"고 돼 있습니다.

이명박 정부는 경제민주화 조항과는 정반대의 길로 가고 있습니다. 이 대통령이 떡볶이를 먹으면서 시장 상인들을 만났을 때 그들이 '대형마트 좀 규제해 달라'고 했더니 이 대통령이 '그런 규제는 위헌 소지가 있어 불가능하다'고 답했습니다. 경제민주화에 대한 헌법조차 이해하지 못하고 있는 대통령의 인식이 그대로 드러납니다. 그 결과 지금 나라가 어떻게 됐습니까? 재벌

대기업이 동네 떡볶이 장사, 문방구, 슈퍼마켓까지 싹쓸이해버렸습니다. 고작 몇 만 원 벌려고 종일 뜨거운 불판 앞에 쪼그려 앉은 떡볶이 아줌마와 구멍가게 아저씨의 삶을 송두리째 앗아가 버렸습니다. 국민들이 왜 선거 때마다 투표장에 몰려가 정부여당을 참패시키겠습니까? 이런 '재벌 하도급 정권'으론 더 이상 안 되겠다는 엄중한 경고입니다.

김윤태 우리나라 헌법 119조는 공공복지와 사회화를 규정한 서독 기본법의 14조, 15조와 유사합니다. 자유시장경제가 아니라 사회적 시장경제를 명문화한 것입니다. 그래서 대기업 일부에서 개헌해야 한다는 주장도 나오고 있습니다.

정동영 아마도 개헌 얘기가 나오면 한나라당과 전경련이 집중적으로 요구하게 될 내용이 119조 2항의 삭제일 것입니다. 재밌는 점은 이 조항이 1987년 6월 항쟁의 산물인 동시에 독재정권 말기의 우연적 요소에 의해 만들어졌다는 것입니다. 청와대 경제수석, 보건복지부 장관을 지냈던 김종인 전 의원이 전두환 대통령 시절에 헌법개정특위 경제조항 소위원장을 맡아 만든 조항입니다.

당시에도 정주영 전 현대그룹 회장이 회장으로 있었던 전경련은 이 조항을 걷어내려고 엄청나게 로비를 했었습니다. 위기도 있었지만 김종인 전 의원이 '앞으로 점점 더 재벌의 힘이 강해지게 돼 있는데 그러면 경제 관련 법률과 정부 정책이 매번 재벌에게 제동 걸린다'고 설득해 전 전 대통령이 동의했다는 것입니다. 물론 헌법을 비롯해 어떤 법이든 그 시대 요구를 반영하기도 하지만, 우연적 요소도 분명히 있습니다. 헌법 119조는 김종인 전 의원의 공이 크다고 할 수 있습니다.

김윤태 헌법 119조가 정 최고위원이 구상하고 있는 복지국가와 긴밀히 연결돼 있다는 주장이신가요? 헌법 34조도 모든 국민이 인간다운 생활을 할 권리와 사회복지를 증진할 국가의 의무를 명시하고 있습니다.

정동영 헌법대로만 해도 된다는 얘깁니다. 과거에는 '잘 살아보자'가 목표였다면 이제는 '따뜻한 가정처럼 보살펴 주는 나라'가 이상이 돼야 합니다. 헌법대로만 하면 경제가 투명해지면서 복지재원이 나올 수 있을 것입니다. 역동적 복지국가의 씨줄이 경제민주화고 날줄은 보편적 복지입니다.

워싱턴 컨센서스 이후 20년 간 미국 따라 왔는데 기수가 꽈당 넘어졌다

김윤태 그런 그림이라면 미국 모델보다는 유럽, 보다 구체적으로는 북유럽 모델로 가야 한다는 얘기로 들립니다.

정동영 1989년 워싱턴 컨센서스(미국식 시장경제체제의 대외 확산 전략을 뜻하는 말)가 따르는 가장 충실한 모범생이 한국이었습니다. 그런데 그 깃발을 따라 20년을 왔더니 기수가 꽈당하고 넘어져 버렸습니다. 우리로선 깃발이 사라진 셈이죠.

제가 스웨덴친선협회장인데, '국가는 인민의 따뜻한 가정'이라는 스웨덴의 국가관은 놀라웠습니다. 물론 우리와 스웨덴의 역사적 경험이 다르고 또 현실의 차이점도 많습니다. 우리나라는 1,000조 원 경제인데 정부 예산은 300조 원으로 전체 경제의 30퍼센트가 재정입니다. 반면 스웨덴은 경제 규모가 400조 원인데 예산은 200조 원 규모로 50퍼센트가 재정입니다. 우리 재정 규모가 300조 원이고 스웨덴이 200조 원인데 스웨덴은 인구 950만 명의 작은 나라고, 반면 우리는 5,000만 명입니다.

헌법 119조대로 하면 작은 정부는 될 수가 없습니다. 작은 정부는 공무원 숫자가 아니라 재정 규모 아닌가요. 지금보다 정부의 역할과 재정의 크기를 키우는 방향으로 가야 복지국가를 만들 수 있습니다. 지난 경제위기 때도 그런 토대를 바탕으로 가장 위기의 영향을 덜 받은 것이 복지국가들 아니었습니까. 완벽한 사회안전망과 고용안정이 보장되기 때문에 충격이 다 흡수되는 것입니다.

김윤태 2010년 11월에 스웨덴을 다녀오셨는데, 스웨덴에서 느끼신 점들이 궁금합니다.

정동영 이론이 아니라 체감으로 느낀 것이지만 사람들이 참 밝아 보였습니다. 한마디로 스웨덴은 참 살고 싶어지는 나라였습니다. 스웨덴은 우리보다 과학기술도 더 발전했고, 120년 전 고종 황제가 처음 쓴 전화기가 스웨덴 에릭슨 것이었습니다. 우리는 못 만드는 전투기도 만듭니다. 복지와 성장 두 마리 토끼를 다 잡고 있는 셈이죠.

스웨덴에도 우리의 '삼성' 같은 기업이 있는데, 바로 스웨덴 최대 재벌인 발렌베리입니다. 안 하는 산업이 없고 안 만드는 것이 없습니다. 그런데 스웨덴 국민은 발렌베리를 참 자랑스럽게 생각한답니다. 과학기술 발전이나 복지에 엄청난 기여를 하기 때문에요. 우리 재벌들도 발렌베리 모델로 가면 어떨까 하는 생각을 했습니다. 삼성의 경제적 성취도 물론 있지만 사회 기여의 측면에서 재벌 역할도 간과해서는 안 됩니다.

김윤태 재벌의 해체 혹은 소유와 경영의 분리보다는 스웨덴처럼 대기업이 복지국가를 지지하고 복지국가의 기반이 된다면 괜찮다는 주장이십니까?

정동영 토양의 차이는 있습니다만 한국 재벌의 가장 큰 문제는 불투명성입니다. 지배구조의 투명성 확보가 중요하다고 생각합니다. 한국의 재벌에 대한 사람들의 인식은 이중적입니다. 비판하면서도 젊은이들은 그 회사에 들어가기를 희망합니다. 한국의 재벌은 자신들의 현재의 부가 우리 사회의 모든 구성원에게 빚지고 있다는 인식을 해야 하고 그에 맞게 기여해야만 합니다. 그래야 지금의 이중적 인식이 아니라 사회에 기여하는 좋은 기업으로 인식이 단일화될 것입니다.

부유세 진짜 원조는 김대중, 부유세는 지하경제 드러내는 '사회투명세'다

김윤태 지금까지의 말씀을 정리해보면, 미국보다는 스웨덴, 즉 유럽 모델을 거론하셨습니다. 하지만 미국보다 유럽이 상대적으로 조세부담률이 높습니다. 정 최고위원도 부유세를 제안한 바 있는데, 복지재원 마련에 대한 의견은 어떠신지요?

정동영 미국의 하나의 주 같은 나라가 아니라 큰 스웨덴 같은 나라가 되었으면 좋겠습니다. 거기에 한국적 토양이 결합함으로써 결국 한국형 복지모델 국가를 실현해야 합니다. 국민이 동의하면 충분히 갈 수 있다고 생각합니다. 부유세를 먼저 주장한 것은 2002년의 권영길 후보였는데, 농담처럼 제가 '지적재산권을 사겠다'고 했더니 권영길 의원이 '부유세를 실현할 수만 있다면 정 의원에게 주겠다'고 하시더군요.

사실 부유세의 진짜 원조는 1971년 김대중 후보였습니다. 장충단 공원 연설에 그 대목이 나오는데, 돈을 많이 버는 사람은 세금을 많이 내고 적게 버는 사람은 적게 내는 조세혁명을 단행하고 부유세를 실시하겠다고 말씀하셨습니다. 나중에 특별소비세가 된 '사치세' 얘기도 그때 처음 나왔습니다. 1971년이면 우리 GDP가 100억 불도 안 됐을 때입니다. 40년이 지난 지금은 경제 규모가 100배나 커졌지만 그와 동시에 지하경제도 커졌습니다. 통칭 1,000조 원 경제에서 20퍼센트 정도가 지하경제입니다.

부유세의 핵심은 이 지하경제를 어떻게 드러내느냐입니다. 부유세를 걷으려면 그 전에 기본 인프라가 필요한데, 가장 기초가 되는 것은 실명제의 획기적인 확대입니다. 그러한 토대 위에서 먼저 은행, 금융권 거래와 부동산, 주식이 투명하게 드러나도록 해야 합니다. 그리고 다음 단계로 골동품, 귀중품, 서화, 귀금속 등의 거래도 양지로 끌어내야 합니다. 이런 것들이 이뤄져야 공정한 부유세가 가능해집니다. 아울러 이처럼 경제의 투명성이 높아지는 과정에서 지하경제가 양성화되고 세원이 확장될 수 있습니다.

김윤태 말씀하신 대로 지하경제를 없애고 선진국처럼 조세 투명성을 높이면 얼마나 세수가 늘어날 수 있을까요?

정동영 우리나라 생산경제 규모가 1,000조 원인데 부동산, 금융, 주식 등 자산경제 규모가 7,500조 원이나 됩니다. 정작 생산경제는 얼마 안 됩니다. 그런데 세금은 거꾸로입니다. 생산경제에서 걷는 세금이 전체 조세수익의 82퍼센트이고, 자산경제에서 나오는 세금은 18퍼센트 밖에 안 됩니다. 이걸 고쳐야 합니다. 소득이 있는 곳에 세금이 있도록 만들어야 합니다. 지하경제가 절반만 양지로 드러나도 20조 원 이상을 추가로 걷을 수 있습니다.

김윤태 증세는 안 하더라도 조세정의나 투명성을 확보하는 것만으로 세수를 늘릴 수 있다는 주장이십니까?

정동영 그렇지는 않습니다. 당장 필수불가결한 복지의 수요가 있는데 중장기적인 대책만으로는 국민의 요구를 감당할 수 없습니다. 부유세와 함께 진보신당 조승수 대표가 제안한 사회복지세, 민주노동당 이정희 대표가 제안한 소득세·법인세 최고세율 구간 신설도 통합 검토할 수 있다고 생각합니다.

이 3가지는 모두 본질적으로 '부자 증세'입니다. 이는 돈을 많이 버는 사람은 세금을 많이 내고 적게 버는 사람은 적게 내는 조세정의에도 부합합니다. 특히 그동안 정부의 각종 규제 완화와 감세 등 대대적인 친親대기업 정책으로 인해 사회양극화가 심화되는 와중에도 나 홀로 엄청난 수익을 내고 부를 축적한 재벌 대기업 등 상위 10퍼센트 이내 계층에게 '부자 증세'를 해서 보편적 복지에 사용하도록 하자는 취지입니다. 이는 부자들이 사회 통합에 기여하면서 더욱 존경받게 되는 길이기도 합니다. 그런 의미에서 부자 증세는 사회통합의 의미를 갖고 있습니다.

제가 제안한 부유세는 순자산 30억 이상 개인과 1조원 이상 법인에 순자산액의 1~2퍼센트를 부유세로 부과하여 연간 7조8천억 원의 복지재원을 확보하자는 것입니다. 진보신당 조승수 대표가 제안한 사회복지세는 부자 할증세·누진적 직접세로 400만 원 이상 소득세 납부 개인·5억 이상 법인세 납부 대기업·상속증여세 납부자·종합부동산세 납부자에게 납부 세금의 15~30퍼센트를 추가로 부과해 연간 15조 원을 확보하자는 구상이며, 민주노동당 전국 245개 지역구에서 동시에 진행되는 2012년 총선을 생각한다면 성공적인 선거연대는 거의 불가능할 것입니다. 결국 야권통합정당의 길로 가야 합니다. 이를 위해 먼저 야당과 시민사회단체가 참여하는 정책연합 원탁회의를 즉시 구성해야 합니다. 이 속에서 민주진보정부가 추구할 국가의 비전과 구체적 정책마스터플랜을 먼저 합의해야 합니다. 이를 바탕으로 9월 경 본격적인 야권통합정당 창당준비기구를 구성, 현실정치 일정을 고려할 때 12월까지는 창당을 완료해야 합니다. 이제 내용만큼이나 시간이 중요한 상수가 되었습니다. 시간이 없습니다.

이정희 대표의 소득세·법인세 최고세율 구간 신설은 소득세 과세표준 1억 2,000만 원 초과 구간과 법인세 과표 1,000억 원 초과 구간을 신설해 각각 40퍼센트와 30퍼센트의 세율을 적용해 연간 8조3천억 원(소득세 2조원+법인세 6.3조원)을 복지재원으로 확보하자는 방안입니다

물론, 아직은 개인적인 생각입니다만 앞으로 민주당 내에서 공감대를 넓혀 가려고 합니다. 저는 재원대책 없이 복지를 말하는 것은 현실성이 없으며, 특히 증세 없이 보편적 복지를 말하는 것은 허구라고 생각합니다. 부자감세 철회, 비과세 감면축소, 낭비성 토목예산 전환, 세입세출구조개혁 등은 필수적이지만, 그것만 갖고는 보편적 복지에 드는 재정수요를 감당할 수 없다고 봅니다. 또 부유세를 시행하려면 최소 3~5년의 시간은 걸릴 것입니다. 따라서 부유세를 중기적 목표로 하고, 당장이라도 법만 만들면 시행할 수 있는 사회복지목적세를 병행하는 방안을 적극 검토해야 합니다.

복지선진국은 부유세 폐지한다고?
배경과 맥락이 전혀 다르다

김윤태 그러나 모델로 제시한 스웨덴 등 유럽 국가들은 최근 부유세를 잇달아 폐지하고 있습니다. 부유세 주장을 하면 주로 보수진영에서 나오는 반박이 바로 이 부분 아닙니까?

정동영 그렇습니다. 그러나 배경과 맥락이 다릅니다. 스웨덴, 프랑스, 영국 등 유럽 국가들의 소득세 역사도 100년밖에 되지 않았습니다. 영국에서는 처음에 소득세에 대해 '국가가 국민을 망치는 날강도 같은 세금'이라는 강도 높

은 비판까지 나왔었고, 미국에서도 위헌 판결까지 받았다가 우여곡절 끝에 간신히 도입되었습니다. 그러나 당시에는 전산시스템이 있었던 것도 아니고 소득 파악이 제대로 되지 않아 그야말로 대충이었습니다.

이러한 한계를 극복하고 소득세를 보완하기 위해 나온 것이 부유세였습니다. 소득이 나중에 다 귀결되는 것이 재산이니까, 재산을 보고 얼마 더 내라고 했던 것입니다. 그런데 100년이 흐르면서 소득이 투명해졌고, 그러니 부유세가 그 소명을 다한 것 아니겠습니까. 유럽은 부유세는 폐지했습니다만 또 다른 세원 확보를 위한 고민을 하고 있는 걸로 알고 있습니다.

2010년 방문 때 스웨덴 국세청에 갔더니 은행예산, 주식, 부동산 등 모든 자산의 입출금을 한 통장에서 관리하도록 하는 법안을 낼 예정이라고 하더군요. 선택제로 원하는 사람만 하도록 했지만 기본적으로 소득이 있는 곳에 세금이 있다는 조세 형평에 대한 인식이 깔려 있었습니다. 우리는 이런 근본적인 문제는 손도 대지 못하고 있습니다.

김윤태 박근혜 전 대표의 한국형 복지는 어떻게 생각하십니까?

정동영 마찬가지로 재원 얘기가 없습니다. 더욱이 '줄푸세'와 충돌하지 않나요? 또 이명박 대통령은 최근의 복지 논쟁을 보며 '망국적 포퓰리즘'이라고 했습니다. 한나라당 의원들은 예산안 날치기를 하면서 복지예산은 다 쳐버렸습니다. 그런 세력 속에서 과연 '한국형 복지'를 얘기할 수 있을까요? 아무리 생각해봐도 설명이 부족한 느낌입니다.

야권통합 우선 과제는 '진보적 민주당'으로 정체성을 명확히 하는 것

김윤태 다른 얘기로 주제를 옮겨보겠습니다. 민주당 전당대회에서 보편적 복지도 화제였지만 야권연대와 통합도 이슈였습니다. 대부분의 후보들이 야권연대에 적극 나서겠다고 하셨습니다. 2012년 총선과 대선이 제일 큰 판이지만, 당장 눈앞에 4월 재보선도 있습니다.

정동영 야권통합의 백화제방百花齊放시대가 이미 열렸다고 봅니다. 올 한 해 정치권의 화두는 연대, 연합과 통합이 될 것으로 생각합니다. 지난 2010년을 봐도 1 대 1 구도를 만들면 이긴다는 것을 깨달았기 때문입니다.

야권통합에서 제일 중요한 것은 확고한 신념으로 그것을 이끌어내는 지도력입니다. 민주당은 중요한 시기를 두 번 놓쳤습니다. 6.2 지방선거 직후 이 선거의 의미를 정확하게 규정하고 거기에서부터 본격적인 장을 열었어야 했습니다. 두 번째는 10.3 전당대회 직후입니다. 시기를 놓치지 않고 전면적인 야권통합의 노력이 있었다면 날치기 투쟁 국면에서도 더 힘을 받았을 텐데 그러지 못했습니다. 지금 야권의 힘은 파편화돼 있습니다.

김윤태 야권연대와 관련된 여러 가지 흐름이 있습니다. 하나의 단일정당을 만들자는 주장도 있지만 최근 민주노동당과 진보신당을 중심으로 '진보대통합' 움직임도 있습니다. 시민회의라는 단체도 민주당은 제외하고 만들어졌고, 때문에 민주당과 다른 야권 사이에 소통과 협력이 안 되고 있다는 평가도 나오고 있습니다.

정동영 문성근 대표가 하고 있는 100만 민란 운동을 주의 깊게 보고 있습니다. 목표가 2012년 대선과 총선을 1 대 1 구도로 치르자는 것인데, 제 생각도 같습니다. 백화제방시대지만, 야권통합을 위해 무엇보다 가장 우선적인 과제는 사실 민주당의 정체성을 분명하게 하는 것입니다. 예를 들어, 부유세를 민주당 당론으로 만들 수 있다고 가정해봅시다. 그렇다면 민주노동당이나 진보신당이 같이 하지 않을 이유가 있을까요? 통합도 가능할 것입니다. 그 전에는 건너지 못할 강 같은 차이가 있었다면 실개천 같은 차이도 없어지는 것이기 때문입니다.

김윤태 연합정부든 통합이든 2012년을 겨냥한다면 시간이 그리 넉넉한 것은 아닙니다. 무한정 논의만 할 수는 없다는 얘긴데, 구체적인 단계별 계획을 생각해둔 게 있으시면 말씀 부탁드립니다.

정동영 지난 4월 재보선을 통해 야권이 하나가 될 때 승리할 수 있다는 교훈과 함께 선거연대의 어려움과 한계 또한 여실히 보여주었습니다. 전국 245개 지역구에서 동시에 진행되는 2012년 총선을 생각한다면 성공적인 선거연대는 거의 불가능할 것입니다. 결국 야권통합정당의 길로 가야 합니다. 이를 위해 먼저 야당과 시민사회단체가 참여하는 정책연합 원탁회의를 즉시 구성해야 합니다. 이 속에서 민주진보정부가 추구할 국가의 비전과 구체적 정책마스터플랜을 먼저 합의해야 합니다. 이를 바탕으로 9월 경 본격적인 야권통합정당 창당준비기구를 구성, 현실정치일정을 고려할 때 12월까지는 창당을 완료해야 합니다. 이제 내용만큼이나 시간이 중요한 상수가 되었습니다. 시간이 없습니다.

정권교체 이룬다면
다음 정부에서 남북연합정부 구성도 가능하다

김윤태 복지담론 못지않게 최근 부각되고 있는 것이 평화 이야기입니다. 정 최고위원의 통일부 장관 경험이, 전쟁에 대한 공포와 위기의 시대에 새로운 비전과 대안을 제시할 수 있을 것이라는 기대가 그것인데요. 현 정부의 대북 정책을 바라보며 생각하는 바가 남다를 것 같은데 어떠신가요?

정동영 우리 국민이 현 정부를 3년 간 보면서 "그래도 '경제'는 잘 한다더니 아니구나"라는 답을 내렸다고 생각합니다. 남북관계도 똑같은 것을 확인했다고 봅니다. 세계에서 유일한 분단국가에서 분단 문제를 다루는 접근법은 대결, 무시, 대화, 이렇게 크게 3가지입니다. '무시'는 오바마 정부가 쓰고 있는데, 이른바 '전략적 인내'라는 것이 결국 무시 전략 아닙니까. '대결'은 지난 3년 동안 이명박 정부의 접근법으로, 제제와 압박을 통해서 대결 국면을 조성해 오지 않았습니까. 그런데 둘 다 바닥을 드러내고 있습니다.

남북관계가 역사상 최악인 지금 상황에서 정권이 바뀌면 오히려 남북관계에 급물살을 만들 수 있는 절호의 기회가 될 수 있습니다. 이 정권에서는 이미 상호 불신과 증오가 깊이 깔려 있어 남북대화가 재개돼 봐야 별다른 돌파구를 만들기는 어렵다고 봅니다. 그러나 지금의 경험이 앞으로는 기회가 될 것입니다. 10년의 민주정부가 계속 남북대화를 주된 노선으로 끌고 왔다가 급격하게 3년 간 남북관계가 냉탕에 빠졌는데, 이 3년 동안 남쪽도 북쪽도 앞으로 가야 할 방향을 명료하게 깨달았을 것입니다.

김윤태 남북관계의 위기가 새로운 기회가 될 수 있다는 주장으로 들립니다.

민주진보세력이 정권교체를 이룬다면 한반도 평화를 위해 무엇을 어떻게 하면 좋을까요? 정 최고위원은 무엇을 하고 싶으신지요?

정동영 가장 먼저 해야 할 일은 주도권의 회복입니다. 한반도 문제를 누가 주도해야 하는가? 연평도 사태 이후를 보면 대체 이것이 중국의 문제인지, 미국의 문제인지, 심지어 러시아 문제인지 헷갈릴 정도로 주인이 실종된 상황입니다. 다행히도 북은 여전히 '우리 민족끼리'를 내세우고 있어, 정권교체가 이뤄지면 첫째로 남과 북이 주인이라는 것을 확실히 각인시켜야 합니다.

둘째로는 우리가 원하는 것과 그들이 원하는 것을 서로 교환해야 합니다. 우리는 이미 성공한 교환의 경험들이 있습니다. 2000년 10월 북미 공동 코뮈니케(성명)와 2005년 9.19 공동성명이 그것인데, 해답은 이미 다 나와 있습니다. 실천으로 옮겨가는 과정에서 좌절한 것일 뿐이었죠. 더욱이 2000년 북미 코뮈니케는 미국의 민주당 정부가 한 것입니다. 오바마 대통령이 재집권에 성공한다면 충분히 설득할 수 있다고 봅니다.

셋째로 2007년 10.4 정상회담에서 합의한 사업들을 착실하게 추진하는 것입니다. 2000년 6.15는 분단 역사에서 하나의 대전환점이었고, 이것을 계승한 2007년 10.4 합의들은 남북경제공동체와 한반도 평화체제로 가기 위한 확실한 대안들이었습니다.

김윤태 지금의 북한의 태도는 어떻게 평가하십니까?

정동영 북한은 남북관계와 북미관계는 순환관계라고 보고 있는 것 같습니다. 얼마 전 조총련 기관지인 《조선신보》에 "2000년 10월은 2000년 6.15 공동선언이 만들어냈고 2005년 9.19 공동성명은 같은 해 6월 남한의 통일부 장관이 특사로 와서 장군님을 접견하면서 추동됐다"고 지적한 것을 보았습니다. 이를 보면 북은 지금 북미관계를 돌리기 위해 남북대화를 필요로 하고 있습니다. 하지만 남측 정부는 아직 대결노선을 쥐고 꼼짝하지 않고 있습니다.

김윤태 그럼 미국의 한반도 정책이 어떻게 변해야 할까요?

정동영 미국도 북한을 동아시아에서의 미사일방어체제(MD) 전략을 위한 필수불가결한 악의 요소로 간주하는 '네오콘 전략'의 폐기 여부를 검토해야 합니다. 사실 이 네오콘 전략에서 보면, 북한 문제를 해결하고 나면 '어나더 노스 코리아(another North Korea, 또 다른 북한)'가 필요하게 될 겁니다. 미국이 '비핵화'가 아니라 '비확산'을 얘기하는 것도 그런 이유입니다. 비확산만 확실하면 핵확산 위험은 없고 MD는 추진할 수 없습니다. 이러한 본질을 간과한 채 미망에 잡혀 있는 한 북핵 문제는 풀리지 않습니다.

미국의 이런 전략적 방향을 바꾸도록 설득할 수 있는 것은 남한 정권밖에 없습니다. 미국이 설득되면 북한도 전략적 결단을 설득할 수 있습니다. 이미 북한은 9.19 공동성명에서 한 번 결단을 내렸던 적이 있었습니다. 모든 핵무기와 프로그램을 폐기한다고 하지 않았습니까. 그러나 바로 다음날 미국 재무성이 '불량국가, 범죄국가' 운운하자 그 상이 엎어진 것입니다. 9.19가 왜 깨졌는지 그 책임소재부터 분명히 짚어야 합니다. 민주진보정권이 해야 할 일은, 옳은 것은 옳고 그른 것은 그르다고 말하는 일입니다.

이 문제를 넘어서서 9.19 공동성명을 실천의 레일에 올려놓으면 평화체제는 굴러가게 됩니다. 그러면 북한도 자신감을 갖고 중국, 베트남 모델로 갈 수 있을 것입니다. 이미 북한은 사회주의 시장경제 문턱을 넘어서고 있다고 판단하고 있습니다. 우리가 할 일은 북한을 끌어주고 밀어주면서 그 다음 단계로 넘어갈 수 있도록 만드는 것입니다.

김윤태 앞으로 한반도 통일은 가능할까요?

정동영 개인적으로는 민주진보정부가 수립된다면 다음 정부에서 국가연합 단계로까지 갈 수 있다고 생각합니다. 국가연합이 별다른 건가요? 사람이 왕래하고 물자가 왔다갔다하고 정상회담이 정례화되고 각료회담과 국회회담이 정례화되는 수준이면 그것이 바로 국가연합입니다. 국가연합 단계가 이뤄지면 한반도에서 지각 변동이 일어날 것입니다.

김윤태 여러 사안에 대한 정치적 견해를 밝히셨는데 아무래도 대선 얘기를 하지 않을 수 없습니다. 민주당의 경우 2012년 대선 후보로 출마하려면 올해 11월에는 최고위원직을 사퇴해야 합니다. 11월 이후 정 최고위원의 정치적 구상은 어떤지 들려줄 수 있으십니까?

정동영 지금은 연평도 사태에, 구제역에, 서민은 또 전세대란까지……. 우리 국민이 정신이 없습니다. 특히 지역에 가 보면 거의 공황 상태입니다. 또 전국 각지가 농성 현장입니다. GM대우 비정규직 노동자가 고공농성을 하고, 쌍용자동차 정리해고자와 무급휴직자들 15분이 목숨을 잃었으며, 한진중공업노조도 파업 중이고, 현대차 비정규직 문제도 아직 풀리지 않았습니다. 이런 상황에서 대선 운운하는 것은 정치인으로 도리는 아닌 것 같습니다.

김윤태 오랜 시간 열정적인 답변 감사드립니다.

06;

지출구조 개혁이 우선,
마지막 기댈 수단이 증세

천정배

민주당 최고위원

천정배 민주당 최고위원은 "탐욕과 독점이 판치는 그들만의 세상을 확실하게 마감해야 한다"고 목청을 높인다. '정의로운 복지국가'를 만들자는 것이 천정배 최고위원의 지론인데, 그는 같은 제목의 책도 냈다.

그는 복지국가 문제와 야권통합 문제, 두 가지 모두 매우 적극적인 입장을 보여주고 있다. 복지국가는 당연히 우리나라가 가야 할 일인데, 그것도 보편주의 복지국가다. 그는 복지국가를 만들기 위한 하나의 아이디어로 2010년 10월 민주당 전당대회에서 '사회복지세' 도입을 주장하기도 했다.

야권통합 문제에 대해서도 그렇다. 천정배 최고위원은 '연대'보다는 '통합'이 좋다고 생각한다. 야권단일정당을 만들어야 한다는 것이다. 그가 말하는 야권단일정당은 민주당부터 시작해서 국민참여당, 진보신당, 민주노동당을 모두 포함하는 것이다. 진보블록으로 구분되는 모든 야당이 하나의 당으로 재편되어야 한다고 생각하는 것이다. 그는 한국정치가 진보와 보수의 양당체제로 재편되어야 한다고 생각하고 있다. 그가 보기에 민주당은 개혁의 대상이고 진보정당은 집권 가능성이 없는 불임 정당이다. 각개약진으로는 답이 나오지 않는다. 그래서 모두 합쳐야 한다고 생각한다. 그는 단일정당을 만들기 위해서는 민주당이 변해야 한다고 주장한다.

그리고 야권단일정당을 위해 가장 중요한 것은 공정한 경쟁의 보장이다. 진보정당이 민주당과 하나의 당이 되었을 때 잡아 먹힐까봐 두려워하는데, 그런 두려움을 없애기 위해서는 공정한 경쟁이 보장되어야 한다는 것이다. 정치 신인이나 단일정당으로 합류하는 소수파 정치세력도 일정한 지분을 확보할 수 있게 배려해야 된다는 것이 천정배 최고위원의 지론이다.

그래서 그는 문성근 국민의 명령 대표의 '정파등록제' 주장에도 고개를 끄덕인다. 야권단일정당을 만들기 위해서는 검토해야 한다는 것이다. 여러 언론 인터뷰에서 지속적으로 입장을 밝힌 바 있고, 토론회 등을 통해서도 '정파등록제'를 언급한 바 있다. 이 정도면 진정성이 실려 있다고 봐도 무방할 것 같다. 게다가 천정배 최고위원은 민주당 개혁특위 위원장이다. 그는 전략공천제 등을 통해서 소수파의 지분을 안배해주는 방안을 적극 검토하고 있다.

천정배 최고위원의 복지국가 구상은 다른 정치인들과 약간 다르다. 그의 복지국가 구상에는 레테르가 하나 더 붙어 있다. 앞서 말한 것처럼 그의 지론은 '정의로운 복지국가'다. 복지국가 앞에 '정의'라는 두 글자가 붙어 있는 것이다. 그는 '정의'의 문제를 진보와 보수 이전의 문제라고 생각한다. 따라서 어떤 국가모델 구상 이전에 당연히 해결해야 할 문제라고 보는 것이다. 그는 기본적으로 한국사회를 반칙과 특권, 불의가 판치는 나라라고 생각하고 있다. 그래서 한나라당 같은 정당은 보수정당도 아니라고 본다.

그는 그래서 '정의'를 바로 세우는 일로부터 복지국가 이야기를 시작한다. 복지국가를 만들어야 하는 것은 당연한 일인데, 그 전에 해야 할 일이 있다는 것이다. 그는 분명히 '선先 정의'라고 표현했다. 정의가 먼저라는 말이다.

'정의'를 세우는 것이 중요하다는 말은 맞는 말이다. 그런데 '선정의' 주장이 보편적 복지를 위한 재원 마련 부분에서까지 적용하게 되면 논란의 여지가 있는 것으로 보인다. 인터뷰에서 천정배 최고위원은 궁극적으로 보편적 복지를 지향하고, '사회복지세' 도입과 같은 세목 신설까지도 주장하지만 당장은 증세보다 '정의로운 법집행'을 통해 재원을 마련하는 것이 우선이라는 것이다. '정의로운 법집행'의 내용은 탈세 방지, 조세정의 실현, 조세형평성 강화 등이다. 여러 가지 노력을 다해 본 후에 증세는 나중에 생각해보자는 입장이다.

조세재정 전략에서 증세와 감세, 현상유지 사이에서 어떤 입장을 취하느냐가 복지국가에 대한 입장 전부를 말해준다고 할 수는 없지만 어느 정도는 말해줄 수 있다고 볼 때 천정배 최고위원은, 증세의 필요성 자체를 부정하지는 않지만 재원 마련 문제에 대해 증세 이외의 다른 방안을 우선으로 사고한다는 점이 특징이다.

천정배(千正培)

1954년 전남 신안 출생
1972년 목포고 졸업
1976년 서울대 법학과 졸업
1988년 서울대 법학 석사
1996년~현재 제15, 16, 17, 18대 민주당 국회의원
2004년 열린우리당 원내대표
2005~06년 제57대 법무부 장관

현 | 18대 국회의원, 민주당 최고위원, 문화체육관광방송통신위원회 위원,
저서 | 『정의로운 복지국가』(2010), 『법을 꿈꾸는 젊은이들에게 여기가 로도스다, 여기서 춤추어라』(공저, 2007), 『꽁지머리를 묶은 인권변호사』(1996)

진보정당에서 단일 대선후보 나올 수도 있지 않나?

김윤태 민주당 개혁특위 위원장을 맡고 계시는데 어느 정도 진행되고 있는지, 최종적으로는 당의 개혁 방안이 언제쯤 발표될지 궁금합니다.

천정배 개혁특위는 굉장한 시대적 사명을 안고 있다고 생각합니다. 많은 국민이 이명박 탐욕정권의 학정에 신음하고 있고, 이미 이 정권을 버렸다고 이야기합니다. 그렇다고 민주당이 국민으로부터 확실한 신뢰를 얻고 있는가? 민주당이 절망에 빠진 국민의 유일한 희망인가? 민주당에 비판적인 사람들은 동의하지 않고 있습니다. 더 정확히 말하면 민주당이 희망이 되어, 믿음직한 수권정당으로 거듭나면 2012년 총선과 대선에서 승리할 수 있고, 우리나라를 미래로 전진시켜 정의로운 복지국가를 만들 수 있다는, 그런 조건을 만드는 일이 바로 민주당의 개혁특위가 해야 할 일이 아닐까 합니다. 개혁특위는 안을 만들기 전에 먼저 국민과 당원의 의견을 듣겠다는 생각으로 설전까지 벌이며 10여 차례 전국을 돌아다니면서 공청회를 했고 분과별로, 전체적으로도 논의를 하고 있습니다.

김윤태 어느 정도의 윤곽은 잡혔습니까? 개혁안의 구체적인 윤곽은 어떻게 정리해볼 수 있을까요?

천정배 여론수렴과 논의를 거치고 있는 과정이기 때문에 구체적 안을 말하기는 조금 어렵습니다만 큰 지향점은 이런 것들입니다. 첫째, 민주당은 국민을 섬기는 정당이 되어야 한다, 국민의 뜻을 하늘처럼 받드는 정당, 당심 자체가 언제나 민심인 정당, 국민과 함께 있고 국민의 뜻을 받들고 섬기는 정당으로 가야 한다는 것입니다. 둘째, 당원이 주인인 정당이어야 합니다. 셋째, 우리 자신을 완전히 열어젖히는 개방적인 정당이 되어야 합니다. 특히 청년, 민주시민, 네티즌, 트위터 등 소셜네트워크서비스(SNS) 사용자들도 당에 참여하고 소통하는 정당이 되어야 합니다. 마지막으로 전면적인 정책 정당이라고 말할 수 있겠습니다. 당이 지향하는 가치와 노선이 분명하고, 확고한 미래의 국가비전을 갖춘 정당. 이 정도가 개혁특위가 논의하고 있는 방향입니다.

김윤태 100만 민란의 문성근 대표의 말로는 소수 의석을 가진 진보정당이 걱정하는 건 다수인 민주당의 당원구조가 폐쇄적이라는 데 있다고 합니다. 그래서 당원구조의 민주화가 필요하다는 것인데, 마찬가지 맥락으로 봐도 될까요?

천정배 물론입니다. 야권이 단일정당으로 통합되어야 한다고 생각합니다. 가장 효과적인 결집 방법인데, 실질적으로도 연대보다 통합하기가 더 쉬운 것 아닌가요? 연대는 훨씬 더 복잡한, 고도의 정치적 방법론이 필요할지 모릅니다. 저도 뼛속까지 민주당원으로서 비판이 불쾌하고 과도하다고 느낄 때도 있습니다. 하지만 확고한 민주적 정당시스템을 만들어서 "민주당에 들어가면 도저히 가능성이 없으니 따로 할 수밖에 없다"라고 생각하게 되는, 그 명분을 아예 없애야 한다고 생각합니다. 궁극적으로는 그 안에서 그야말로 공정한 경쟁이 보장되어야 합니다. 대선 후보를 뽑을 때 민주당 출신이든, 민주노동당이나 국민참여당 출신이든 그 안에서 똑같이 당원과 국민에게 평가받아서 더 경쟁력 있는 후보가 승리해야 합니다. 아무리 민주당이 약해 보여도 100만 당원입니다. 다른 당은 10만 명 아닌가요? '진영의 소속감'이 있을 수밖에 없지 않겠습니까? 정치협상에 의한 적절한 지분의 배분도 있을 수 있다고 생각합니다. 그것을 나쁘게만 볼 게 아닙니다. 정치는 늘 타협하고, 권력을 공유하고, 연대하는 것입니다. 문성근 대표가 이야기하는 정파등록제도 도입할 수 있다고 봅니다.

김윤태 궁극적으로는 한국정치가 3분 구도보다 양당 구도로 가야 한다고 보는 것 같습니다. 그것을 위해 민주당이 진보정당에 크게 양보를 하더라도 통합해야 한다고 생각하십니까?

천정배 그렇습니다. 그러나 정치 3분립(보수 – 중도 – 진보)에는 궁극적으로 동의하지 않습니다. 저는 김대중 대통령이 당선되면 한나라당은 망할 것이라고, 사라질 것이라고 생각했었습니다. 저건 보수정당이 아니라 모리배, 기득권, 탐욕 정당이다, 저 정당이 없어지면 그 상태에서 정치가 보수와 진보로 편재될 것이라고 사실은 기대했었습니다. 그러나 우리가 10년을 집권하고도 그것을 만들지 못했습니다. 인위적으로 힘을 갖고 무너뜨린다는 뜻은 전혀 아닙니다. 국민의 지지로 자연스럽게, 정치 시장에서 그런 시대착오적인 모리배 세력은 소멸할 것이라고 봤습니다.

지금의 진보정당 입장에서는 민주당은 보수도, 진보도 아니고 중도라는 것인데……, 중도가 있나요? 잘 모르겠습니다. 중도라는 것은 없다고 봅니다. 어떤 것은 진보고, 다른 것은 보수적인 것을 합쳐놓은 것이 중도정당인가요? 중도정당이라는 게 따로 존재하는 것은 아닌 것 같습니다. 양당 구도가 맞는다고 생각합니다. 좀 미안한 이야기이지만, 어쨌든 진보정당들은 당분간은 집권할 가능성이 없지 않나요? 이제는 많이 느낄 것이라 생각합니다. 지난 10년 간 우리가 집권했을 때 어떤 의미에서는 한나라당보다 진보정당이 우리에게 더 비판적이고, 비타협적으로 공격해 왔습니다. 물론 우리가 잘못했으니까 그랬을 것이지만 지금은 다른 것 같습니다. 요즘 진보정당 사람들이 김대중-노무현 전 대통령을 비난하나요? 솔직히 어떤 의미에서는 이명박 정권의 등장에 상당히 기여한 게 아닌가요. 역시 이명박 정권을 놓고 보니까 한나라당의 세력의 집권을 막는 게 얼마나 큰 가치인지 깨닫고 있는 게 아닌가요.

현재의 조건에서는 통합으로 가면서 그 안에서 정파등록제 등 독자적 정파로서의 가능성을 형성하고, 그 안에서 아주 공정한 시스템을 만들면 됩니다. 그런 점에서 100만 민란 문성근 대표의 문제의식에 매우 공감하고 있습니다. 그때그때 연합으로 정책연대를 넘어선 후보단일화를 과연 할 수 있을까요? 더구나 총선은 내년입니다.

김윤태 진보정당의 입장에서는 노선과 가치도 문제가 되지 않습니까? 김대중-노무현 정부가 민주정부이긴 하지만 특히 노동시장정책에서 너무나 신자유주의적인 정책을 채택했고, 이 부분에 대한 반성과 평가를 전제해야 한다고 주장하고 있습니다. 이 점에 대해서는 어떻게 생각하시나요?

천정배 그 점에 대해서는 일리가 있다는 수준을 넘어 겸허히 받아들여야 한다고 인정합니다. 그러나 한편으로 민주당은 지금 훨씬 진보적인 쪽으로 가고 있지 않습니까. 한미 FTA도 결사반대 입장입니다. 저도 깜짝 놀라고 있고 좋은 일입니다. 복지 등 진보적인 의제에 있어서도 민주당이 어떤 의미에서는 진보정당 빰치게 변해가고 있습니다. 개인으로 봐도 민주당 출신이 아닌, 진보정당 출신 정치인이 대선 후보가 될 수도 있는 것 아닌가요? 통합 후보가 될 수 있고, 실제 집권도 할 수 있다고 봅니다. 진보정당의 입장에서 보면 민주당을 끌어들여서 그야말로 집권하는 것 아닌가요? 단순히 민주당만 좋자고 하는 일이 아닙니다. 2010년 6월 지방선거의 가장 큰 수혜자는 민주노동당이었습니다. 아무리 신자유주의에 반대하고, FTA에 반대한다고 민주당 없이 이를 저지할 수 있겠습니까? 실제로 저지하려면 민주당과 힘을 합치지 않을 수 없습니다. 정책적으로나, 정치적으로나 민주당 밖에 있는 정당들에게 불리한 게 아니라고 저는 믿고 있습니다.

권력, 자본, 언론까지 복지국가?
기득권 구조 타파해야 가능하다

김윤태 민주당은 지난 전당대회에서 보편적 복지를 강령으로 채택했습니다. 천정배 최고위원은 '정의로운 복지국가' 구상을 제시하기도 하셨는데, 천 최고위원의 구상은 민주당의 다른 흐름들과는 어떤 차이가 있는 건가요?

천정배 '정의로운 복지국가'라고 명명을 해놓고 보니까, 정말 좋고 자랑스럽습니다. 한국사회의 가장 중요한 목표가 정의와 복지 아니겠는가, 오른쪽 바퀴가 정의라면, 왼쪽 바퀴는 복지입니다. 다른 사람의 말을 차용한 것이지만 정치인이니까 괜찮겠지요(웃음). 정말 그런 나라가 되어야 합니다. 사람 사는 세상이 기본적으로 정의로워야 하고, 한 인간으로서 존중받아야 하며, 정직하고 부지런하게 사는 사람이 잘 살아야 합니다. 또 더 능력 있는 사람들이 잘 되도록 공정한 경쟁의 규칙도 있어야 합니다. 그런 점에서 정의가 반드시 실현되어야 합니다. 거꾸로 말하면 온갖 불의와 반칙, 특권, 기득권, 과도한 탐욕이 청산되어야 합니다. 정의의 문제는 진보·보수 이전의 문제입니다. 보수도 공정경쟁 등 정의의 문제에 큰 가치를 두고 있지 않습니까? 그 부분에 가치를 두고 있지 않기 때문에 저는 이명박 정권과 한나라당은 보수도 아니라고 봅니다. 그런 정의는 반드시 실천되어야 합니다. 노무현 전 대통령이 부르짖은 특권과 반칙 없는 나라를 만들어야 합니다.

나아가 1차적 분배, 시장에서의 분배가 아주 공평하게 잘 이뤄져야 합니다. 대한민국이 무슨 극단적인 악다구니 경제도 아니고……, 승자만이 모든 것을 다 갖고, 꼴찌뿐 아니라 2등도 잘 기억하지 않는 사회는 안 됩니다. 많은 분이 승자가 되기 위해 정글과도 같은 무한경쟁을 벌이는데, 또 그 경쟁은 공정하지도 않습니다. 벌거벗은 만인이 만인에 대한 투쟁과 같은 경쟁을 벌이고 있는데, 기본적으로 그것을 바꾸자는 것입니다. 독점과 탐욕이 판치는 세상이 아니라 건강하고 부지런하고 선량하고 정직하고 능력 있는 사람이 잘 사는 나라를 만들어야 합니다. 이게 정의고 개혁입니다. 재벌개혁, 언론개혁, 검찰개혁, 조세개혁, 경제개혁……. 시간적인 순서가 있다고 생각하지는 않지만, 논리적 구조로는 선先정의라고 생각합니다. 정의 없이 복지가 가능하겠습니까?

복지는 모든 국민이 인간다운 생활을 하는 물질적 조건을 공동체가 보장하자는 것입니다. 1차 분배 부분이 지금처럼 극단적으로 정의로부터 멀어져 있는 상황에서 2차 분배적 요소만으로 실제 복지사회로 갈 수 있을까요? 그건 재원에서도 어렵고, 담론에서도 그렇습니다. 재벌들이 엄청난 돈을 갖고 있고, 언론이 선전수단을 갖고 있습니다. 이명박 정권이 방송을 다 장악하고, 조중동 종편을 만들었습니다. 이 구조를 해소하지 않고 우리가 국민에게 복지가 옳다고 설득할 수 있겠습니까? 이런 점에서 정의의 문제, 개혁의 문제가 논리적으로 선행되어야 한다고 전 믿고 있습니다.

김윤태 지금 핵심은 보편적 복지와 선별적 복지를 둘러싼 논쟁입니다. 그 부분에 대해서는 어떤 의견을 갖고 계십니까?

천정배 궁극적으로 보편적 복지로 가야 합니다. 모든 국민이 중산층 정도의 삶을 살 수 있도록 해야 합니다. 선별적 복지는 복지를 국민의 관심에서 멀어지게 만들기 때문에 질 높은 복지를 어렵게 합니다. 의료 문제를 봐도 말로는 무상의료 혜택을 받지만 실제 의료서비스의 질이 그렇게 되고 있지 않습니다. 보편적 복지가 옳다고 생각합니다. 하지만 막대한 재원이 필요하니까 우선순위도 생각해야 합니다. 당장 복지의 사각지대에 있는 사람들이 엄청나게 많습니다. 1,000만 명이 빈곤층이라고 하지 않습니까. 연휴 기간 중 한 시나리오 작가가 굶어 죽었는데 우선 그런 문제부터 해소해가면서 시간을 두고 가야 한다고 봅니다.

김윤태 한나라당이나 일부 언론에서는 세금 폭탄론을 이야기합니다. 증세가 기업에 부담을 주고 결국에는 복지병이 생길 것이라는 논리로 포퓰리즘이라는 비난도 있습니다. 증세에 대한 입장은 어떤지 말씀해주세요.

천정배 한나라당 탐욕 세력, 반복지 세력이 주장하는 '포퓰리즘'이라는 주장에는 일고의 가치도 없다고 생각합니다. 그 쪽에서도 복지를 이야기하지

“국민은 이미 탐욕세력으로부터 마음이 떴지만 새로운 수권세력을 찾지 못하고 있습니다. 어떤 일이 있어도 새로운 수권정당으로 거듭나 정권을 찾아 와야 합니다. 엄밀하게 말하면 2012년 총선 승리가 아니라 대선 승리가 최종 목표입니다. 야권의 잠재력이 있는 좋은 정치인들이 각자 개인적으로도 헌신하고 노력하고 있지만, 당이나 야권 세력 전체에서도 많은 인물들이 서로 경쟁해가면서 함께 커 가야 합니다. 그 중에서 우뚝 서는 주자가 나와서 집권할 수 있는 시스템과 관행과 자세를 갖춰야 합니다.”

않나요? 여당 대표도 70퍼센트 복지를 이야기하고, 모 대권주자도 맞춤형 복지를 말하고 있습니다. 하지만 거짓 복지라고 할까요, 말은 복지지만 실제로는 복지 의지가 없어 보입니다. 속임수를 내세우니까 그들 이야기가 포퓰리즘 아닌가요?

우리 내부의 논쟁에 대해선 이런 생각을 갖고 있습니다. 한 쪽에서는 "증세 없이 보편적 복지를 하겠다" 하고, 다른 쪽은 "복지는 세금"이라고 하는데, 전 둘 다 옳지 않다고 생각합니다. 서로 다른 차원의 말을 하면서 마치 내가 옳다, 네가 옳다고 하는 것처럼 보입니다. 우리의 목표는 보편적 복지입니다. 그것을 위해선 재원이 있어야 합니다. 모든 국민에게 중산층의 삶을 보장하는데 어떻게 지금처럼 GDP의 8~9퍼센트 수준의 복지예산으로 가능하겠습니까? 선진국처럼 30퍼센트까지는 아니라도 지금보다 2~3배의 복지예산이 요구되는데, 그 점에 있어선 증세가 필요하다고 생각합니다.

그러나 당장 증세를 하자는 말과는 좀 다릅니다. 논리적인, 시간적인 순서가 있어야 합니다. 보편적 복지는 앞으로 1년, 2년, 5년, 15년 등 중장기적인 목표가 계획을 갖고 재원조달 방안을 만들어 점차적으로 실현해야 할 궁극적 목표입니다. 지금은 당장 할 수 있는 것들을 하면서 접근해야 합니다. 지금도 현행 제도 내에서 제도의 혜택을 받지 못하는 사람이 수없이 많습니다. 이론상으로는 모든 국민이 4대 보험의 혜택을 받도록 되어 있지만 실질적으로는 4대 보험의 사각지대가 수십 퍼센트 수준입니다(우리나라 전체사업체의 근로자 83퍼센트, 5인 미만의 영세사업장 근로자 25퍼센트, 5~9인 영세사업장 근로자 50퍼센트가 4대 보험 적용을 받지 못하고 있다). 그것을 먼저 해결하는 게 중요합니다. 그것은 결국 앞서 이야기한 정의로운 법집행만으로도 해결될 수 있습니다.

한국사회는 시장에서 세금을 빼먹는 사람이 빼먹지 않으려는 사람보다 유리하다고 합니다. 어떤 사람이 탈세를 하다가 발각될 가능성이 50퍼센트라고 가정해 보면 나머지 50퍼센트는 그냥 넘어 갑니다. 그런데 발각된 이후에는 원래 내야 할 세금보다 10~20퍼센트만 더 내면 됩니다. 110~120퍼센트 세금을 내든지, 아니면 0퍼센트의 세금을 내든 지의 문제입니다. 그 기댓값을 감안하면 탈세가 더 유리해집니다. 그것을 하지 못하게 해야 합니다. 탈세하면 더 손해를 보도록 해야 하고 발각이 되면 110~120퍼센트가 아니라 200퍼센트의 세금을 부과해야 하고 재벌이나 고소득자들이 세금을 빼먹으면 형사처분해야 합니다. 저는 결코 법 만능주의자는 아니지만, 그것은 화이트칼라 범죄입니다. 세금 빼먹으면 징역 10년이라고 하면 금방 해결됩니다. 탈세도 막고, 여러 세원도 확보할 수 있습니다.

삽질예산 등 지출구조의 개혁도 있어야 합니다. 매년 예산이 5퍼센트는 증가하지 않습니까. 그 증가분을 우선 복지예산에 중점적으로 투입해야 합니다. 그럼 다른 분야를 크게 고치지 않고도 복지예산의 증액이 가능해집니다. 매년 1퍼센트 포인트씩을 늘린다면 10년 정도면 GDP 대비 18퍼센트입니다. 그것을 우선 하고, 마지막에 붙여야 할 것이 세금입니다.

김윤태 그럼 부유세 논쟁에 대해선 어떻게 생각하십니까?

천정배 여러 가지 자산소득, 부동산소득에 대한 세금을 강화해야 한다는 생각인데. 여기에는 부유세의 측면도 있습니다. 주가 총액이 대략 1,000조 원입니다. 하지만 주식 차익에 대한 개인 세금은 없습니다. 부유세라고 부르고 싶진 않지만, 그것은 부유세적인 요소입니다. 조세체계도 누진율을 강화하고 소득세 상위 구간을 촘촘하게 만들어야 합니다. 소득 8,800만 원 이상은 35퍼센트로 고정돼 있는데, 이 최고구간과 최고세율을 훨씬 높여야 합니다. 1년에 1,000억 원 버는 사람은 한 500억 원의 세금을 내도록 해야 합니다. 빌게이츠나 워렌 버핏은 그렇게 하고 있는 것 아닌가요? 국세청이 노력하면 상속세나 증여세도 제대로 받을 수 있는데, 몇 조 원대 재산을 상속하고 한 푼도 안 내고, 이건희 회장은 막대한 돈을 차명재산으로 물려받아 한 푼도 안 냈고, 이재용 등 자식들은 에버랜드 사건 등 머리 좋은 조작을 통해 불과 16억 원의 세금을 내고 몇 조 원대 재산을 이미 상속했습니다.

세목 신설보다 이것을 먼저 해야 합니다. 훨씬 더 누진구조를 강화하고 목적세로서의 사회복지세를 소득세의 10퍼센트 수준으로 덧붙이는 등의 방식으로 재원을 마련해야 합니다. 손상익하損上益下라는 말이 있는데, 상류층은 손해를 보도록 하고, 하류층은 이익을 보게 만든다는 뜻입니다. 우리 안산이 자랑하는 실학의 선구자, 성호 이익 선생의 말씀인데 성호 사상의 핵심이 바로 손상익하입니다. 더 많은 재산을 가진 사람들이 단순히 시혜를 베푸는 문제가 아닙니다.

솔직히 말하면 민주당은 어떤 복지를 먼저 할 것인지, 어떤 식으로 배분할 것인지 아주 정밀한 청사진을 아직 완비하지는 못했습니다. 그래서 돈이 얼마나 들지도 분명하지 않습니다. 그런 상황에서 '증세 없는 복지'라든가, '복지는 증세'라든가 하는 것은 소모적인 내부의 논쟁일 수 있습니다.

김윤태 지금은 증세냐, 감세냐를 양자택일하는 게 아니라 우선 부자감세의 철회 등 조세구조의 개혁을 통해 세원을 확대하자는 주장으로 해석됩니다.

천정배 법률가들 용어 중에서 '라스트 리조트last resort'라는 말이 있는데 증세가 바로 라스트 리조트입니다. 이거저거 다 해보고 마지막에 기댈 수단이 바로 증세라는 말인데요. '복지는 세금'이라는 말부터 먼저 들고 나오면 정치적으로도 과도한 경계심을 일으킨다는 것입니다. 선대인 씨가 쓴 『프리라이더』에 50, 50 이야기를 하는데 재미있었습니다. 지금의 예산구조에서 현재 체제 내에서 세원 발굴로 50조 원을 확보하고, 지출구조 개혁으로 50조 원을 확보한다는 이야기인데, 그렇게 하면 당장 100조 원의 세금이 생긴다고 합니다. 대학생 전체 등록금을 면제하려면 10조 원이 든다는데 이 돈이면 무상교육도 당장 실현할 수 있다는 것입니다.

민주당이 70퍼센트를 내주더라도 통합하라던 DJ 말씀처럼

김윤태 결국 민주당이 '보편적 복지'를 제기하면서 진보정당과의 연대나 통합에서 걸림돌이 되었던 신자유주의 논쟁, '진짜 진보' 논쟁도 결이 많이 달라졌다고 봅니다. 총선과 대선을 앞두고, 야권연대에 대한 여러 주장도 제기되고 있지만 당장은 4월 재보선이 열리지 않습니까.

천정배 내년 총선도 중요하지만, 다가오는 4.27 재보선에 대해서도 각 당의 입장이 상당히 어긋나고 있는 게 사실입니다. 민주당도 내부 논의 중이지만, 무조건 다 내주고 분당만 출마하겠다고 할 수는 없지 않겠습니까? 그런 면에서 서로 긴밀하게 협의하면서 가야 한다고 봅니다. 김대중 전 대통령이 말씀하신 것처럼 민주당으로서는 70퍼센트를 내주더라도 합치라는 정신을 가져야 한다는 생각입니다.

또 한편으로 민주당 밖에서도 미안한 말입니다만 무임승차나 알박기 등을 넘어서는 자세를 가져야 한다고 봅니다. 모두가 헌신하는 자세를 가져야 하는데 늘 한탄을 합니다. 김대중 같은 지도자가 있으면 딱 정리를 해줄 텐데, 그런 지도자가 없으니 집단적으로 여러 세력이 성공해내기가 보통 어려운 게 아니다 싶습니다. 그래서 100만 민란 운동에 주목하고 있습니다. 100만 명의 민주시민이 모여서 압력을 넣을 수 있는 국민적 힘을 만들어 주시기를 바라고 있습니다.

김윤태 현실적으로 야권연합이나 연대, 통합에 가장 어려운 점은 뭔가요? 조승수 대표는 "비정규직 철폐에 동의하지 않으면 함께할 수 없다"고 했습니다.

천정배 민주당도 비정규직 제도를 선호하는 정당이 아닙니다. 어떻게 하든 해결해야 한다는 생각을 갖고 있고 민주당과 다른 정당의 거리가 정책적으로 그렇게 멀지 않습니다. 그 점에도 역시 호혜적인 자세, 대범한 자세를 가져야 합니다. 아무리 노력해도 진보신당이 독자적으로는 비정규직 문제를 해결하기 어렵습니다. 민주당과 힘을 합쳐서 정책적으로도 그렇고 정권도 되찾아야 합니다. 그것이 길이라고 생각합니다. 오히려 정책 문제는 더 쉬워 보입니다만, 결국 문제는 정치적 지분으로, 총선에서의 단일화, 누가 후보가 되느냐의 문제 아니겠습니까? 그게 난젠데, 될 거냐, 말 거냐……. 정말 돼야 합니다. 안 되면 가망이 없습니다.

김윤태 만약 실패할 경우 민주당과 진보정당 양쪽 다 공멸할 가능성까지 있다고 보십니까?

천정배 실례되는 말씀입니다만, 어차피 다른 정당은 거의 지역구 의석이 없지 않습니까? 진보신당 1석, 민주노동당은 2석입니다. '내년 총선 각자 뛰어도 그만'이라고 생각한다면 모르지만, 총선에서 한나라당을 심판해야 한다는 게 전략적 목표라면, 분열해선 어림도 없다고 생각합니다. 제 지역 안산만 해도 3년 전 총선 때 굉장히 어려웠습니다. 제가 한나라당 후보를 7.1퍼센트 포인트 차이로 이겼고 민주노동당 후보가 마찬가지로 7.1퍼센트를 얻었는데, 산술적으로 민주노동당 표를 흡수했다면 14퍼센트 이상 차이로 이기는 상황이었습니다. 저는 그래도 이기긴 했지만, 지금 수도권은 2~3퍼센트 포인트, 기백표 차이의 극히 미세한 경쟁을 하고 있습니다. 대략 5퍼센트를 누가 가져가면 어떻게 되겠습니까? 다른 정당들을 모두 합해 보면 10~15퍼센트 정도가 민주당 밖에 있습니다. 과연 그것을 접어주고 수도권에서 승리할 후보가 몇이나 있을까요?

민주당 밖에서도 절실한 과제입니다. 연대해서 나간다면 진보정당 후보도 지역구 의석을 가질 수 있고, 이는 각 정파의 입장에서도 호혜적이라고 봅니다. 문제는 개별 정치인의 이해관계가 엇갈리는 것인데요. 이것을 어떻게 집단적인 이성으로서 해결하느냐의 문제가 있습니다. 그래서 DJ 생각이 납니다. 그만한 힘이 없으니까요. 그래서 민란과 같은, 아래로부터의 강력한 압박이 필요하다는 생각이고, 또한 내부 반발을 잠재울 강력한 지도력을 갖고 가야 한다고 봅니다.

김윤태 개인적인 질문을 드려보겠습니다. 대선주자로서 기대하는 분들도 많으신데, 어떤 국가를 만들어야 한다고 생각하시는지 그 비전을 듣고 싶습니다.

천정배 앞서 말씀드렸듯이 정의로운 복지국가를 만들어야 합니다. 거꾸로 말하면 탐욕, 독점이 판치는 그들만의 세상을 확실하게 마감해야 합니다. 그래서 정의와 복지 양쪽을 강조하는 것입니다. 중장기적으로는 확신하지만, 안타깝게도 당장의 전망은 그리 밝지 않습니다. 국민은 이미 탐욕세력으로부터 마음이 떴지만 새로운 수권세력을 찾지 못하고 있습니다. 어떤 일이 있어도 우리 자신이 새로운 수권정당으로 거듭나 정권을 찾아 와야 합니다. 엄밀하게 말하면 2012년 총선 승리가 아니라 대선 승리가 최종 목표입니다. 야권의 잠재력이 있는 좋은 정치인들이 각자 개인적으로도 헌신하고 노력하고 있지만, 당이나 야권 세력 전체에서도 많은 인물들이 서로 경쟁해가면서 함께 커 가야 합니다. 그 중에서 우뚝 서는 주자가 나와서 집권할 수 있는 시스템과 관행과 자세를 갖춰야 합니다. 그런 점에서 저도 큰 사명감을 느낍니다. 제가 유일대안이라고 소리칠 수 있는 처지가 아니지만, 저도 사력을 다해서 정권교체를 성공시킬 수 있는 인물이 되고자 할 것입니다. 그렇게 하는 일이 현재 우리 민주당, 전체 야권, 대한민국이 미래를 향해 발전하고 정의로운 복지국가로 나아가기를 열망하는 많은 분에게 도움이 되는 일이라고 확신하고 있습니다. 열심히 뛰겠습니다.

김윤태 바쁘실 텐데, 긴 시간 얘기 감사합니다.

07;

세금부터 올리자는 주장, **바보스러운 접근**

정세균

민주당 최고위원

산업자원부 장관 출신에 당 대표를 세 번이나 역임한 정세균 최고위원, 그는 기업인 출신이다. 그래서 그런지 보수적일 것이라는 느낌을 준다. 실제로 그는 맡은 역할 속에서 비교적 보수적인 스탠스를 유지해왔다. 그런 그가 이미 2008년에 『질 좋은 성장과 희망한국』이라는 책을 통해서 '공동체 복지'를 주장했었다는 사실은 사람들을 놀라게 한다. 그가 이미 몇 년 전에 복지를 강조했다는 말에 대부분의 사람들은 "정말?"이라고 반문한다.

그러다가 그가 '기초생활보장제도'를 만든 당사자라는 말이 나오면 사람들은 "어 그래? 몰랐네"라고 한다. 그런 점에서 정세균 최고위원은 1996년 정치 입문 이래 중요한 역할을 많이 해온 것에 비해 대중에게 잘 알려져 있지 않은 인물이다. 이번 인터뷰는 복지와 야권연대 문제에 대해서 정세균이라는 정치인이 과연 어떤 생각을 하고 있는지 잘 드러내주고 있는 인터뷰이다. 결론부터 말하자면 정세균 최고위원은 복지국가 정치동맹에 기꺼이 참여해야 할 '복지파' 정치인이다.

그는 최근 한국사회를 강타하고 있는 복지담론을 '환영한다'는 표현으로 긍정하고 있다. 왜냐하면 그 자신이 이미 오래 전부터 '공동체 복지'라는 복지담론을 내놓고 주장해왔기 때문이다. 게다가 그는 이미 김대중 정부 시절부터 여당과 정부에서 구체적인 정책을 다뤄 온 사람이다. 그러니 약간은 '전문성'이 필요한 복지담론의 확산이 싫을 리가 없다.

정세균 최고위원은 경영인 출신이고 정책통이기 때문에 그런지 몰라도 '복지국가'라는 말을 그다지 잘 쓰지 않는다. 상대적으로 신중한 편인데 그렇다고 해서 대충 복지를 확충하는 선에서 타협하자고 하는 것은 아니다. 그도 '복지국가'에 찬성한다. 다만 단계적으로 나아가야 한다고 믿는 것이다. 그는 "미국은 아니다"라고 했다. 그러면서 동시에 "유럽은 너무 멀다"고 말한다. 그의 인식을 잘 드러내주는 말이다. 그 중간 어딘가에 한국적 모델이 있다는 것이다.

이야기를 잘 들어보면 그는 실용주의자인데, 그럼에도 불구하고 그는 민주당이 내놓은 '3무 1반' 정책에 대해 부족하다고 말한다. 일자리와 주거를 더해 '5무 1반'이 되어야 한다는 것이다. 급진적인 사고를 하고 있는 것이다. 그러면서도 그는 '3무 1반' 정책 추진에 앞서 우선 4대 보험의 사각지대 해소와 국민기초생활보장법과 기초노령연금에 의한 공적 부조를 좀 더 내실화하는 것이 중요하다고 강조한다. 현실적인 사고인 것이다. 그는 두 가지 면을 다 갖추고 있다.

그는 우리나라의 복지예산 비율이 GDP 대비 8~ 9퍼센트 수준에 머무르고 있는데 스웨덴 같은 나라에는 못 미치더라도 OECD 평균 수준인 21퍼센트까지는 되어야 한다고 생각한다. 그는 '당위'라고 표현했다. 당연히 그래야 한다는 뜻이다. 그러면서도 그는 '증세' 이야기를 함부로 해서는 안 된다고 주장한다. 상대적으로 쉬운 방법, 즉 부자감세만 철회해도 복지정책으로 실현할 수 있는 상당한 재원이 마련될 수 있다는 것이다. 정세균 최고위원은 '종부세의 실패'를 되풀이해서는 안 된다고도 말한다. 좋은 일을 하려는 데 그치지 말고 그 일을 어떻게 성공적으로 추진할 수 있을지 좀 더 현명해져야 한다는 취지다. 그가 어떤 사람인지 알 수 있는 대목이다.

정세균 최고위원은 김대중-노무현 정부에서 나름 요직을 두루 거쳤다. 그런 그에게 두 정부에 대한 평가를 묻는 것은 어쩌면 싱거운 짓일 수 있다. 그럼에도 불구하고 두 정부에 대한 평가는 미래에 대한 이야기를 하기 위해 꼭 필요하다. 그는 가장 가슴

아픈 점으로 비정규직 양산 문제를 꼽았다. 혹자에 따르면 비정규직 인구가 8백만 명이 넘었다는 말도 있는데, 다 두 정부 시절 늘어난 숫자다. 그는 여기에 대해서는 "비판을 받아도 할 말이 없다"는 입장이다. 잘못을 인정하는 것이다.

야권연대 문제에 대한 정세균 최고위원의 인식은 명쾌하다. "어떤 식으로든 총선 전에" 통합해야 한다는 것이다. 통합을 못하면 역사적인 책임을 져야 한다고까지 말한다. 그는 민주당과 진보정당들이 함께 하지 못할 이유가 전혀 없다고 주장한다. 그러면서 지난 2010년 6.2 지방선거 예를 들었는데 그의 말을 그대로 옮기면 이렇다. "연대에 참여했던 정당 가운데 혼자 손해 본 경우는 하나도 없다"는 것이다. 그런데도 안 하겠다고 하면 바보라는 것이다. 그의 말대로라면 정책적 차이가 거의 없는 현재의 야권은 하루라도 빨리 통합해야 한다. 그리고 그 힘으로 한나라당을 이기고, 복지정책의 획기적인 진전을 이뤄야 한다. 정세균 최고위원은 확실히 '복지파'가 맞다.

정세균(丁世均)

1950년 전북 진안 출생
1969년 전주 신흥고등학교 졸업
1975년 고려대학교 법과대학 법학과 졸업
1990년 미국 페퍼다인 대학 경영학 석사(MBA)
2004년 경희대학교 경영학 박사
2006년 산업자원부 장관
2007년~08년 열린우리당 당의장
2008년~10년 민주당 당대표

현 | 18대 국회의원(진안무주장수임실군·4선), 민주당 최고위원
저서 | 『정세균이 바라보는 21세기 한국의 리더십』(2002), 『나의 접시에는 먼지가 끼지 않는다』(2007), 『질 좋은 성장과 희망한국』(2008), 『정치에너지』(2009) 등

김윤태 최근 '국민시대'라는 싱크탱크 준비위원회 발족식에서 '공동체 복지'라는 개념을 소개하셨습니다. 최근 정치권에서 벌어지고 있는 복지 논쟁을 어떻게 보고 계십니까?

정세균 복지담론이 이렇게 활기를 띄리라고는 기대하지 못했고, 역시 손바닥은 부딪혀야 소리가 난다는 걸 다시 깨달았습니다. 지난 2008년 『질 좋은 성장과 희망한국』이라는 책을 출간했는데, 당시 '공동체 복지'를 하나의 챕터로 만들어 나름의 제 생각을 개진했지만 그때는 아무도 거들떠보지 않았습니다. 18대 국회에서도, 민주정부 10년에도 불구하고 국민의 삶의 질 향상이 미흡하고 양극화가 심화되는 것에 대한 반성으로 복지 수준이 향상돼야 한다고 여러 번 얘기했습니다. 민주당이 지금의 3+1(무상급식, 무상보육, 무상의료+반값 등록금)을 내놓은 것도 제가 당 대표였던 2010년 정기국회 때였습니다. 그동안 아무도 경청하지 않더니 박근혜 전 한나라당 대표가 '한국형 복지'를 얘기하면서 담론이 됐습니다.

연유야 어쨌든 복지국가라는 우리의 이상을 향해 가는 과정에서 복지 수준을 획기적으로 높이는 것이 당면한 우리 과제라면 최근의 현상은 매우 바람직하다는 생각입니다. 유시민 전 보건복지부 장관이 민주당의 복지를 비판하는 것도 환영합니다. 선수가 뛰어들어 담론을 더 활성화시키는 것은 매우 좋은 일이고, 그것이 복지를 하지 말자는 것만 아니라면 적극적으로 논쟁에 동참할 생각입니다.

김윤태 말씀하신 '공동체 복지'란 구체적으로 무엇인가요? 복지국가를 의미하는 것입니까?

정세균 저는 복지를 그 자체로만 얘기할 게 아니라 교육과 노동, 조세정책, 재정정책, 심지어 산업정책과도 연결되어야 한다고 봅니다. 과거 우리나라에는 국가에 의한 복지는 없었고 그야말로 가족복지뿐이었습니다. 산업화 과정에서는 기업이 복지를 맡았죠. 그런데 지금은 대기업 정규직을 빼고는 이런 기업복지 혜택을 받지 못하고 있습니다. 결국 그 역할은 국가가 해야 합니다.

1980년대, 미국에서 공부할 때 대학도서관에서 충격을 받은 적이 있었는데, 인권을 정의하면서 "사람은 태어나면 의식주의 권리를 가지고 태어난다"고 적혀 있는 액자를 보고나서였습니다. 당시에는 '이상'이라고 생각했고 우리와 너무 동떨어진 얘기라 여겼습니다. 당시 우리에게 복지는 '시혜'지 '기본권'이라는 생각은 상상도 할 수 없었습니다. 예를 들어 그 시절 우리 할머니들은 거지들이 동냥을 왔을 때 연세가 많거나 장애가 있거나 한 분들에게는 쌀 한 줌을 내주었지만, 젊고 건장한 사람이 오면 쌀 한 줌은커녕 호통을 치며 쫓아 보냈습니다. 일할 수 있는 사람이 빌어먹는 것을 인정할 수 없었던 것이지요. 그만큼 기본권에 대한 시각차가 컸던 것 같습니다. 당시 미국의 국민소득이 지금 우리나라 정도였습니다. 이제 우리도 국가가 최소한의 의식주를 책임지는 복지국가로 가야 합니다.

한나라, 포퓰리즘 공세보단 물타기가 낫다

김윤태 민주당이 강령에 보편적 복지를 넣었고, 최근의 복지담론도 주도하고 있습니다만 한나라당은 이를 놓고 '복지 포퓰리즘'이라고 비난합니다. 이에 대한 생각을 듣고 싶습니다.

정세균 진정성이 없으면 포퓰리즘이라 비판받을 수 있습니다. 표만 얻으려 하고 실천할 노력이 진지하지 못하다면 포퓰리즘입니다. 그러나 복지에 대한 민주당의 시각은 일대 변동이 오고 있으며, 민주당 내의 이른바 '중도보수' 인사들도 이제는 '사회적 갈등을 줄이고 국가경쟁력을 강화하기 위해서라도 복지 수준을 높여야 되겠구나'라고 생각하고 있습니다. 그것을 놓고 포퓰리즘이라는 주장은 자신들의 정책과 다르다고 폄훼하는 잘못된 태도입니다. 오히려 한나라당도 현실을 인정하고 복지 논쟁으로 들어오는 것이 그들의 미래를 위해서도 더 낫다고 봅니다.

박근혜 대표의 선별적 복지도 사실 과거 한나라당 주장에 비해서는 매우 진보된 입장 아닌가요. 정두언 의원 등 젊은 의원들도 마찬가지구요. 전반적으로 한나라당도 과거의 '잔여적 복지'에서 '선별적 복지' 수준까지는 와 있는 걸로 보입니다. 그렇다면 한나라당도 차제에 물타기를 하는 것이 낫다고 봅니다.

우리나라 복지 수준이 경제협력개발기구(OECD) 평균에도 미치지 못하는 한 자릿수 지출인데 그것을 고수한다는 것은 바보 같은 짓입니다. 저출산은 특히 심각한 문제 아닌가요. 2002년 대선에서 노무현 전 대통령이 "낳기만 하세요. 국가가 키워주겠다"고 약속했고, 노무현 정부 5년 동안 보육예산을 나름대로 많이 늘렸지만 아직도 저출산을 면치 못하고 있는 현실입니다.

한나라당은 지금 '포퓰리즘'이라고 민주당을 비판할 것이 아니라 코페르니쿠스식의 전환을 해야 합니다. '군자표변君子豹變'이라는 말도 있지 않습니까. 자신이 잘못된 것을 느끼면 군자는 바로 입장을 바꿀 수 있어야 합니다. 보편적 복지라는 시대적 대세에 동승하는 것이 지금 대통령과 한나라당이 살 길입니다.

돈 먼저 내라는 건 아주 바보스러운 접근

김윤태 민주당이 내놓은 무상급식, 무상의료, 무상보육정책을 둘러싸고, 최근에는 재원에 대한 내부 논쟁이 한창일 걸로 알고 있습니다. 정동영 최고위원은 부유세를 주장하고 손학규 대표는 증세 없이도 가능하다고 하시는데, 복지재원 마련에 대한 정세균 최고위원의 생각을 듣고 싶습니다.

정세균 사실 민주당이 현재 제시한 패키지는 좀 문제가 있다는 생각입니다. '3무 1반'에 앞서 우선 4대 보험의 사각지대를 해소해야 합니다. 그리고 국민기초생활보장법과 기초노령연금법에 의한 공적부조를 좀 더 내실화하는 게 중요하다고 봅니다. 그러고 나서 3+1이 되어야 하는데, 이 역시 일자리와 주거를 포함시켜 5+1이 돼야 합니다. 이 모든 것을 모아 '종합선물세트'를 만들어야 하는데 지금 민주당의 제시는 그 가운데 한 부분에 불과하다는 생각을 갖고 있습니다. 만일 민주당이 충분한 시간을 가지고 이런 문제를 심도 있게 논의했더라면, 포퓰리즘이라는 비난도, 구호에 그친다는 비판도 받지 않을 수 있는 정책 패키지를 제시할 역량이 있는데 그 점이 안타깝습니다.

좋은 정책을 펴려면 돈 없이는 당연히 안 됩니다. 그러나 돈 먼저 내라고 하면 못합니다. 물건을 교환할 때도 내 것을 먼저 받으려고 하지 자기가 먼저 주려 하지 않습니다. 그래서 복지를 먼저 향유하게 해야 하고, 복지가 사회갈등도 치유하고 국가경쟁력도 높이는 것이라고 느끼게 하면, 부자든 가난한 사람이든 부담을 지는 것을 주저하지 않을 것입니다. 그런데 무엇을 할 것인지도 확정되지 않고 국민적 공감대도 이뤄지지 않은 상태에서 돈 더 걷자고 하면 당연히 저항이 만만치 않을 것입니다.

김윤태 증세에는 반대 입장이신가요?

정세균 아주 바보스러운 접근 아닌가요? 부유세가 일부 부자들만 해당된다고 조세 저항이 없으리라는 생각은 착각입니다. 부유세 성격이 있는 종합부동산세가 결국 어떻게 됐나요? 박근혜 대표가 '세금폭탄'이라고 이름 붙이면서 이후 모든 선거에서 계속 졌습니다. 굉장한 출혈을 했는데 결국 종부세 자체가 형식뿐이고 가치나 의의가 없어져 버렸습니다. 비슷한 혹은 똑같은 실수를 되풀이하는 것은 세상의 웃음거리가 되는 것입니다.

또 가까운 길이 있는데 왜 돌아서 가나요? 당장 부자감세만 철회해도 5년 동안 90조 원이라는 대단한 재원이 만들어집니다. 물론 앞서 말한 복지 종합선물세트를 하려면 큰돈이 들어갑니다만 일단 부자감세 철회부터 시작하자는 것입니다. 박근혜 전 대표에게 '부자감세 철회에 동의하냐'고 자꾸 물어야 합니다. 민주당의 힘만으로는 안 되는 일이니 그렇습니다. 감세정책을 철회하고 이런저런 씀씀이도 줄이고 조정하고, 세원 포착도 해서 조세정책과 재정, 예산정책만 합리화해도 상당한 재원이 마련됩니다.

복지정책을 순차적으로 진행해야 하는 것은 꼭 돈 때문이 아닙니다. 돈이 있어도 행정 능력이 뒤따르지 못한다면 하루아침에 모두 실행할 수는 없단 얘깁니다. 그러니 돈도 만들 수 있는 것부터 하면 조세 저항도 안 생기는데, 수순이 잘못되면 될 일도 망칠 수 있으니, 지혜롭게 해야 합니다.

김윤태 장기적으로는 우리나라의 GDP 대비 복지예산 비율을 현재 8퍼센트 수준에서 OECD 평균인 21퍼센트까지 올려야 한다는 데 동의하시는지요?

정세균 그렇습니다. 물론 OECD 중에서도 스웨덴이나 북유럽 수준까지 올리는 데는 매우 긴 시간이 걸릴지도 모릅니다. 또 각 나라마다 특성이 있다 하더라도 OECD 평균은 돼야 한다는 것은 '당위'입니다. 논란 없이 거기까지는 가야 합니다.

김윤태 혹시 자신의 복지국가 구상에서 참고하고 있는 외국의 모델이 있습니까?

정세균 미국에서 9년 동안 공부했는데 1982년 당시에는 미국의 복지 수준조차 부러웠습니다. 지금 생각해보면 의료보험은 참 형편없는 수준이었는데……. 유럽은 의료도 공공이 중심이고 영리법인은 아주 작은 수준인데 미국은 아닙니다. 우리가 미국을 복지국가의 모델로 생각할 순 없다는 얘깁니다.

유럽은 한국사회와 격차가 너무 큽니다. 정부에서 일할 때 정상회담 수행원으로 가서 얘기를 들어보니 교육제도, 복지제도 모든 면에서 우리와 너무 차이가 많았습니다. 우리는 언제 저기까지 갈까 싶을 정도였습니다.

결국 우리 실정에 맞는 모델을 만들어내는 것이 바람직하지 않을까 싶습니다. 개인적으로는 '한국형'하면 예전 박정희의 '한국형 민주주의'가 떠올라 이유 없는 거부감이 있습니다. 당시 '한국형 민주주의'란 결국 '사이비 민주주의'였기 때문입니다. 그러나 특정 국가를 모델로 해서 추종하기보다는 우리 지식수준이나 학문적 능력을 활용해 다른 나라들의 장점을 잘 살리고 우리 특성을 반영하는 모델을 만들 수 있을 것으로 생각합니다.

민주정부 10년, 걷잡을 수 없이 늘어난 비정규직, 비판해도 할 말 없다

김윤태 김대중-노무현 정부의 복지정책에 대한 평가를 듣고 싶습니다. 진보진영 일각에서는 '신자유주의 정권'이었다고 비판하기도 합니다.

정세균 두 분 대통령을 모두 가까이서 모시고 일했는데 두 분 모두 앞서 나가시는 분들이었습니다. 김대중 전 대통령은 저보다 연세가 훨씬 많은데도 복지나 노동에 대한 철학과 입장을 접하면 저보다 더 진보적이어서 놀랄 때가 많았습니다. 1999년 국민기초생활보장법 제정 당시 제가 새정치국민회의 제3정조위원장으로 기획단 단장을 맡았는데, 당시 법은 당의 아이디어가 아니었습니다. 김대중 대통령이 '국민생활 기본선을 보장하는 법을 추진하라'고 주문했고, 당시엔 미국에서나 가능할 것 같았던 일이 한국에서도 도대체 가능하단 말인가? 새로운 세상을 만나는 기분이었습니다. 2000년 10월부터 4인 가족 기준 월 100만 원 가량을 보장하게 됐는데 제가 홍보를 하면서도 '진짜 되는 거야?' 할 정도였습니다. 노무현 전 대통령도 마찬가지입니다. 저는 공무원은 직장협의회 수준이면 된다고 생각했는데 노 전 대통령이 공무원 노조가 필요하다고 했습니다.

그럼에도 불구하고 민주정부 10년을 거치면서 양극화가 심화됐지만, 두 분

"당 대표를 2년 넘게 하면서 많은 선거를 치렀습니다. 공천도 해보고 연대테이블에도 나가 봤는데, 결국 중요한 것은 욕심을 부리지 않아야 합니다. 버릴 때는 과감하게 버려야 합니다. 그로 인해 책임을 져야 하면 지면 됩니다. 그 정도의 결단성과 과감성이 없으면 잘 안 됩니다. 정권교체, 의회권력을 교체하라는 국민의 열망은 하늘을 찌르는데 민주개혁진영이 거기에 부응하지 못한다면 이때의 정치 책임자는 이에 대한 역사적 책임을 져야 합니다."

대통령의 국정 철학의 잘못이라기보다는 그 시대적 상황이었습니다. 면책하기 위해서 하는 말이 아닙니다. 비정규직법도 차선이었습니다. 당시 열린우리당 원내대표를 하면서 그 법을 만들었는데 완벽한 것을 만들겠다면서 아무것도 안 만들면 욕은 안 먹는다, 면피는 된다. 그러나 욕을 먹더라도 실현 가능한 법을 만들자고 했습니다. 의석이 제한돼 있었고 일단 부족한 법이라도 만들어 놓고 개선하는 것이 옳다는 생각이었습니다. 지금도 우리가 실현 가능한 것부터 그때그때 해놓고 욕을 하면 욕을 먹어야 합니다. 과거사법도 마찬가지입니다. 누더기법을 만들었다고 욕을 많이 먹었지만 그때 안 만들었다면 조봉암 사건, 민청학련 사건도 해결되지 못했을 것입니다.

물론 정치는 결과가 중요합니다. 아무리 의도나 생각이 바르더라도 성과를 내지 못하면 의미가 없습니다. 탁월하게 진보적인 생각을 가진 두 대통령을 모시고 10년 집권했지만 여전히 채워지지 않은 부족함이 매우 많습니다.

김윤태 김대중-노무현 정부가 일정한 성과가 있었다고 평가하는 것으로 이해됩니다. 그렇지만 이 점은 참 부족했다는 것이 있다면 무엇인가요?

정세균 가장 아픈 점은 그럼에도 비정규직이 양산된 것입니다. 같은 사업장에서 같은 일을 하면서 임금은 반도 못 받는 일이 말이 됩니까? 그런 상태에서 어떻게 동료애가 나오고 신바람이 나겠습니까? 비정규직이 이 정도로 양산된 것은 두고두고 우리가 반성해야 하고 비판해도 할 말이 없습니다.

무리한 것도 제도화한 것이 굉장히 많았습니다. 국제통화기금(IMF)과 미국이 정리해고 법제화 등 노동유연성 확보를 강제했고, 미국도 별별 압력을 다 넣었습니다. 결국 지금에 와선 잘못된 정책으로 다 판명이 났지만, 당시엔 이렇게까지 건잡을 수 없이 비정규직 숫자가 늘어날 줄은 몰랐습니다.

정부 통계로 500만 명이 넘고 민주노총 통계로는 850만 명입니다. 우리가 경제성장을 대체 왜 하는가, 질 좋은 성장이 되어야 하고, 성장률이 중요한 게 아니고 내용이 중요합니다. 고용 있는 성장이 되어야 하고 균형 있는 성장이 되어야 합니다. 결국 이제는 우리가 주체적으로 감당해야 할 시대가 된 것 아닌가 싶습니다. 그때 우리는 일꾼의 하나로 일했지만 이제는 책임지고 결정하는 중심적 역할을 해야 하는 시대가 되었습니다.

의회권력 교체, 정권교체 열망에 부응하지 못하면 역사적 책임 면치 못할 것

김윤태 야권연대 얘기를 해보려고 합니다. 야권연대로 큰 성과를 냈던 지난 6.2 지방선거 당시 당 대표였습니다. 그런데 4월 재보선과 2012년 총선을 앞두고 야권연대의 전망이 어둡다는 지적이 있는데, 내년 총선과 대선에서도 야권연대는 필수적이라고 보십니까?

정세균 모든 문제를 일거에 해결하는 방법은 통합입니다. 통합이 되면 연대고 후보단일화고 필요 없습니다. 6.2 지방선거 때도 얘기했지만 통합이 최선이고 연대가 차선이고 단일화는 기본이고 분열은 최악입니다. 그런데 통합만 추구하다가 만일 안 되면요? 최선을 지향하지만 차선책도 현명하게 준비해 나가야 합니다. 당장 4.27 재보선 전에는 100퍼센트 통합이 불가능한 것 아닌가요? 그러니 재보선에서는 후보단일화를 해야 합니다.

2012년 총선 전에는 어떤 식으로든 통합을 추구해야 합니다. 그러기 위해서는 빨리 협상테이블이 열려야 합니다. 시간이 흐를수록 재앙이고, 시간이 흐르면 흐를수록 상황은 고착화됩니다. 정권교체, 의회권력을 교체하라는 국민의 열망은 하늘을 찌르는데 민주개혁진영이 거기에 부응하지 못한다면 이때의 정치 책임자는 이에 대한 역사적 책임을 져야 합니다.

김윤태 지난 2010년 민주당 전당대회 이후 연대연합위원회가 만들어졌지만, 별로 성과가 없다는 지적이 있습니다. 지금 당장 민주당이 야권연대 협상에 나서야 한다는 의견이신가요?

정세균 당 대표를 2년 넘게 하면서 많은 선거를 치렀습니다. 공천도 해보고 연대테이블에도 나가 봤는데, 결국 중요한 것은 욕심을 부리지 않아야 합니다. 버릴 때는 과감하게 버려야 합니다. 그로 인해 책임을 져야 하면 지면 됩니다. 그 정도의 결단성과 과감성이 없으면 잘 안 됩니다. 통합만 되면 사실 한나라당 하나도 안 무섭습니다.

비민주 통합, 억지로 결혼 못한다

김윤태 민주노동당과 진보신당 등은 민주당을 뺀 통합을 얘기하고 있고, 진보진영 일각에서는 신자유주의로 기울었던 민주당의 과거를 반성해야 한다고 지적합니다.

정세균 진보정당들이 결혼 안 하겠다는데 억지로 할 수는 없습니다. 이웃으로만 살자는데 집을 합치자고 아무리 한다고 되겠습니까? 그런데 어쨌든 진보정당도 죽이 되든 밥이 되든 빨리 했으면 좋겠습니다. 단일대오를 만들겠다면 좋겠는데, 시간이 없습니다. 지켜보는 제가 속이 탑니다. 가을 얘기가 나오던데 그렇게 되면 어려워집니다. 국민으로부터 호된 심판을 면치 못할 것입니다.

김윤태 진보진영이 먼저 통합하고 그 후에 민주당과 통합이든 연대든 해야 하니 시간이 없다는 얘기이신가요?

정세균 당장 지금부터 통합 논의를 하면 최선이지만 그쪽에서 응하지 않고 있습니다. 국민참여당은 제가 재작년부터 창당하지 말라고 했는데 결국 만들었고, 2010년에도 우리와 통합하자 했지만 안 들어줍니다. 그러나 지금 식으로 일여다야一與多野 구도가 고착화되고 이 상황에서 각개약진하면 모처럼 만들어진 정권교체의 분위기가 살아날 수가 없습니다.

김윤태 민주당이 먼저 한미자유무역협정(FTA), 비정규직 관련 입장을 명확히 바꿔야 한다는 지적도 있습니다.

정세균 그건 핑곕니다. 지난 지방선거에서도 정책 연합을 했고 거의 대부분을 합의했습니다. 비정규직 문제만 하더라도 생각은 같습니다. 그리고 방법론에서의 선명성보다 의회 권력을 잡는 것이 가장 빠른 길 아닌가요? 선명성 주장이야 제일 쉽습니다. 이래서 안 한다고 하면 쉽지만 그래선 안 됩니다. 한미 FTA도 이명박 정권이 재협상을 잘못해서 지금 민주당 당론이 '비준 반대'입니다. 이명박 정부가 해결해준 셈입니다. 우리 진영의 논란으로 보면 사실 차이라는 것이 거의 없다고 봅니다. 어느 신문을 보니 정동영 최고위원이 조승수 대표나 이정희 대표보다 더 왼쪽으로 분류돼 있더군요(웃음).

김윤태 가치 기준도 문제지만 규모의 격차도 문제라고 봅니다. 민주당이 당원 수도 많고 힘이 세니까 통합에 대한 두려움이 있는 것 아닐까요?

정세균 이래서 안 되고 저래서 안 되고, 안 되는 이유를 찾다 보면 역사적 죄인이 되고 맙니다. 지방선거에서 보지 않았나요. 연대를 하면 모두가 승자가 되고, 과거에 한 번도 기초자치단체장을 만들어내지 못했던 지역에서 단체장이 나왔습니다. 광역의원도 매우 어려운데 연대한 곳에서는 성공했고 이렇게 직접적인 수혜를 봤습니다. 연대에 참여했던 정당 가운데 혼자 손해 본 경우는 하나도 없었습니다. 그런데도 학습 효과가 없다면 그건 바보입니다. 다 같이 함께 죽자는 건가요?

김윤태 2012년 대선에서 연대를 통해 승리한다면 연합정부 구성도 할 수 있을까요?

정세균 당연합니다. 고양시가 그 사례 아닌가요. 인천의 경우도 당시 버스가 10대나 와서 중앙당을 점거할 만큼 지역위원장들 반발이 심했습니다. 그런데 상대가 너무 과욕을 부리면 안 됩니다. 서울과 경기가 (다른 정당이) 과욕을 부린 예인데, 그러면 실행이 쉽지 않게 됩니다. 인천은 합의하자마자 가지고 와서 최고위원회에서 통과시켰는데 서울, 경기는 중간에 말이 새나가니 도저히 감당이 안 됐습니다. 해당 지역위원장들도 총론은 찬성인데 우리 지역은 빼고 하라는 식이었습니다.

지방선거에 졌으면 정권교체 말도 못했을 것, 야권연대 죽을 각오로 해야

김윤태 총선은 지방선거와 달리 양보가 어렵다는 지적이 많습니다. 이 점에 대해 어떻게 생각하십니까?

정세균 그래서 제가 마음이 급합니다. 지난 전당대회에서 제가 '당 대표가 되면 1월까지 협상의 틀을 만들겠다'고 약속했습니다. 그런데 지금은 협상테이블도 열리지 않고 있습니다. 일단 만나야 연대든 통합이든 논의할 텐데……. 4.27 재보선보다 2012년 총선이 훨씬 중요합니다. 못 이기면 정권교체도 쉽지 않습니다. (야권연대를) 죽을 각오로 해야 합니다.

김윤태 민주당 대표를 오랫동안 맡아 오셨는데, 대표직 수행 시기를 지금 어떻게 평가하고 있으신지 듣고 싶습니다.

정세균 당 대표직을 하면서 오직 한 가지만 생각했습니다. 6.2 지방선거에서 승리하면 성공하는 대표가 되고 패배하면 실패하는 대표가 된다고, 그 이전에 받은 박수는 의미가 없다고, 그래서 모든 의사 결정을 6.2 지방선거 승리에 맞췄습니다. 사람들은 '왜 자기 홍보는 하지 않냐'고 하는데 정말 그럴 여력이 없었습니다. 선거 준비도 해야지, 이명박 대통령과도 싸워야지, 정말 선당후사 했습니다. 결국 지방선거에서 이겼고 그랬기 때문에 우리가 지금 정권교체도 얘기할 수 있는 것입니다. 만일 지방선거에서 졌다면 완전히 자신감을 상실해 정권교체 열망조차 표출되지 못했을지도 모릅니다.

지금 책임을 맡고 있는 사람들은 1차 총선 승리에 모든 것을 걸어야 합니다. 그러면서 '스타 프로젝트'를 해야 합니다. 대선 후보가 될 사람을 양성해야 하는데 적게는 5명에서 많게는 7~8명의 후보군이 선의의 경쟁을 하면서 국민의 신뢰를 얻기 위해 노력할 수 있는 장을 만들어줘야 합니다.

김윤태 대선 후보로 나선다고 밝히셨고 2012년 총선에서는 지역구를 서울로 옮기겠다고 하셨습니다. 다음 대선에서 만일 뜻을 이룬다면 대한민국이 어떤 나라가 되면 좋겠는지 얘기해 주십시오.

정세균 저는 아직은 국민의 지지를 별로 못 받고 있으니까(웃음), 스스로 위안한다면 지금까지 한 번도 국회의원만 한 적은 없습니다. 당직을 맡거나 정부에서 일하거나 늘 그랬습니다. 그러니 저는 상당히 좋은 일꾼 중에 한 사람이었음이 틀림없다는 자부심을 가지고 있습니다. 그리고 제가 맡았던 일은 항상 성과를 냈고 그러지 못해 쫓겨난 적이 한 번도 없는 사람입니다.

과거에는 선당후사 정신으로 당을 위해 주어진 일을 충실히 하는 정치인이었다면 이제 정세균의 정치를 해야 될 때가 됐다, 저의 정치를 해보고 싶습니다. 저도 꿈과 이상이 있고 더불어 잘 사는 대한민국, 개천에서 용 나는 기회의 대한민국을 만들고 싶습니다. 물론 어떤 자리에 오르는 것보다 좋은 정치를 하는 것이 항상 더 우선이라 생각합니다. 앞으로도 그렇게 할 작정입니다.

김윤태 긴 시간 얘기 감사드립니다.

3부

진보정당 리더가 말하는 복지국가 정치동맹의 길

08;

서민이 교육비, 병원비,
주거비 걱정을 안 하는 나라,
그게 국가의 역할

권영길

민주노동당 의원

대한민국 정치인 중에서 '복지국가' 담론의 원조를 꼽으라면 당연히 민주노동당 권영길 의원이다. 그는 이미 2002년 대통령 선거에 나서면서 '부유세'를 공약했다. 그뿐만 아니었다. 그는 무상의료도 이야기했고, 무상교육도 주장했다. 당시에는 좌우로부터 모두 협공을 당했다. 사회주의적인 발상이라는 공격도 있었고, 우경적인 주장이라는 비판도 있었다. 최근 한국정치권에서 10년 전 그가 주장했던 이야기들이 아무렇지도 않게 공공연히 논의되는 것을 보면 격세지감을 느낄 정도다.

권영길 의원은 진보진영의 대통령 후보로 1997년부터 내리 세 차례 대통령 선거에 출마했다. 그 과정에서 그는 끊임없이 '복지 대한민국'을 이야기해왔다. 그는 복지국가는 곧 평등사회라고 생각하고 있다. 그가 믿는 평등 이념을 구체적으로 실천하는 것이 바로 복지국가라고 믿는 것이다. 그래서 그는 복지에 대한 이야기를 할 때 "철학의 문제요, 국가개조의 문제"라고 강조하는 것이다. 사람들이 그에게 농으로 저작권료를 내겠다고 하면, 그는 필요 없다고 한다는데 그는 이미 역사에 저작권자로 이름을 올린 셈이다.

권영길 의원은 '원조'답게 증세에 대해서도 적극적인 인식을 갖고 있다. 물론 단계적인 접근을 강조하고 있기는 하지만 그는 '부유세'도 걷고 공정과세도 구현하고 하면서 차차 복지재정지출을 늘려가자는 입장이다. 그래서 그는 진보신당이 내세우고 있는 사회연대 복지국가론 구상이나 조승수 진보신당 대표가 발의한 '사회복지 목적세'에 대해서도 찬성한다. 권영길 의원은 사실 통이 큰 사람이다. 그는 심지어 박근혜 한나라당 의원의 복지 주장도 크게 환영한다. 그리고 김대중 정부와 노무현 정부의 복지정책에 대해서도 긍정할 것은 긍정한다. 물론 한계는 분명히 비판하고 있다.

민주당에 대한 그의 문제의식은 퍼렇게 날이 서 있다. 민주당은 자아비판을 해야 한다는 것이다. 대표적인 예가 한미 FTA 추진, 비정규직 양산 등에 대해서 민주당을 비판한다. 그가 수없이 많은 사람들의 후보단일화 요구나 사퇴 요구에도 불구하고 대통령 선거에서 끝까지 뛸 수밖에 없었던 이유도 여기에 있다. 그는 민주당은 자유주의 개혁정당 정도의 포지션으로 남아 있는 것이 좋다고 생각하는 것 같다. 그는 한국 정치가 보수 대 진보의 구도로 짜여야 한다고 말했는데, 여기서 진보의 자리는 '통합된 진보정당'으로 보고 있다.

그렇다 보니 야권연대와 연합에 대한 그의 입장은 '선先진보통합, 후後야권연대'이다. 민주노동당과 진보신당이 다시 하나로 합쳐지고 나서 민주당 등 다른 야당들과 연대 논의를 할 수 있다는 것이다. 그의 입장에서는 어떻게 보면 당연한 논리다. 왜냐하면 그는 스스로 밝히기도 했지만 1997년 대통령 선거에 출마할 때, 진보정당을 건설하겠다는 목표를 가지고 출마했다. 그리고 선거 후 그는 몇 년 간의 노력을 통해 민주노동당 창당의 주역이 되었다. 그래서 민주노동당에서 갈라져 나간 진보신당과의 통합은 그에게 매우 중요한 문제인 것이다. 그가 야권단일정당을 반대하고, 현실적으로 불가능하다고 보는 것은 자연스러운 결론이다.

권영길 의원은 인터뷰에서 "미국을 선진국으로 보지 않는다"고 말한다. 유럽의 복지국가들을 선진국으로 보는 것이다. 어쩌면 이런 말은 그의 생각을 아주 간명하게 드러내는 말일지도 모른다. 그의 생각에 국민의 복지를 책임지지 못하는 국가는 결코 선진국일 수 없는 것이다. 과연 권영길 의원은 한국이라는 나라를 유럽의 선진국과 같은 복지국가로 만들 수 있을까? 과연 '원조'라는 기록만을 역사에 남기게 될지 아니면 한국을 복지국가로 만든 주역으로 역사에 기록될지는 두고 볼 일이다.

권영길(權永吉)

1969년 서울대학교 잠사학과 졸업
1967년 대한일보 기자
1971년 서울신문 기자
1980~87년 서울신문 파리 특파원
1988~94년 언론노련 초대, 2대, 3대 위원장
1996~97년 전국민주노동조합총연맹 초대위원장
1997년 제15대 대선 국민승리21 대통령 후보
1999년 민주노동당(가칭)창당준비위원회 상임대표
2000년 민주노동당 창원(을)지구당 위원장
2000년 민주노동당 초대 당대표
제16대 국회의원선거 창원(을) 출마
2002년 제16대 대선 민주노동당 대통령후보
2004년 제17대 국회의원선거 창원(을) 당선
국회 통일외교통상위원회 위원
2006년 민주노동당 의원단 대표
한반도평화와 통일을 실천하는 의원모임 공동대표
한미FTA 졸속타결 반대 국회의원 비상시국회의 공동대표
2007년 제17대 대선 민주노동당 대통령후보
2008년 18대 총선 창원을 출마, 국회 교육과학기술위원회 위원

현 | 민주노동당 원내대표
저서 | 『권영길과의 대화』(김경환 저, 1997), 『사회운동가들과 함께 세상읽기』(공저, 2002)

노동 문제 복지영역으로 확대, 사회양극화 문제는 복지정책으로 해소해야

김윤태 1997년 이후 세 차례 진보진영 후보로 대선에 도전했던 권영길 의원께서는 요즘 회자되고 있는 무상의료, 무상교육 등 '무상 시리즈'의 원조이기도 합니다. 최근 일련의 복지 논쟁을 어떻게 보십니까?

권영길 복지 논쟁이 일어나는 것은 한국의 정치 발전에 바람직하다고 생각합니다. 오히려 시기가 늦어진 측면이 있다고 봅니다. 1997년 대선 이후 진보정당 창당에 들어가면서 3년 동안 주로 복지 이야기를 해왔는데, 교육비, 병원비, 주택비 걱정 없는 사회를 만들자는 이야기였습니다. 이후에 2002년, 2007년 대선을 거치면서 좀 더 구체화됐지만 정치권에서는 허황된 이야기, 꿈같은 먼 미래의 이야기로만 봤습니다. 하지만 지금 구체적인 논쟁이 일어나고 있지 않습니까? 개인적으로는 지난 10년간의 작업이 헛되지 않았다는 자부심을 갖고 있습니다. 한나라당 박근혜 전 대표가 복지를 자신의 주요한 정치과제로 설정했고, 민주당도 복지 논쟁에 불을 붙였는데, 바람직하다고 생각하고 있습니다. 민주당이 내걸고 있는 무상급식, 무상의료, 무상보육, 반값 등록금……. 당연히 이뤄져야 하는 것이고, 이뤄질 수 있다고도 생각합니다. 다만 재원 문제에 너무 소극적입니다. 전체적으로 정치권이 복지국가를 내걸고 있는 것은 좋은데, 정확하게 이야기하면 복지철학의 측면에서 생각이 좀 다른 것 같습니다. 2000년부터 외쳐왔던 무상의료, 무상교육, 부유세는 단지 복지정책을 넘어서는 철학의 문제, 국가적 개조의 차원이었습니다.

김윤태 민주노동당은 '부자에겐 세금을, 서민에겐 복지를'이라는 슬로건도 내건 적이 있는데요. 최근의 선별적 혹은 보편적 복지 논쟁에 대한 입장은 어떠신지요?

권영길 박근혜 전 대표는 소득보장성 복지를 이야기하더군요. 보수언론이나 정치권은 복지를 돈을 얼마 줄 거냐, 무상이냐 아니냐로만 봅니다. 무상교육을 예로 들어보면, 당연히 교육비 걱정이 없는 사회를 만들어야 하는데, 이건 단순히 돈 문제가 아니라 우리 사회의 근본적 변화를 전제해야 하는 것입니다. 학벌 없는 사회, 대학 서열화 문제를 해결해야만 실질적으로 사교육이 없어질 뿐 아니라 더불어 사는 사회가 됩니다. 알레르기 반응을 보이는 분도 있을 텐데, 제가 이야기하는 복지국가 건설은 다름 아닌 평등사회 구현입니다. 더불어 사는 공동체 사회를 만들자는 것입니다. 공동체가 파괴되고 완전히 황금만능주의 사회로 가고 있는데 이것을 바꿔내는 직접적인 계기가 뭔가, 바로 복지입니다.

김윤태 부유세 논란도 있습니다. 정동영 민주당 최고위원을 만났더니 "부유세는 권영길 의원이 처음 하신 말씀이라 로열티를 지불해야 한다"고 하시더군요.

권영길 정동영 최고위원은 직접 만나도 그런 이야기를 자주 하시는데, '원조 저작권'라고 문자도 보냅니다(웃음). 그렇다고 저작권을 행사할 생각은 없고, 부유세가 잘 되는 것으로 충분합니다. 저는 정말 박수치고 격려하고 있습니다.

김윤태 민주당 정동영 최고위원은 부유세를 강하게 주장하고 있는 반면 손학규 민주당 대표는 '증세 없는 복지'를 이야기합니다. 부유세 문제를 처음 제기했던 민주노동당은 최근에는 부유세 이야기를 별로 하지 않는 것 같습니다.

권영길 부유세는 민주노동당의 가장 중요한 정책입니다. 지난 대선 때 이미 내걸었던 공약이었고, 변함없는 중심 담론입니다. 2월 15일(2011년) 최고위원–의원단 연석회의에서도 문서로 확인했습니다. "부유세는 민주노동당의 당론이며, 변경 혹은 폐기한 적이 없음을 확인한다"는 내용입니다. 부유세를 폐기할 수는 없고 그건 민주노동당의 생명입니다. 증세 없이 복지국가를 건설한다는 것은 있을 수 없는 일입니다.

김윤태 증세 없는 복지는 불가능하다는 말씀에 대해 더 듣고 싶습니다.

권영길 한나라당의 부자감세를 철회하고, 4대강 토목예산을 복지로 돌리자는 민주당의 주장도 한 면으로는 맞는다고 생각합니다. 절반은 인정합니다. 그 예산만 해도 천문학적인, 어떤 분은 100조 원이 넘는다고 예측하기도 하던데, 여기에다가 증세를 하면 복지국가 건설은 충분히 가능하다는 것입니다. 그런데 우리는 증세에 있어 단계적 접근을 하자는 것입니다. 부유세만으로 될까요? 그것만으로는 안 될 것입니다. 상당 기간 동안 부유세가 정착되어야 하고 공정과세도 이뤄져야 합니다. 공정과세 없이 복지국가 재원마련은 불가능합니다. 어떤 사람은 부유세의 과세 대상을 상위 1퍼센트로 보기도 하는데, 저는 5퍼센트를 이야기합니다. 국민에게 물어보면 어떨까요? 상위 5퍼센트에게 세금을 제대로 걷어서 복지국가의 토대를 구축한 다음에, 그 성과가 눈에 보일 때 그 다음 단계로 나아가는데 거부반응이 있을까요?

김윤태 일각에서는 스웨덴에서도 얼마 전 부유세를 폐지했다는 지적을 하고 있습니다.

권영길 보수언론에서는 스웨덴도 부유세를 폐지했다, 유럽이 어떻다고 하는데 스웨덴에서는 2007년 폐지될 때까지 부유세가 30여 년 동안 국가의 정책이었습니다. 그리고 완전한 공평과세가 되면 부유세는 없어도 됩니다. 그러니까 스웨덴에서 문제가 있기 때문에 부유세를 폐지한 게 아니라는 것입니다.

김윤태 진보신당 조승수 대표는 부유세 대신 목적세인 사회복지세 신설을 주장하고 있습니다. 최근에 사회연대 복지국가론, 비정규직을 포함해 노동문제를 해결하는 복지국가를 제기했는데, 이 부분에 대한 생각을 듣고 싶습니다.

권영길 전적으로 동의합니다. 바로 우리가 외쳐왔던 부분입니다. 과거 김대중-노무현 정권이 가장 잘못한 점이랄까 그게 바로 노동부분이라고 생각합니다. 노동자들과 불편한 관계를 맺고 마찰도 빚었습니다. 물론 건강보험 등 4대 보험을 정착시킨 성과 등은 인정하지만 노동부문을 잘못해서 결과적으로 사회양극화를 가속화시킨 측면이 있습니다. 박근혜 전 대표도 보니까 노동 문제를 강조하고 있던데 환영합니다. 박근혜 전 대표 같은 분이 복지개념 속에 노동부문을 도입하는 것은 정말 잘한 일이다 싶습니다. 노동복지를 강조하는 것은 임금부분으로 해석할 수 있는데, 그게 아닙니다. 광의의 복지라는 것입니다. 비정규직의 정규직화, 최저임금의 현실화, 영세사업장의 사회보험료 감면, 고용유지 지원, 공공서비스 일자리 창출, 전 국민 일자리 대책과 청년실업 대책 등입니다. 노동 문제를 복지영역으로 확대시키자는 것입니다. 사회양극화 문제는 바로 복지정책으로 해소해야 합니다. 다만 진보신당의 사회복지세 신설 주장에 대해선 이렇게 생각합니다. 부유세를 처음 내걸었던 사람이어서가 아니라, 국민에게 쉽게 다가가야 한다는 점을 짚고 싶습니다. 무슨 최고세율 구간 이야기를 하는데, 결과적으로는 차이가 없을지 몰라도 국민이 이해하기 쉽지 않습니다. 반면 부유세라고 하면 금방 알아듣습니다. 가진 만큼 세금 내라는 것 아닌가요.

김윤태 단순히 복지예산을 확충하는 정도가 아니라 경제·사회구조 전체의 개혁의 필요성을 제기하는 것으로 해석됩니다. 좀 더 설명을 부탁드립니다.

권영길 그렇습니다. 바로 그 점을 염두에 둔 것입니다. 당 내의 토론을 통해 충분히 정리될 수 있는 문제입니다. "요람에서 무덤까지"라는 말을 겁내고 포기할 필요가 없습니다. 왜 세금을 통한 재원확보에 겁을 내는가요, 요람에서 무덤까지 완벽할 순 없지만, 그게 바로 국가의 역할 아닌가요. 저는 외부에서 강연을 하면 청중들에게 우선 "국가가 뭔가?"를 묻습니다. 그 다음 "우리나라가 제대로 된 나라냐 아니냐, 국가냐 아니냐, 제대로 된 나라는 뭐냐, 미국은 제대로 된 나라냐?"를 묻습니다. 제대로 된 나라는 서민이 교육비, 병원비, 주거비 걱정을 안 하는 나라입니다. 그게 첫째 요소입니다. 그래서 우리나라는 제대로 된 나라가 아닙니다. 부유세를 제기한다고 해서 부자와 재벌을 증오하는 게 아닙니다. 다만 비판은 해야 합니다. 왜냐, 소득과 자산에 따라 사회적 책무를 다하는 일은 국가를 구성하는 데 가장 중요한 요소이기 때문에 세금을 제대로 내야 합니다. 유럽에선 소득과 자산에 따라 벌금도 엄청난 차이가 있지 않습니까? 최근에 핀란드의 노키아 부회장이 과속으로 1억 원의 벌금을 냈다고 하더군요. 하물며 세금이라면 안 내는 게 말이 되겠습니까?가진 만큼 내라는 이야기입니다. 소유구조에 대한 문제도 자연스럽게 등장할 수밖에 없습니다만, 그러나 당장 그것을 주장하는 건 아닙니다. 부유세가 정착되고 "복지국가가 이런 것이구나"라는 인식이 다수의 국민에게 받아들여진다면 소유구조 문제도 국민적 합의에 따라 자연히 해결될 것입니다.

복지가 포퓰리즘이라고?
한국사회 누가 파탄 냈나?

김윤태 김대중–노무현 정부의 복지정책에 대해선 어떻게 평가하시나요?

권영길 이승만, 박정희, 김대중, 노무현……, 매 정권마다 정치적 상황이 있고, 국민적 요구와 정서가 있습니다. 일률적, 도식적으로 평가되어선 안 된다는 이야기입니다. 앞서 말한 것처럼 4대 보험과 기초생활보장의 제도화는 높이 평가합니다. 김대중 정권 때는 경제위기 탈출과 남북관계 쪽에 정치의 중심일 수밖에 없었습니다. 김대중 대통령은 남북관계를 정말 획기적으로 바꾸고 평화와 통일의 길을 넓히는 역사적 성과, 위대한 업적을 남겼습니다. 하지만 사회양극화 문제를 멀리 내다보지 못해 비정규직 문제, 다르게 이야기하면 IMF의 요구사항을 너무 과도하게 수용했습니다. 그게 뭔가요, 바로 신자유주의적 흐름의 핵심 아닌가요? 신자유의가 뭔지 김대중 정권은 정확하게 꿰뚫어보지 못했습니다. 노무현 정부 때도 복지가 중심적 과제는 아니었습니다. 그래서 지난 10년 정권 동안 노동자들과 충돌했건 것이고 그 시대에는 어쩔 수 없었을 것입니다.

저는 당시부터 그것을 비판했던 사람입니다. 하지만 실제 정치상황으로 볼 때 그렇다는 이야기입니다. 지금 복지예산이 GDP 대비 8.8퍼센트입니다. OECD 평균은 20퍼센트 정도이니 당연히 복지예산을 늘려야 합니다. 2만 불 시대를 맞은 다른 나라들은 되는데, 우리는 왜 안 되나요? 국가의 틀이 아직 취약하기 때문입니다. 완벽한 무상교육을 주장하는 건 아닙니다. 무상교육에 가까운 것을 하자는 이야기를 하고 있습니다. 대학등록금이 1년에 40~50만 원 정도면 어떻겠느냐고 서민에게 물어 봅시다. 그 정도는 학생 스스로 마련할 수 있는 금액입니다. 유럽의 다른 나라에서는 60년 전이나 100년 전, 프랑스에선 자동차가 없던 시절에 한 것을 우리는 왜 못하고 있습니까?

김윤태 프랑스 특파원을 지내서인지 미국보다는 유럽형 복지국가 모델을 선호하시는 것 같습니다.

권영길 그렇습니다. 저는 미국을 선진국으로 보지 않습니다. 문화 수준에서도 그렇지만 국가경영의 측면을 봐도 그렇습니다. 오바마가 100년 만에 의료보험 개혁을 했다지만, 우리의 건강보험제도보다 훨씬 못한 수준이 아닌가요. 그것을 100년 동안도 못했고, 의료비 지출은 세계에서 제일 높습니다. 그 나라가 어떻게 선진국 모델이 될 수 있겠습니까?

“2012년은 한국사회 복지 논쟁이 선거의 승패를 가르는 중심쟁점으로 작용할 첫 번째 해입니다. 2012년은 이제, 복지 쟁점으로 선거의 성패가 갈릴 것입니다. 무상급식 문제를 넘어서, 등록금 해법, 교육과 보육복지의 확대, 노인복지의 확대 등 다양한 쟁점에 대한 답을 제시하지 못한다면, 집권할 수 없을 것입니다. 2012년은 시혜적 복지를 넘어선 보편적 복지를 사회적 대세로 만들어내야 합니다. 무상급식과 반값등록금 문제는 그 전초전의 성격을 가지고 있습니다. 이제 사회 전 분야의 복지 논쟁이 시작될 것이며, 2012년 그 해법이 판가름나게 될 것입니다.”

김윤태 한나라당이나 청와대는 복지재정을 늘리자는 주장에 대해서 포퓰리즘이며 국가재정을 파탄 낼 수도 있다고 비판하고 있습니다.

권영길 국가재정을 파탄 내는 사람이 누군가요? 단순히 재정뿐 아니라 눈에 안 보이는 파탄도 있습니다. 한 사회를 파괴하고 있습니다. 우리 사회가 지금 사람 사는 사회인가요? 수단과 방법을 가리지 않는 경쟁이 판을 치고 나쁜 짓도 서슴지 않습니다. 국가가 권력의 힘으로 그렇게 하고 있습니다. 재정 파탄요? 가진 만큼 세금을 내지 않아서 사회를 양극화시키는 게 국가 파괴범입니다. 포퓰리즘이라고요? 국가발전을 위해서라면 뭐가 문젠가요. 아르헨티나 등 남미 쪽에 대해서도 정확한 평가가 있지 않았습니까. 아르헨티나 경제는 포퓰리즘이 아니라 오히려 신자유주의 때문에 파탄 났다는 것은 학계의 정설이기도 합니다.

김윤태 복지국가 논쟁에서 빠질 수 없는 부분이 바로 야권연대입니다. 민주당도 복지를 통해 연합정치를 해야 한다고 하고, 정치동맹을 거론하는 인사들도 늘어나고 있습니다. 연대와 연합의 가능성이 높아지고 있다고 봐야 할까요?

권영길 복지를 위해서 동맹은 해야 합니다. 하지만 무슨 정권을 만들기 위한 건 아니라고 봅니다. 저도 야권연대를 이야기하지만 선先진보통합, 후後야권연대를 주장하고 있습니다. 그게 실제적으로 정권을 만들어낼 수 있는 길이고, 민주당의 입장에서도 그게 맞습니다. 총선과 대선에 승리하기 위해서라도 가장 필요한 건 선진보통합입니다.

김윤태 선진보통합과 관련해 진보신당 일각에선 종북주의 문제를 제기하기도 합니다. 지금 민주노동당과 진보신당의 통합 논의는 어디까지 와 있습니까?

권영길 한 쪽은 "패권놀음이나 하는 친구들, 종북파들 안 보이니 시원하네"라고 하고, 다른 한 쪽에선 "지역에서 거의 다 정리되고 있는데 골치 아픈 친구들 없이도 총선 잘 치를 수 있다"라고 합니다. 이 둘 모두 때문에 통합이 안 되는 것입니다. 하지만 통합하지 않으면 죽는다, 안 하면 뭐 할 거냐는 이야기도 자주 듣기도 합니다. 그리고 통합하지 않으면 소멸의 길로 들어설 것이라고 생각합니다. 민주당의 몇몇 분들은 진보정당이 소멸하는 건 오히려 잘된 일이 아니냐고 할지도 모르겠습니다만, 그러나 이는 한국정치 발전에 엄청난 손실입니다. 목표는 (단일한 진보정당을 통한) 원내교섭단체 구성입니다. 진보정당이 원내교섭단체를 구상하게 되면 지금의 복지 논쟁의 차원도 달라질 것입니다. 사회양극화와 평등사회, 평화체제 구축과 평화통일 측면에서 봐도 원내교섭단체는 절대적으로 필요합니다. 다른 길이 없습니다. 과거 민주노동당의 분열은 씻을 수 없는 과오입니다. 어떤 분은 범죄행위라고까지 말합니다. 물론 진보대통합에 비관적인 시각이 있을 수도 있습니다. 하지만 "다 망할래?" 라고 물어보면 아니라고 합니다. 길이 하나뿐이라면 선택의 여지가 없는 것 아닌가요.

중요한 건 선先진보대통합, 야권단일정당은 불가능하다

김윤태 민주당과는 정당통합이 아닌 선거연합이라는 이야기이신데, 다른 가능성은 없나요?

권영길 (정당통합은) 민주당을 위해서라도 바람직하지 않다고 봅니다. 역사도 다르고, 뿌리와 역할도 다릅니다. 요즘 이야기되는 빅텐트론, 야권단일정당……, 현실적으로 불가능하다고 생각합니다. 진보통합 문제에서도 나타나지 않았습니까? 민주노동당과 진보신당은 정책적으로 거의 차이가 없지만 감정적 응어리가 안 풀리고 있습니다. 정책에 차이가 없어도 이렇게 통합이 쉽지 않은데, 이걸 다 넘어서 민주당과 진보정당이 하나로 합치자? 이건 현실적으로 절대 불가능합니다. 서로 상처만 입고 국민에게는 정치적 혐오감만 주게 될 것입니다. 이게 불가능하다면 빨리 실제적인 야권연대의 길을 모색해야 합니다. 민주당이 정말 마음을 비우고 진정성을 갖지 않으면 총선과 대선의 승리는 어렵습니다.

김윤태 국민참여당과의 연대는 어떻게 보십니까?

권영길 우선 민주당과 국민참여당이 허심탄회하게 이야기를 나눠야 한다고 생각합니다. 우리와는 역사와 뿌리가 다르지만, 민주당과 국민참여당은 다른가요, 대다수 국민이 납득하겠습니까? 그 속에서 야권연대의 길도 찾아질 것입니다. 두 당이 통합하라, 후보를 조정하라는 이야기를 감히 하는 게 아닙니다. 어쨌든 두 당이 먼저 이야기를 하자는 것입니다. 민주노동당과 진보신당, 민주당과 국민참여당이 동시에 논의를 진행하는 것도 가능하다고 봅니다.

김윤태 단일 진보정당 출범이 이뤄진다면 대선에서는 후보를 따로 내야 한다고 보십니까? 어쨌든 후보단일화는 염두에 두지 않을 수 없어 보입니다. 유

립식 연합정부의 가능성도 염두에 두고 있는지 여쭙니다.

권영길 그 부분은 총선 이후 변화된 지형 속에서 모색될 것이니 지금 언급하는 것은 맞지 않습니다. 진보진영의 대선 후보로 세 차례 출마한 경험을 토대로 말씀드리면, 변화된 지형을 그려보면서 이야기해야 한다고 생각합니다. 그 시점의 정치 환경이나 국민적 요구, 진보진영의 요구사항은 그때그때 다를 수 있기 때문입니다. 1997년 출마했을 때는 '국민승리21' 이었는데 모든 진보조직과 인사들이 다 참여했습니다. 총 진보의 후보로서 출마하면서 물론 당선이 제1의 목표였지만, 내재적 목표는 진보정당 건설이었습니다. 그래서 창당을 했고, 지금의 목표는 원내교섭단체 구성입니다. 대선후보 문제에 너무 집착할 필요는 없다는 생각입니다. 자연스럽게 정리될 것입니다.

김윤태 정치구도의 3분립, 보수－중도－진보 구도를 염두에 두고 있는 것 같습니다. 하지만 우리는 소선구제이고, 권력구조도 한 정당이 독식하는 구조입니다. 양당구조로 통합이 되어야 진보적 목소리가 커질 수 있다는 지적도 나오고 있습니다.

권영길 정치세력 면에서 진보와 보수가 양립해야 한다고 봅니다. 정당으로 이야기하면 보수정당과 진보정당이 있어야 정치발전, 국가발전, 실질적인 서민의 삶의 질 향상을 도모할 수 있습니다. 그렇다면 제대로 된 보수정당이 있는가, 합리적 보수정당이 있나, 없다고 보고 있습니다. 합리적 보수정당 탄생을 위해서도 진보정당의 역할이 있습니다. 진보정당이 힘을 갖고 합리적 보수정당을 견인해야 합니다. 가혹한 이야기이지만, 지금까지의 정당이 과연 정당인가? 강령이 있어야 하고, 강령에 따라 정책이 마련되며, 이에 동의하는 사람이 모여야 합니다. 강령이 뭔지도 모르고, 심지어 몇몇 사람이 하룻밤에 정당과 당명까지 만들면서 우르르 몰려다닙니다. 여전히 한국의 정당은 보수정치, 지역정치, 금권정치, 패권정치에서 자유롭지 못합니다. 정당을 바꾸기 위해서라도 합리적 보수정당으로 가야 합니다. 그렇게 갈 것으로 봅니다.

민주당, 과거에 대해 자아비판 해야 한다

김윤태 한나라당과 민주당을 비슷한 보수정당으로 보시는 것 같습니다. 합리적 보수정당의 탄생은 한나라당의 소멸을 전제로 한 건가요?

권영길 당장은 어려울 겁니다. 하지만 한나라당도, 민주당도 정치세력 재편 과정에서 그렇게 될 것입니다.

김윤태 최근 민주당 내부에선 '혁신'을 위한 여러 논의가 진행되고 있는데, 이는 어떻게 평가하십니까?

권영길 민주당이 싫다는 게 아닙니다. 하지만 야권연대와 진보정치세력과의 연대, 하나의 새로운 단일정당 등을 이야기할 때 민주당이 자신의 과거에 대해서 몇 가지 측면을 성찰해야 합니다. 직설적으로 표현하면 자아비판을 해야 합니다. 한미 FTA 문제랄지, 비정규직, 미국의 전략적 유연성 문제 등입니다. 신자유주의를 가속화 혹은 확대해온 측면이 고비마다 있었습니다. 그것을 평가, 자아비판 혹은 성찰해야 합니다. 한국정치의 발전을 위해서도 반드시 필요한 일입니다.

김윤태 권영길 의원은 오랜 노동운동 경험부터 시작해서 진보정치의 상징적 리더로 손꼽힙니다. 다음 총선과 대선에서 구체적인 역할을 기대해도 되겠습니까?

권영길 지금 자나 깨나 생각은 하나도, 둘도, 셋도 진보통합입니다. 진보통합이 없으면 다른 아무 것도 있을 수가 없다고 생각합니다. 진보통합에 모든 것을 던지고 있습니다.

김윤태 마지막 질문입니다. 2012년에는 두 차례의 선거가 있을 예정입니다. 특히 복지와 관련해서는 지금과는 달라질 것으로 보입니다. 2012년 이후 시급한 복지정책이 있다면 무엇일까요?

권영길 2012년은 한국사회 복지 논쟁이 선거의 승패를 가르는 중심쟁점으로 작용할 첫 번째 해입니다. 1987년 대선은 절차적 민주주주의 쟁취가 핵심이었고, 1997년 대선은 경제위기 극복이 핵심이었습니다. 2012년은 이제, 복지 쟁점으로 선거의 성패가 갈릴 것입니다. 무상급식 문제를 넘어서, 등록금 해법, 교육과 보육복지의 확대, 노인복지의 확대 등 다양한 쟁점에 대한 답을 제시하지 못한다면, 집권할 수 없을 것입니다. 2012년은 시혜적 복지를 넘어선 보편적 복지를 사회적 대세로 만들어내야 합니다. 무상급식과 반값등록금 문제는 그 전초전의 성격을 가지고 있습니다. 이제 사회 전 분야의 복지 논쟁이 시작될 것이며, 2012년 그 해법이 판가름나게 될 것입니다.

김윤태 긴 시간 열정적인 말씀에 감사드립니다.

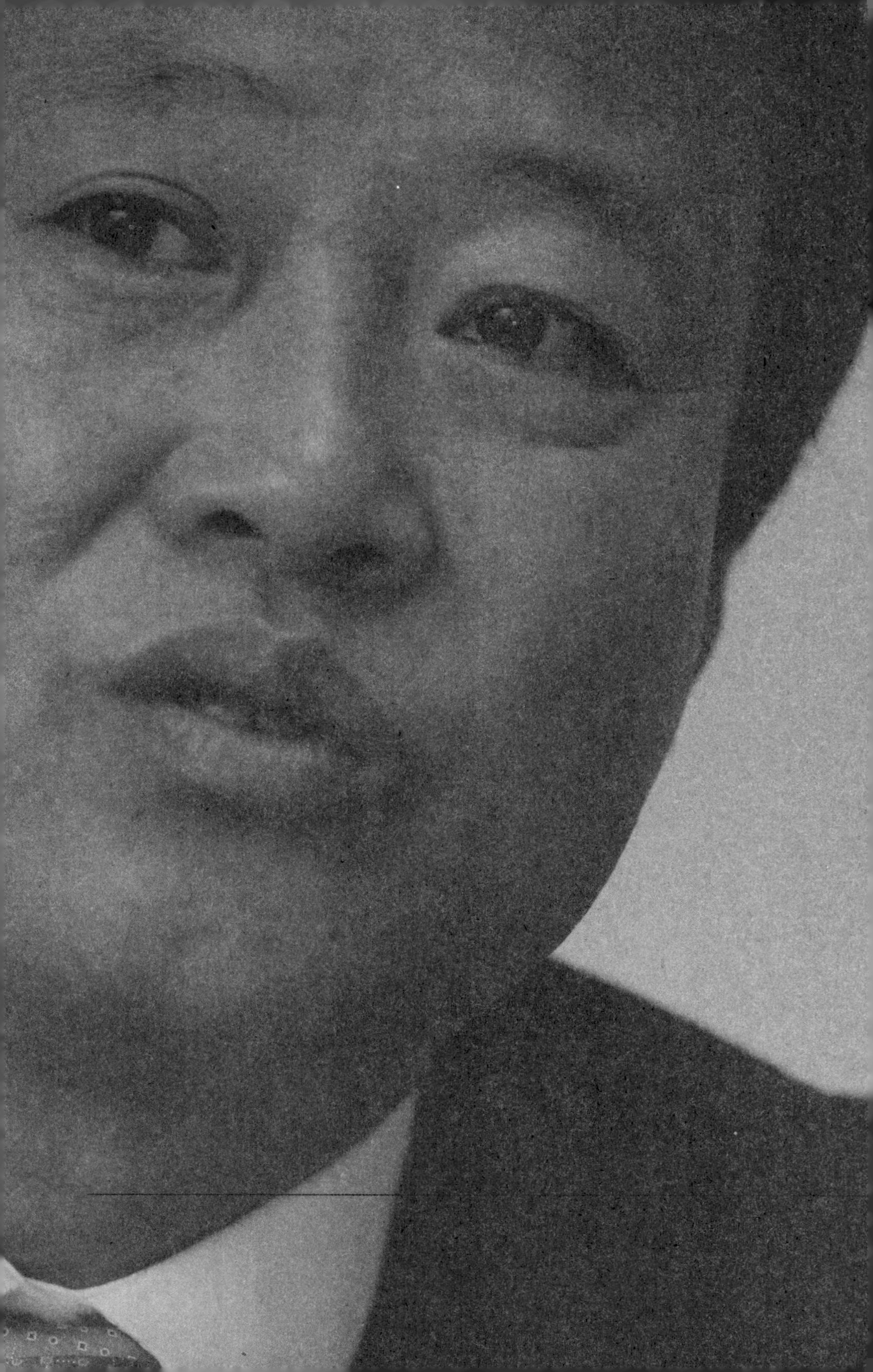

09;

부자 증세는
보편적 복지의 최소 조건

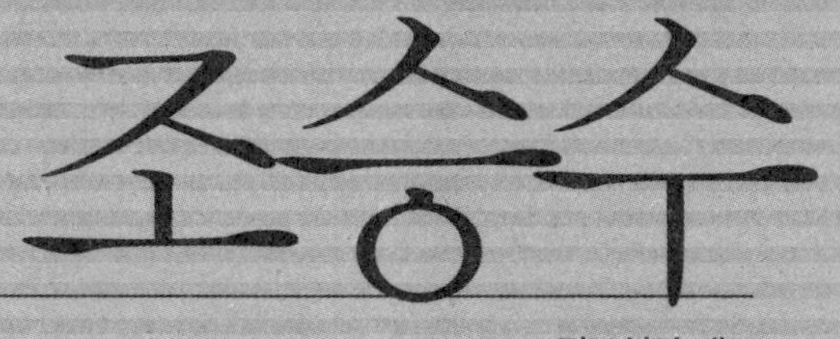

진보신당 대표

조승수 진보신당 대표는 정치권에서 벌어지고 있는 복지 논쟁을 간단하게 진짜복지와 가짜복지로 구분한다. 그는 복지국가 실현을 위해서는 세 가지가 중요하다고 말한다. 철학, 재원 대책, 정치 전략 세 가지다. 이 세 가지가 있어야 진짜 복지인 것이고 없으면 가짜복지인 것이다. 그런 점에서 그는 한나라당의 박근혜 의원도 가짜복지고, 민주당도 가짜복지라고 비판한다.

박근혜 의원이 '한국형 복지국가' 구상을 처음 밝혔을 때 많은 이들이 비판했던 점을 조승수 대표도 똑같이 이야기하고 있다. 재원 마련 대책도 없이 이것저것 해주겠다는 공약만 남발한 박근혜 의원의 구상은 가짜일 수밖에 없다는 것이다. 게다가 박근혜 의원은 2007년 대선 예비후보 시절 '줄푸세'라고 이름 붙인 반복지 공약도 내세웠던 적이 있다. '줄푸세'는 세금은 줄이고, 규제는 풀고, 법질서는 바로 세운다는 말의 줄임말이다. 신자유주의 철학이 짙게 배어 있는 공약이다. 여기에 대해 아무 말도 하지 않으면서 복지국가 운운하는 것은 분명 문제가 있다. 민주당에 대한 조승수 대표의 지적도 마찬가지다. 뚜렷한 재원 마련 방안도 없이 3+1(무상급식, 무상의료, 무상 보육+대학생 반값 등록금) 정책을 펴겠다는 것은 믿기 어렵다는 것이다. 한마디로 가짜복지라는 것이다.

그러면서 조승수 대표가 '진짜복지'라고 내세우는 것의 예는 바로 자신이 대표로 있는 진보신당의 '사회연대 복지국가'구상이다. 이 구상은 조승수 대표가 당 대표가 된 후 나온 복지국가 구상이다. 이 구상대로 실현할 수 있다면 우리나라는 당장 복지국가의 반열에 들 수 있다. 조승수 대표의 말에 따르면 '사회연대 복지국가' 구상의 실천을 위해서는 약 60조 원의 재원이 필요하다. OECD 평균 조세부담률에 맞추면 약 100조 원의 재원이 필요하지만 일단은 약 60조 원이면 우리나라를 복지국가로 만드는 데 필요한 1차적인 설계는 가능하다는 것이다.

이렇듯 조승수 대표의 복지국가 구상은 재정 규모에 대한 계산까지 들어 있다는 점에서 구체적이다. 그런데 문제가 되는 것은 과연 진보신당이 구상을 실현할 능력이 있느냐는 것이다. 당장 역량이 되지 않더라도 장래에 역량을 구축할 정치 전략이 있느냐는 것이다. 사실 이 점에 대해서 조승수 대표는 시원한 답을 내놓지 않고 있다. 어쩌면 안 내놓고 있는 것이 아니라 못 내놓는 것일 가능성이 많다. 진보신당은 299석의 의석 중에서 단 1석을 차지하고 있는 '마이크로 정당'이기 때문이다. 이런 당세로는 아무리 좋은 구상이라 할지라도 결코 실천에 옮길 수 없다. 정치는 힘으로 하는 것이다.

조승수 대표와 진보신당이 최근 연합정치의 방향을 놓고 동분서주하고 있는 이유가 다 그 때문이다. 뜻은 있으나 그 뜻을 펼칠 수 없는 힘이 없기에, 힘을 가지려 하는 것이다. 현재로서 진보신당은 다른 정당 또는 정치집단과 연합하고 통합하는 것 이외에 달리 '뜻'을 실천할 길을 찾기 어렵다. 그렇기 때문에 조승수 대표가 진보대통합 또는 새로운 진보정당 건설에 올인하고 있는 것은 자연스러운 일이다.

조승수 대표는 민주노동당과 사회당 그리고 정치권 외곽의 진보적인 정치세력과 결합해 새로운 진보정당을 만들어야 한다는 뜻을 가지고 있다. 민주당과 국민참여당은 연대할 수는 있어도 조직을 통합할 수는 없는 대상으로 생각하고 있다. 민주당, 국민참여당 세력은 자유주의 세력으로서 한미 FTA 추진이나 사회양극화 심화 등에서 책임을 져야 할 세력이라는 것이 이유다. 그의 주장은 말 자체로 옳다. 이념과 노선,

정책의 차이를 덮어두고 같은 당을 하겠다는 것은 바람직하지 않다. 한국정치가 성장하다가 멈춘 지점이 딱 그 지점이다. 이제는 추구하는 이념과 노선, 정책에 따라 정당질서가 재편되어야 한다. 그 점에서 조승수 대표의 생각은 옳다.

그런데 한 가지 야권의 정치질서 재편과 관련해서 생각해봐야 할 대목이 있다. 조승수 대표가 생각하는 것만큼이나 현재의 진보정당과 자유주의 정치세력이 그리 멀리 있느냐 하는 의문 한 가지와 진보신당과 사회당, 민주노동당이 동질성이 강하느냐 하는 의문 또 한 가지다. 이런 의문에는 많은 답이 있을 수 있다. 진보정치세력의 범주를 어떻게 보느냐, 민주당의 변화를 어떻게 평가하느냐, 현 시기 한국사회에서 진보정치세력은 무엇을 해야 하느냐 등에 대한 생각에 따라서 답이 달라질 수 있다. 조승수 대표가 내린 결론이 맞았는지 틀렸는지는 늦어도 2012년 겨울에는 온 국민이 알 수 있게 될 것이다.

조승수(趙承洙)

1963년 울산 출생
1981년 동국대학교 생명자원경제학과 입학
1983년 집회 및 시위에 관한 법률 위반, 징역 1년
1983년~86년 울산/인천 등에서 현장노동자 활동
1987년 국가보안법 위반 징역 10월, 자격정지 1년
1988년 울산 사회과학서점 '신새벽' 운영
1991년~92년 민중당 활동
1993년~95년 진보정당추진위원회 활동
1995년~98년 울산광역시의원 (환경수도위원회 간사), 울산참여연대(준) 공동대표
1998년~02년 울산 북구청장
2004년~05년 제17대 국회의원, 산업자원위원회
2007년 진보정치연구소 소장
2008년 에너지정치센터 대표
2009년 진보신당 녹색위원회 위원장

현 | 제18대 울산북구 국회의원, 행정안전위원회, 연금제도개선특별위원회, 진보개혁입법연대대표의원, 에너지기후정책연구소 이사장, 진보신당 대표
저서 | 『광장에서 길을 묻다』 (공저, 2011)

박근혜 복지도 가짜고 민주당 복지도 허구다

김윤태 최근 정동영 민주당 최고위원과 증세 없는 보편적 복지는 허구라는 주제의 토론회를 같이 하셨는데, 정동영 최고위원은 부유세를 주장하고 조승수 대표는 사회복지세법안을 이미 발의하셨습니다. 복지를 위해서는 증세가 필요한 이유에 대해 설명 부탁드립니다.

조승수 복지를 말하면서도 재원은 함구하거나 얼버무리는 박근혜식 복지는 대표적인 가짜복지라 할 수 있습니다. 복지는 재원을 필요로 하고, 복지에 대한 정부 책임과 역할도 강화되어야 하는데, 박근혜 의원의 대표공약인 줄푸세는 이와 충돌할 수밖에 없습니다. 세금은 줄이고 시장기능을 강화하자는 줄푸세 공약이기 때문입니다. 줄푸세 공약은 박정희 전 대통령의 성장주의, 이명박 대통령의 '747 공약'과 맥을 같이 하고 있습니다. 최근에는 재원 확보방안이 없다는 비판에 대해 "복지는 돈 문제가 아니라 관심"이라고까지 하지 않습니까. 결국 국민들은 원하니까 복지를 확대하겠다는 얘기는 해야겠고, 세금 깎아주겠다는 줄푸세 공약으로 인해 재원 마련할 길은 없으니까 관심만 있으면 복지된다는 식의 어처구니없는 발언이 나오는 겁니다. 이는 복지에 대해 관심도 의지도 없다는 자기고백에 다름 아닙니다.

이와 조금 결은 다르지만 박근혜 복지에 대해 재원 조달방안이 없다고 비판한 민주당도 재원 대책에 대해 무책임하기는 마찬가지입니다. 증세 없이도 감세철회와 비과세 감면 축소만으로 재원조달이 가능하다고 주장하지만 현재 우리나라의 재정여건상 증세 없이 복지국가가 가능하다는 것은 허구라고 생각합니다. 민주당은 비과세 감면 축소를 얘기하면서 임시투자세액공제 폐지에는 반대했고, 부자감세 철회를 주장하면서도 MB감세로 이미 낮춰진 소득세, 법인세의 최고세율을 다시 높이는 것에는 반대합니다. 말과 행동이 같지 않습니다. 사실 농어민이나 일정소득 이하 근로자 등에게는 이해관계가 첨예하기 때문에 비과세 감면을 축소하기란 매우 어렵워서 비과세 감면을 줄인다 해도 추가로 얻을 수 있는 재원은 4~5조 원밖에 되지 않습니다. 보편적 복지를 실현하기에는 너무나 부족한 액수입니다.

정부 수입의 대부분은 세금수입입니다. 증세 없이 대폭적인 복지 확대는 사실상 불가능합니다. 복지와 세금은 동전의 양면인 것입니다. 복지를 얘기하면서 재원대책을 얘기하지 않거나 가능하지도 않는 방안을 마치 대책인양 얘기하는 것은 무책임하기는 마찬가지입니다. 복지에 대한 논쟁이 시작된 마당에 적극적으로 증세에 대해 얘기해야 합니다. 부자감세 철회에 그쳐서는 안 되고, 부자증세는 물론 보편증세까지 나아갈 수 있어야 합니다.

부자증세, 보편적 증세로 가기 전 단계

김윤태 조승수 대표의 입장은 단계적으로 가자는 세 번째 안인 것 같습니다. 최근 한국사회여론연구소 여론조사를 보니 "세금을 올려서라도 복지를 늘려야 한다"는 입장이 약간 더 높게 나왔습니다. 그럼에도 여전히 증세 반대 여론이 비등하게 높은데, 그들을 설득할 논리는 무엇이 있을까요?

조승수 정교한 접근이 필요하다는 데 동의합니다. 일반적으로 증세에 대한 거부감은 조세형평성에 대한 국민 불만이 높고, 열악한 복지체계로 인해 세금을 내도 자신에게 돌아오는 게 없기 때문입니다. 최근《한겨레》여론조사에서 우리나라 복지가 부족하다는 의견이 50퍼센트가 넘었고, 그 전의 통계청 조사에서도 우리 사회가 불공평하다는 의견이 70.1퍼센트나 나왔다는 것이 이를 반증합니다.

사회복지세나 부유세는 부유층들이 세금의 대부분을 부담하는 부자증세입니다. 하지만 부자증세만으로 보편적 복지에 필요한 재원 모두를 충당할 수 없습니다. 부자증세를 바탕으로 보편적 증세로 단계적으로 가자는 이유는 부자증세를 통해 조세형평성에 대한 국민 불만도 해소하고 이를 통해 마련한 돈으로 복지를 확대함으로써 보편적 증세에 대한 국민적 동의를 확보할 수 있기 때문입니다. 부자증세를 통해 마련된 재원으로 국민의 5대 불안을 어느 정도 해소해 주면 국민 스스로 '이런 복지국가라면 나도 세금을 더 내겠다'고 생각하지 않겠습니까? 보편적 증세를 통한 보편적 복지까지 가기 전까지는, 부자증세를 통해 복지에 대해 체감할 수 있도록 하는 것이 현실적이라고 생각합니다.

김윤태 조승수 대표가 대표 발의한 '사회복지세법안'에 대해 구체적인 설명 부탁드립니다.

조승수 진보신당은 최근 '사회연대 복지국가'라는 이름으로 진보신당이 생각하는 국가비젼과 종합적인 복지구상을 발표한 바 있습니다. 이를 위해서는 연간 60조 원 정도가 추가로 필요합니다.

복지에는 한국적 특성이 감안돼야 하는데, 한국사회가 직면하고 있는 가장 핵심적인 문제는 바로 노동시장 양극화입니다. 노동시장을 제대로 개혁하지 않고서 복지국가로 갈 수는 없습니다. 노동시장에서 1차 분배가 벌어지고, 조세와 재정지출을 통해 2차 분배가 발생하는데, 1차 분배인 노동시장에서의 근로소득이 심각하게 벌어져 있는 상태에서 2차 분배는 한계가 있을 수밖에 없습니다. 1차 분배를 효과적으로 하기 위해 노동시장에 우선 20조 원을 투입하면 녹색 일자리, 복지 일자리를 70만 개 늘리고 노동시간 단축을 통한 일자리 나누기를 통해 40만 개, 그러면 총 110만 개의 일자리가 새로 만들어질 수 있습니다. 그리고 2차 분배를 위해 복지지출을 확대하여 서민의 5대 불안, 보육과 교육, 주거, 의료와 노후 문제를 해결하는 데 추가적으로 40조 원을 투입합니다.

경제협력개발기구(OECD) 평균 수준의 조세부담률을 적용하면 우리나라도 1년에 100조 원을 추가로 걷을 수 있습니다. 60조 원을 추가로 마련하는 것은 불가능하지 않습니다. 사교육비만 연 21조 원이고, 민간의료보험이 25조 원이나 됩니다. 보편적 복지확대를 통해 우리 국민이 겪고 있는 사교육비 지출 부담, 민간의료보험 부담, OECD 최고 수준인 집값만 해결해도 국민들은 증세에 흔쾌히 동의해줄 것입니다.

복지재원 확충을 위해 진보신당은 이미 작년에 사회복지세법 제정안을 국회에 제출한 바 있습니다. 사회복지세는 400만 원 넘게 소득세를 내는 고소득자와, 5억 원 이상의 법인세를 납부하는 기업들을 대상으로 소득세와 법인세 납부액의 15~30퍼센트를 추가로 부과해서 오로지 복지에만 지출하도록 하는 세금입니다. 이럴 경우 사회복지세를 부담하는 대상은 상위 5퍼센트의 고소득자와 1퍼센트의 대기업에 국한되는 일종의 부자증세입니다. 또한 사회복지세는 복지 목적으로만 지출하도록 하는 목적세여서 다시 국민들의 복지혜택으로 고스란히 되돌려줄 수 있는 세금입니다. 또한 사회복지세의 절반은 지자체와 지방교육청의 복지예산으로 교부하여 지방복지와 교육복지 확대에도 도움이 될 것입니다.

사회복지세를 구체적으로 어느 복지 분야에 지출할 것인지는 추가적 논의와 사회적 합의가 필요하겠지만 부자증세이자 복지증세로서의 사회복지세는 세금에 대한 국민적 동의를 얻는데 일종의 '마중물'과도 같은 역할을 할 것입니다. 사회복지세로 얻을 수 있는 돈은 연간 15조 원 정도지만 이를 통해 복지확대를 경험해본 국민들이 보편적 증세에도 동의할 수 있을 것이기 때문입니다.

또한 사회복지세는 주로 소득세에 부과하는 세금이어서 과세 여건이 이미 마련돼 있습니다. 다음 총선에서 여기에 동의하는 세력이 다수당이 된다면 바로 실현이 가능합니다만, 이와는 달리 부유세는 재산에 부과되는 보유세의 일종이어서 과세기반을 마련하기 위해서는 최소 2~3년의 준비 기간이 필요합니다. 증세는 집권 초기에 실현하지 않으면 어렵습니다. 집권 후반기에 뭘 하겠다고 하면, 또 '거봐라. 똑같다'는 얘기를 들을 수밖에 없고 부자증세를 통한 복지확대로 좌초될 가능성이 높습니다. 이런 의미에서도 사회복지세는 다른 증세 방안에 비해 그 실현 가능성이 높은 제도라 할 수 있겠습니다.

김대중-노무현 정부, 복지의 공공성 훼손시켰다

김윤태 김대중-노무현 정부 10년의 복지정책은 어떻게 평가하십니까? 최근 민주당이 보편적 복지를 강령에 넣었고 무상 시리즈를 통해 보편적 복지에 대한 의지를 보이고 있지만, 지난 10년의 민주정부의 평가에서 자유롭지 않아 보입니다.

조승수 최근 최장집 고려대 교수의 《프레시안》 인터뷰를 보니 "복지국가 하루 하다 쓰러지는 것이 아니지 않냐. 투입은 얘기 하지 않고 산출만 말하고 있다"고 하시더라. 어떤 정당이 정책을 바꾸는 것이야 문제 될게 없지만 그럼에도 불구하고 그 정당이 과거에 무엇을 했고 어떤 입장을 취했는지는 여전히 중요할 수밖에 없습니다.

민주당 정부 10년을 얘기하려면 고용시장과 노동정책 얘기를 안 할 수 없는데, 국민의 정부와 참여정부 공히 이전 정권이 취해왔던 시장 중심의 노동정책을 그대로 답습했습니다. 그 대표적인 것이 비정규직법입니다. 당시 민주노동당이 사용사유제한을 강력하게 얘기했지만 받아들여지지 않았습니다. 지금 비정규직법이 차별 시정 부분에서 일부 효과가 있긴 하지만 최근 늘어나고 있는 간접고용은 전혀 규제하지 못하고 있습니다. 홍익대 청소 노동자들의 사례가 대표적이라 할 수 있습니다.

또한 두 정부 모두 복지의 공공성을 상당히 훼손시켰습니다. 양적으로는 늘어났는지 모르지만 두 정부 모두 전통적인 가족복지에 기반을 둔 채 복지영역을 민간에 대폭 이양해왔습니다. 대표적인 것이 의료민영화를 추진한 것이고, 공보육을 외면한 것입니다. 기존 복지제도의 사각지대도 전혀 줄이지 못했고, 일부는 잘못된 통계에 기반을 두기까지 했습니다. 엄밀히 말하면 주택융자는 OECD 기준으로 '사회복지지출'에 들어가지 않는데 그런 분야까지 다 포함시켜 복지지출을 25퍼센트까지 올렸다고 주장했는데 이는 잘못된 것입니다.

마지막으로 짚어야 할 것은 이른바 '비전 2030'입니다. 노무현 정부 말기에 추진된 것도 불행한 일이지만 실제 내용을 들여다봐도 문제는 많습니다. 2030년까지 약 1,100조 원 이상의 재원이 필요하다고 했으면서도 재원 마련 방안은 지금의 민주당의 주장과 똑같습니다. 세출구조 개혁, 비과세 감면 축소가 필요하다지만 이에 대한 구체적이고 실질적인 계획은 없습니다. 물론 조세제도 개혁을 언급하긴 했지만 복지 확대를 위해 꼭 필요한 증세 얘기는 아예 없습니다. 장밋빛 청사진을 그려 놓았지만, '비전 2030'이야말로 민주정부 10년의 한계를 그대로 드러낸 것입니다.

김윤태 많은 비판이 있는 것처럼 역시 두 정부가 신자유주의적인 성격이 너무 강했다고 평가하는 건가요?

조승수 노무현 전 대통령도 회고록에서 노동시장 유연화를 받아들인 것이 뼈아프다고 했습니다. 그런데 참여정부에 참여했던 분들은 정작 아직도 명쾌하게 정리하지 않고 있는 것 같습니다. '조금 문제가 있었다' 내지는 함구하고 있습니다. 여러 차례 강조했지만 복지를 위해서는 좋은 일자리가 가장 우선인데, 지금 우리 노동시장에서 비정규직은 정규직 임금의 50퍼센트도 못 받는 구조로 엄청나게 늘어나 있습니다. 이것 자체가 두 정부의 뼈아픈 실패라고 봅니다.

김윤태 노동시장을 보면 그렇지만, 기초생활보호제도 등 김대중 정부가 복지의 틀을 마련하고 노무현 정부 역시 복지재정을 늘려와 복지국가의 초기로 볼 수 있다는 평가도 있습니다.

조승수 영세민 보호제도로 국민기초생활제도를 도입한 것은 분명 진전입니다. 그러나 우리 경제력과 비슷한 다른 나라와 비교해보면 그 제도는 너무나 기초적인 것이었습니다. 또 제한적인 제도였습니다. 주요 작동 원리도 시장주의적 접근이었고 그것을 놓고 보편적 복지국가로 나아가기 위한 토대를 만

“사실 연대는 상대가 있는 것입니다. 그래서 자기주장을 100퍼센트 관철시킬 순 없습니다. 선거 국면에서는 조금 수위를 낮추는 것도, 또 열어놓을 수도 있습니다. 그러나 한 가지 확실한 것은 정책 중심의 가치 연대가 되어야지, 무조건 ‘이명박을 넘는 것’만이 선이라고 주장해서는 곤란하다는 생각입니다. 모든 세력이 모여 국민의 정부를 만들고 참여정부를 만들었지만 정작 노동자들은 배신감을 느꼈던 오류를 또 반복할 수는 없습니다. 물론 한나라당의 재집권을 저지하는 것이 여러 가지로 중요하기 때문에 진정성이 확인된다면 단계적 접근도 가능하다고 생각합니다.”

들었다고 말할 수 있을까요? 힘들다고 봅니다.

부유세 얘기했던 민주노동당의 조심스러운 태도, 납득 안 된다

김윤태 진보신당이 얘기하는 사회연대 복지국가 구상은 스웨덴 등 북유럽 국가를 모델로 한 것인가요?

조승수 그렇습니다. 스웨덴은 국민소득 1만 달러에 도달했을 때 복지제도의 기초를 놓았습니다. 유렵 복지국가의 경험으로 볼 때 복지제도는 경제력이나 소득수준이 문제가 아니라 그 제도를 실현시키는 사회적 합의와 이를 이끌어내는 정치주체의 문제가 더욱 중요합니다. 현재 우리나라의 국민소득과 경제력을 감안한다면 더 이상 과거와 같은 고도성장은 사실상 불가능하고, 현재와 같은 기본 성장을 유지하는 가운데 좀 더 안전한 복지국가로 나아가야 합니다. 지금과 같이 시장질서에 기초한 선별적 복지로는 우리 사회 양극화 구조는 해결할 수 없고, 양극화의 심화로 인해 우리의 성장 잠재력도 저하될 수밖에 없습니다. 국정운영의 철학과 기조를 전면적으로 수정해야 합니다.

김윤태 이명박 대통령은 '스웨덴 국왕조차 스웨덴식으로 복지재정을 늘리면 안 된다고 얘기했다'고 주장했는데, 이에 대한 생각은 어떠십니까?

조승수 북유럽은 서구에서 안정적인 성장률을 유지하고 있습니다. 기존의 복지체제가 가져 온 한계를 보완하자는 논쟁은 벌어지고 있지만 복지를 제대로 해보지 않은 우리나라를 스웨덴과 곧장 비교하는 것은 그야말로 무식의 소치라고 봅니다. 이건희 삼성그룹 회장이 직원들한테 '왜 스웨덴의 발렌베리는 국민의 존경을 받는지 연구 좀 해봐라'고 했다는데, 이런 시각으로는 아무리 연구해도 답이 나올 수 없습니다.

복지국가 역시 나라마다 특수성과 조건을 반영할 수밖에 없지만 현재까지는 북유럽 복지국가 모델이 그나마 검증돼 있는 가장 안전하고 인간다운 복지 사회라는 생각입니다.

김윤태 증세에 대해서 민주노동당은 진보신당과는 또 다른 입장인데, 그 차이에 대한 설명을 듣고 싶습니다.

조승수 최근의 민주노동당은 너무나 조심스러운 태도가 보이고 있습니다. 증세가 필요하긴 하지만 증세가 실현 가능하려면 국민이 수용할 수 있는 수준에서 합의되어야 한다고 주장하면서, 소득세와 법인세 최고세율을 올리는 방안을 제안하고 있는데, 저로서는 이런 민주노동당의 태도가 잘 이해되지 않습니다. 기존 세금의 최고세율을 올리는 것은 국민이 수용할 수 있고, 사회복지세나 부유세처럼 새로운 세금을 신설하는 것은 국민이 수용할 수 없을 것처럼 얘기하는 것은 근거가 없습니다. 그리고 민주노동당 방안으로는 보편적 복지를 위해 필요한 재원을 조달하기 어렵습니다.

모든 국민이 다 알다시피 부유세는 민주노동당의 대표 공약이었지만 후속 작업도 없이 사실상 방치해 온 것이나 마찬가지입니다. 그래서 지금은 민주노동당이 아닌 다른 당 의원이 부유세를 얘기하고 다니게 된 것은 뼈아픈 실수입니다. 민주노동당은 소수정당입니다. 어떤 제도가 실현이 되고 안 되고도 중요하지만 소수정당은 그 제도를 사회적 의제로 만들고 쟁점화하는 데 적극적인 역할을 해야 합니다. 최근의 무상급식이나 반값 등록금에 대한 국민적 기대로 요구가 높아진 것에서 알 수 있는 것처럼 진보정당의 선도적인 문제제기와 지속적인 요구가 뒷받침되면 실현가능성도 그만큼 높아질 수 있는 것입니다.

꼭 사회복지세에 동의해 달라는 것은 아니지만 복지재원을 마련하기 위한 다른 안이라도 적극 내놓아야 합니다. 민주당까지도 복지 논쟁에 뛰어든 마당에 민주당을 견인해 나가는 역할을 진보정당이 해야 하는 것 아닌가, 너무 점잖은 야당을 하려는 건 아닌가 싶습니다.

유시민, 파티에 차려진 식단에 동의하면 본인이 와야 한다

김윤태 야권연대와 진보대통합에 대한 얘기를 해보겠습니다. 민주노동당과 진보신당 등 진보정당이 한데 모여 진보대통합을 추진하고 있습니다. 여기에 민주당은 제외하고 있는 반면에 민주당 일부는 민주당과 진보정당의 연대와 통합을 주장하고 있습니다. 이는 어떻게 보십니까?

조승수 최근 진보대통합과 새로운 진보정당 건설을 위한 연석회의가 만들어졌는데, 과거 진보정당 운동의 오류와 실패를 반복하지 않기 위해서입니다. 민주노동당과 진보신당만의 '도로 민주노동당'의 통합이 아니라 새로운 진보세력이 대거 참여하는 데 의미를 두고 있습니다. 양적인 규모뿐 아니라 기존에는 진보정당 운동에 참여하지 않던 세력이 함께 하고 있습니다. 한국

정치는 여전히 3정당 구조가 유효하고 필요합니다. 다른 말로 하면 진보정치 세력의 독자성이 아직은 유효하고 중요하다는 것입니다.

2011년까지 새 정당을 건설하자는 데는 큰 틀에서 합의를 이뤘고, 신자유주의와 한미 자유무역협정(FTA) 반대, 비정규직 철폐 등에 동의하는 세력이라면 다 함께 하기로 했습니다. 민주당과 연대는 할 수 있지만 통합은 어렵다고 봅니다. 국민참여당 역시 우리가 제시하는 기준에 동의하면 가능하겠지만 그쪽이 먼저 정리해야 합니다. 내가 채식으로 식단을 차렸는데 그 사람이 채식에 동의하면 오는 것이고 육식을 해야겠다고 하면 못 오는 것입니다. 과거 10년의 정부 문제를 스스로 정리하고 와야지 정리하지 않고 '초대받지 못했다'고 말할 문제는 아니라고 봅니다.

김윤태 국민참여당이 앞서 제시한 과거 10년 정부의 스스로의 문제 정리 등의 기준들에 부합하지 않더라도 선거를 앞두고 정책연합이나 후보단일화 논의도 가능하다는 것인가요?

조승수 물론입니다. 6.2 지방선거는 그 과정을 보면 사실 야권연대의 실패였습니다. 5+4도 결렬됐고, 다만 결과적으로 몇몇 곳에서 조정이 되면서 성공한 것처럼 비춰졌을 뿐입니다. 야권연대라 하더라도 가치가 기준이 되어야 합니다. 그러나 어떤 정치세력과도 정책연합이나 후보단일화는 유연하게 할 수 있습니다.

민주당과 연대, 진정성만 확인되면 단계적 접근도 가능

김윤태 그렇다면 민주당이 한미 FTA나 비정규직 문제에 뜻을 같이 한다면 통합도 마다하지 않는다는 것입니까?

조승수 같은 얘깁니다. 지난 지방선거 때도 '반MB 가치 연대'를 제안했는데 민주당에서 지방선거와 한미 FTA가 무슨 관계냐고 나왔습니다. 총선은 전국 선거입니다. 내용이 제대로 논의되는 연대가 되어야 합니다. 만일 민주당이 진보진영의 가치와 원칙에 동의한다면 그야말로 진보와 보수의 구도로 바로 가는 것입니다.

사실 연대는 상대가 있는 것입니다. 그래서 자기주장을 100퍼센트 관철시킬 순 없습니다. 선거 국면에서는 조금 수위를 낮추는 것도, 또 열어놓을 수도 있습니다. 그러나 한 가지 확실한 것은 정책 중심의 가치 연대가 되어야지, 무조건 '이명박을 넘는 것'만이 선이라고 주장해서는 곤란하다는 생각입니다. 모든 세력이 모여 국민의 정부를 만들고 참여정부를 만들었지만 정작 노동자들은 배신감을 느꼈던 오류를 또 반복할 수는 없습니다. 물론 한나라당의 재집권을 저지하는 것이 여러 가지로 중요하기 때문에 진정성이 확인된다면 단계적 접근도 가능하다고 생각합니다.

이명박 정부 아래에서 사실 우리 정치 지형에도 변화가 생겼는데, 이른바 양당 구조로 수렴되는 정치가 된 것입니다. 한쪽이 굉장히 강하면 다른 한쪽도 큰 세력을 중심으로 모이자는 의견이 강해집니다. 이 상황에서 민주당 정부 10년을 반성하라고 말할 필요는 없을지 몰라도 앞으로 당신들이 무엇을 할 것인지는 분명히 하자는 얘깁니다. 그러고 나서 정책적 연대가 가능할지

후보단일화까지 갈 수 있을지를 판단해야 합니다. 결과적으로는 같은 얘기인지도 모르지만 '먼저 반성부터 하라'고 얘기할 필요는 없다고 봅니다.

진보정당, 과거 부정적 유산 잘 정리 못하면 존재 사라질 수도

김윤태 진보진영 내부 통합의 전망은 어떻게 보십니까? 민주노동당에서 분당해 나오면서 불거졌던 종북주의 논쟁의 상처도 서로 컸던 걸로 알고 있습니다.

조승수 내부 논의가 한편으로는 활발하고 한편으로는 복잡합니다. 자신이 속한 정당의 독자적인 존재의미가 있겠지만 그렇다고 해서 자신의 존재 그 자체에 의미를 두는 것이 정치의 목표가 되어서는 안 된다고 봅니다. 한국사회의 정치적 변화가 가장 중요하다는 생각입니다. 3월 27일 당대회에서 1차적으로 정리될 것이고, 올 2011년 여름이면 큰 틀의 판단이 내려질 것으로 보고 있습니다.

진보정당의 역사가 사실 그리 깊지 않고 또 분단이라는 특수하고 열악한 조건이 있습니다. 영국 노동당은 창당 50년 만에 집권했고 브라질의 노동자당(페테당)도 20년 만에 집권했습니다. 진보정당의 집권은 사실 쉬운 문제는 아닙니다. 또 한국사회는 굉장히 빠르게 변하고 있는데다 진보정당이 태동하자마자 새로운 국면을 맞이하고 지지층도 만들어야 하는 동시다발적인 과제를 안고 있습니다. 진보진영 스스로 자기 혁신을 하지 않으면 결국 소수자로 전락할 가능성도 있다고 봅니다.

사실 종북주의와 패권이 다르지 않다고 봅니다. 오랜 민주화운동의 경험에서 나타난 이른바 운동권적인 노선 대립이 있습니다. 그런데 지금은 집단보다는 개인의 판단이 더욱 중요한 시기입니다. 인터넷이나 페이스북, 트위터 등을 보더라도 과거처럼 대의나 명분에 대한 공감과 공분보다는 작은 정서적 수단이 사회적으로 작동하고 있습니다. 정치도 마찬가지인 것 같습니다. 세대의 이런 정서적 변화를 수용하려는 노력을 해야 합니다. 무엇보다 전통적으로 진보정당의 지지 기반인 노동자 조직이 그 예를 찾을 수 없을 만큼 낮은 조직률을 보이고 있고 여전히 대기업 남성 노동자 중심의 조직문화를 걱정하지 않을 수 없습니다.

과거로부터 물려받은 부정적 유산을 어떻게 잘 정리하고 새로운 시대 조건에 맞는 현대적 진보정당으로 거듭날 것인지 자기 노력을 해야 합니다. 안 그러면 빠른 시대의 격랑에 휩쓸려 일정 시간이 지나면 존재를 확인할 수 없게 될지 모릅니다. 한국정치가 다시 보수 양당구도로 갈 수도 있는 중차대한 시기에 있다고 생각합니다.

김윤태 복지국가에 대한 구상은 앞서 들었습니다. 그 외에 꿈꾸고 있는 대한민국의 모습이 있다면 말씀 부탁드립니다. 마지막 질문이 될 것 같습니다.

조승수 생태에 기반한 복지국가입니다. 초록 복지국가가 우리가 가야 할 길입니다. 최근의 구제역 사태에서도 바로 그 부분이 빠져 있습니다. 복지국가 시스템을 통해 안전한 사회를 만드는 것도 물론 중요합니다. 그러나 현재와 같은 대량생산 시스템으로는 결국 사람이 행복할 수 없는 조건이 되어버릴 것입니다. 당장 모든 국민에게 채식을 강요할 수는 없지만 정치적으로 생태에 관한 철학과 개념이 도입될 시기라고 봅니다. 평등 없는 생태는 공허하고 생태가 없는 평등은 죽음의 욕망입니다.

김윤태 긴 시간 말씀 감사합니다.

10;

적극적 증세?
'종부세 실패' 되풀이해선 안 돼

이정희

민주노동당 대표

이정희 민주노동당 대표는 인터뷰할 때 신중하기로 유명한 사람이다. 답변도 늦게 나오고 어휘 선택도 함부로 하지 않는다. 이러한 그의 스타일은 장점이면서 동시에 단점이다. 40대 초반의 젊은 야당 대표가 신중한 언행을 하니 보기에 따라서는 안정감이 있어 보일 수도 있고 한편으로는 지나치게 조심한다는 인상을 줘, 어정쩡한 이미지를 연출할 수도 있다. 이번 인터뷰에서 보인 이정희 대표의 이런 면모가 진보정당에서 그간 보지 못한 안정감인지, 아니면 어정쩡함인지를 판단하는 것은 독자들의 몫이다.

이정희 대표의 복지 또는 복지국가 문제에 대한 태도는 특정한 하나의 입장으로 규정하기 쉽지 않다. 부유세를 최초로 주장한 정당의 대표인데, 부유세 도입에 대해 신중한 입장을 보이고 어떤 말에서는 복지 의제보다 비정규직 의제가 더 중요한 것처럼 말하기도 한다. "최저임금 인상 싸움"에 주력하겠다고 하면서 그런 것을 하지 않으면 "밑 빠진 독에 물 붓기"라고 한다. 그가 여러 자리에서 말한 "노동 없는 복지는 안 된다는 것"이다.

그리고 보편적 복지에 대해서도 진보진영에서 흔히 이야기는 것과는 다르게 접근한다. 권리로서의 복지를 말할 때는 당연히 보편적 복지여야 한다면서 '교육과 의료' 이외의 분야에서는 좀 더 생각해볼 여지가 있다고 주장한다. 그는 복지란 '살아 숨 쉬는 것만으로도 누릴 수 있는 권리'임을 강조하는 것 못지않게, 오늘의 한국 현실에 어떻게 실현시킬 것인가에 대한 해법을 찾는 것이 중요하다고 강조한다. 또한 '복지 원조'를 내세우기보다, '원조로서의 책임감'을 생각해야 한다고 말한다.

복지규모를 늘리는 것에는 그도 찬성한다. 재정 투입 없이 각종 복지제도를 확립할 수 없다는 것은 상식적인 것이니 당연한 답변이다. 그런데 복지재정 규모를 늘리기 위한 방법론, 즉 증세 문제에 대해서는 예상 밖의 답변을 내놓는다. 그는 '정치적 구호로서의 증세'가 아니라 국민의 공감을 얻고 치밀한 방법론이 갖춰진 '실현 가능한 증세'에 주목한다. 우리 사회의 '고소득층'과 대립 구도를 설정하고 공격하는 방식이 아닌, 그들의 사회적 책임을 다하도록 한다는 차원에서의 증세를 모색한다. "조세 감면의 확실한 개편"부터 시작해서 적극적인 증세로 나아가야 한다는 것이 그의 주장이다. 그의 이러한 태도는 "욕심 부리지 말아야 한다"는 말에서 상징적으로 드러난다. 한편 그는 '스웨덴 모델', '영미 모델'과 같은 '모델 논쟁'을 그다지 중요하게 여기지 않는다. 그는 특정 '모델'을 선택하는 것보다는 지금 발 딛고 선 현실을 변화시키는 것이 더 중요하다고 말한다.

야권연대에 대한 이정희 민주노동당 대표의 의지는 단호하다. "절실"하다는 것이고 "절체절명"이라는 것이다. 하지만 그에게 무엇보다 절실한 것은 진보신당과의 통합이다. 그러고 나서 민주당과 총선과 대선에서 꼭 연대하겠다는 생각이다. 경우에 따라서는 연정도 검토 가능하다고 한다. 물론 현재로서는 단언할 수 없다는 전제를 깔아두긴 했다. 민주당과의 통합은 현실 가능성이 없다고 생각하고 있다. 정책 방향은 이미 진보로 수렴되고 있다고 평가했지만 정당구조의 문제가 통합의 걸림돌이라고 보고 있다. 당원이 직접, 당직 후보와 공직 후보를 선출할 수 있는 민주적인 당 운영구조를 갖춰야 한다고 보는 것이다.

그렇다면 진보진영 통합의 여러 쟁점에 대해서는 어떻게 생각하고 있을까? 한마디로 말하자면 통합의 장애물이 별로 없다는 입장이다. 종북주의 논란에 대해서도 이정희 대표는 한반도 긴장이 악화되어서는 안 된다는 입장을 밝혔다고 했고, 북한 권력 승계 문제에 대해서도 사건 당시 민주노동당과 진보신당의 논평이 차이가 없었다고 했다. 여기서 이정희 대표는 '3대 세습 문제'가 아니라 '권력 승계'라는 표현을 썼다. 그는 장애물이 없다고 하지만 장애물이 있는 것이다.

이정희 대표는 북핵 문제에 대한 질문에서도 '한반도 비핵화'에 찬성한다면서도 북핵 문제를 미국과 북한이 반반씩 책임져야 한다는 50 대 50의 양비론으로 보면 안 된다고 했다. 미국의 책임이 분명하다고 주장하는 것이다. 북한 인권 문제에 대해 그는 국제 인권의 보편적 기준에서 접근하는 것이 필요하다는 점에 동의한다. 그러나 국제 인권 실현이 정치적 공세의 일환이나 무력 공격을 합리화하는 것이어서는 안 된다고 말한다. 그는 '우리가 증진시킬 수 있는 인권'으로 '평화'를 강조한다.

이정희 대표의 이 같은 인식이 진보정당 통합의 걸림돌이 될지, 아니면 그의 말대로 '문제가 될 사안'이 될지 아직 속단하기 이르다. 2011년 6월 1일 '진보정치대통합과 새로운 진보정당 건설을 위한 진보진영 대표자 연석회의'는 긴 산고 끝에 최종합의문을 내 민주노동당과 진보신당 간의 통합을 결의했고, 이제 두 당의 추인을 앞두고 있다.

이정희(李正姬)

1969년 서울 출생
1992년 서울대학교 법과대학 공법학과 졸업
1990년 서울대학교 총여학생회장
1996년 제38회 사법시험 합격
2000년 사법연수원 제29기 수료
2005년 민주사회를 위한 변호사모임 여성복지위원회 위원장
2006년 주한미군범죄근절운동본부 공동대표
2008년 민주노동당 18대 총선 비례대표 당선, 민주노동당 원내 부대표, 민주노동당 정책위의장, 국회 정무위원회 위원, 국회 예산결산특별위원회 위원, 국회운영위원회 위원

현 | 국회 기획재정위원 위원, 민주노동당 대표
저서 | 『사랑하며 노래하며 아파하다』(2010), 『광장에서 길을 묻다』(공저, 2011), 『미래의 진보』(공저, 2011)

복지, 말이 아니라 현실의 싸움이 중요하다

김윤태 2010년 7월부터 40대의 젊은 정치인으로 당 대표를 맡아 오셨고, 그래서 언론의 많은 관심을 받으셨습니다. 그동안의 활동을 평가해 본다면 어떠십니까?

이정희 2012년에는 굉장히 큰 변화가 예고됩니다. 꿈도 중요하지만 실현이 더 중요하다고 생각해 느리지만 그동안 변화를 준비해 왔습니다. 눈에 보이는 뚜렷한 성과를 말하기는 어렵지만 진보정치 통합의 걸림돌을 제거하는 중이라고 판단하고 있습니다. 당이 확고히 방향을 잡았고, 진보정치의 통합이 더 이상 늦춰지거나 돌이킬 수 있는 일이 아니라는 것, 2012년의 야권연대 역시 좀 더 길고 단단하게 지속되어야 한다는 것에 모두가 동의하게 됐습니다. 준비는 거의 마무리되었고 이제 발동을 걸 때가 되었습니다. 민주노동당 스스로도 어떤 정책으로 총선과 대선을 치를 것인지를 준비해 왔습니다.

김윤태 어찌 보면 민주노동당은 복지정책의 원조라고 할 수 있습니다. 최근 민주당뿐 아니라 한나라당까지 복지를 얘기하고 있는데 이런 현상을 보면서 소회가 남다를 것 같습니다.

이정희 복지 논쟁이 시작되고 이미 하나의 방향을 잡아가고 있는 것은 매우 긍정적으로 보고 있습니다. 그러나 궁금한 점이 있는데, 그래서 어떻게 만들 건가요? 정권을 잡으면 한다지만 그 전에 당신은 지금 무엇을 하고 있나요? 여러 정책을 얘기하고 얼마를 쓰겠다고 말하는 것으로 실현되는 것은 아니고, 복지정책은 하나하나가 굉장히 어려운 현실의 싸움이기 때문입니다.

무상급식만 봐도 김상곤 경기도 교육감이 지방선거 전부터 1년 넘게 싸웠고 지방선거를 거치면서 그에 대한 국민의 지지가 확인됐기 때문에 현실화된 것입니다. 제가, 우리 정당이 얼마 쓰겠다는 말 한마디로 만들어진 것이 아닙니다. 그래서 우리는 지금 내놓은 정책을 어떻게 실현시킬 수 있는지에 관심이 더 많습니다. 그것은 지금 무엇을 할 것인지의 문제입니다. 그러나 이 부분은 아직 정치권에서 분명하게 논의되고 있지는 못하다고 평가하고 있습니다.

김윤태 그럼에도 불구하고 정동영 민주당 최고위원이 부유세를 얘기하는 등 논쟁에 적극적인 데 반해 민주노동당은 현재의 복지 논쟁을 주도하지 못하고 있다는 평가도 있습니다.

이정희 복지 문제를 오랫동안 얘기해 온 정당으로 '사실 우리가 다 고민 해봤는데'라는 느낌이 좀 있습니다. '문제는 현실로 만드는 거야'라는……. 민주노동당은 현실로 만들기 위해서 여러 가지 증세 노력을 해왔습니다. 때로는 부유세라는 세목으로 얘기해 본 적도 있고 조세 징수기반 확충을 통해 지하경제 세원을 드러내자는 얘기도 해봤습니다. 2010년에는 정부가 임시투자세액 공제를 폐지하겠다고 하는데 민주당이 말려서 못했습니다. 그런 과정을 보면서 조세감면 폐지 등 증세가 어느 정도의 사회적 합의와 힘이 결집되어야 가능한 것인지 깊이 생각하게 됐습니다.

민주노동당은 10년 동안 복지를 얘기해 왔습니다. 그 가운데 '암부터 무상의료'로 표현되는 암 환자의 본인부담률을 낮추는 것은 확실히 실현시켰습니다. 그리고 또 한 가지가 무상급식입니다. 그 외에는 실현되지 못하거나 오히려 후퇴하기도 했습니다. 하나의 복지정책을 만들고 법을 만들고 예산을 확보해 밀어붙이는 데까지는 대단히 넓은 국민적 지지와 확실한 힘이 있어야 합니다. 반대하는 세력을 제압하고 설득할 수 있는 집중성이 필요하고 또 국민의 갈망과 분출도 있어야 합니다. 신중한 계획도 필요하고 사회적 합의도 필요하고 그 합의를 이끌어낼 수 있는 단단한 힘까지, 이 모든 것이 함께 모여야 가능합니다.

그런 배경을 만들기 위해 민주노동당이 신중한 고민을 해왔다고 보면 됩니다. 2011년에는 무엇보다 최저임금 인상 싸움에 집중할 생각입니다. 최저임금이 현실화되지 않고 비정규직 문제가 해결되지 않은 상태에서 복지를 자리잡게 하는 것은 밑 빠진 독에 물 붓기입니다. 최저임금 투쟁을 통해 비정규직 노동자의 조직화와 노동운동에 대한 국민의 신뢰도 생겨날 것이며, 또 진보정당의 주도성도 만들어낼 수 있을 것입니다.

'종부세 실패' 되풀이하지 않도록 증세는 치밀하게 준비해야

김윤태 그렇다면 기존에 민주노동당이 갖고 있던 부유세 입장은 여전한 것인가요? 아니라면 복지재원 마련을 위해 어떤 구체적인 다른 안을 가지고 있나요?

이정희 부유세는 원래 '부자에게 세금을'이라는 민주노동당의 큰 정책 방향을 표현한 말입니다. 그것이 어떤 세목으로 어떻게 나타나는지는 다양합니다. 아주 초기에는 부동산 등기부에 얼마에 팔았는지를 적도록 하는 것부터 부유세 정신 구현을 위한 기반을 닦아 나갔고, 부유세라는 세목으로 제시된 것도 일종의 정책 아이디어였습니다.

18대 국회에서는 조세 담당을 제가 맡고 있는데 증세가 얼마나 어려운지에 대해 뼈저리게 많이 느끼고 있습니다. 우리나라의 환경에서 모든 증세관련법은 헌법재판소를 안 거칠 수 없고 헌법재판소에서 담당하는 사건 중에 가장 많은 것이 조세 관련 사건입니다. 그만큼 이해관계가 첨예합니다. 최근에 헌재가 점점 더 일종의 '정치적 사법기관'이 되어가고 있어서 헌재를 통과할 수 있는, 논리적 약점이 없는 세금을 만들어야 안정적입니다.

종합부동산세라는 노무현 정부가 만들어낸 정의로운 세금이 무너지는 과정을 보면서 더 느꼈습니다. 종부세는 사실 부유세 정신을 실현시킨 단초였습니다. 그러나 한 번 무너진 세금을 다시 살리는 것은 정말 어렵습니다. 헌재 결정을 통해 줄어든 종부세 세원은 절반이지만 국민의 인식 속에 종부세는 이미 뼈대만 남아 버렸습니다.

그런 실패를 되풀이해서는 안 됩니다. 그러기 위해 대단히 치밀하게 증세법안을 준비해 왔습니다. 소득세 최고구간 신설도 그 중 하나입니다. 적용 계층이 대한민국 근로소득자의 0.5퍼센트로 굉장히 좁습니다. 법인세도 역시 200개 법인 정도에 해당됩니다. 최고구간에 부과하는 세금 외에 빈 구석을 찾아내는 것도 고민하고 있는데, 상장주식연대차익이 그것입니다. 물론 개미투자자들에게 부담을 주지 않는 방향으로 설계하고 있습니다.

모든 복지가 다 보편적일 필요는 없다

김윤태 그렇다면 복지의 혜택은 어떻게 가야 한다고 보시나요? 선별적 복지인가 보편적 복지인가요? 최근 무상급식 논쟁 과정에서 '삼성그룹 이건희 회장의 손자에게도 공짜 밥을 줘야 하냐'는 반박도 있습니다.

이정희 복지는 권리입니다. 권리로서의 성격을 갖고 있으므로 당연히 보편적일 수밖에 없습니다. 보편적이라는 의미는 그 권리를 행사하지 않는 것이 행사하는 것보다 낫다는 생각이 들어서는 안 된다는 것입니다. 또 권리 행사에서 사각지대가 생겨서는 안 된다는 것도 내포돼 있는 것입니다.

그러나 모든 분야의 복지가 다 보편적이어야 한다고 보지는 않습니다. 권리로서의 성격은 특히 교육과 의료에서 강한데, 이 두 분야는 수혜 대상을 일일이 가려내는 것보다 모두에게 인정해 주는 것이 낫습니다. 그러나 다른 분야는 좀 더 생각해 볼 여지가 있다는 생각입니다.

김윤태 복지의 확대가 기업에 너무 큰 부담을 주고 결국 국가경쟁력을 약화시킨다는 주장에 대해서는 어떻게 생각하십니까?

이정희 이명박 대통령조차 기업이 너무 고용을 하지 않는다고 비판하고 있는 것 아닌가요? 우리나라 GDP 대비 복지지출이 경제협력개발국(OECD) 국가 가운데 밑에서 두 번째입니다. 경제 규모는 전체의 11~13위 수준입니다. 이 정도 경제 수준에서 복지지출을 늘리는 것은 결코 무리가 아닙니다. 국민부담률이 48퍼센트인 스웨덴 수준으로 당장 가자는 것도 아니지 않습니까. OECD 평균까지 가야 한다는 것조차 과다하다고 한다면 그 주장이 오히려 무리한 것 아닌가요?

김윤태 스웨덴을 언급하셨는데 재원 말고도 어떤 복지국가로 갈 것인지도 논쟁 지점입니다. 구체적으로 생각하고 있는 모델이 있습니까?

이정희 어느 방향이라고 단정적으로 말하기는 쉽지 않습니다. 그러나 한 가지, 노인장기요양보험 같은 식은 되지 않아야 한다고 봅니다. 의욕적으로 만들었지만 모두 민간에게 맡겨 버렸습니다. 결국 공급은 과잉이 되고 복지의 질은 떨어졌고, 그 복지를 담당하는 사람의 삶의 질도 떨어졌습니다. 복지 공급은 일정 정도까지는 공공부문이 주도성을 가져야 합니다. 그리고 민간이 복지서비스를 제공한다고 해도, 일정한 자격기준이 필요합니다. 최소한 최저임금보다는 높은 임금을 주어야 하는 것 아닌가요.

복지 모델에 대한 논쟁이 되려면 일단 복지재정의 규모가 많이 늘어야 합니다. 그래야 어디서 빼서 어디에 넣을까를 고민할 수 있기 때문입니다. 지금은 한 곳에서 빼면 그 부분이 확 무너지는 상황입니다. 모델 논쟁은 상당한 시간이 흘러야 가능하지 않을까요?

김윤태 외국 사례도 그렇지만 우리나라의 조건이 복지국가로 가기에 쉽지 않다는 말도 있습니다. 노동조합 조직율도 10퍼센트 수준으로 매우 낮고 산별노조도 약하고 진보정당도 약합니다. 그래서 복지국가라는 이상이 관념적인 주장으로는 가능하지 않다는 비판도 있습니다.

이정희 가능한가, 아닌가의 문제로 보지는 않습니다. 다만 분명한 것은 복지를 확대하는 데 있어 가장 힘이 될 수 있는 사람은 복지를 필요로 하는 사람이고 그렇게 나설 수 있는 사람은 결국 노동조합이라는 것입니다. 최저임금을 받고 일하는 노동자만 해도 그렇습니다. 지금 최저임금은 4인 가구 최저생계비 수준도 안 됩니다. 복지제도 없이는 생활이 불가능합니다. 그러니 이들이 바로 당사자입니다. 이들이 복지 확대나 증세 등에 대해 자기 목소리를 내고 강력한 지지 여론을 퍼뜨릴 수 있기를 바라고 있습니다.

'부자감세' 철회가 먼저, 적극적 증세는 그 다음이다

김윤태 복지 확대에 따른 부담의 당사자는 누가 되어야 할까요? 노조나 일반 시민이 일정 정도 부담을 하더라도 복지국가로 나아가야 하는 건가요? 아니면 복지국가를 위해서 우선 기업이나 부유층이 더 많이 부담할 때라고 보시나요?

이정희 단계가 있다고 봅니다. 2013년이 되면 하루아침에 우리 사회의 틀이 복지국가로 변하는 것은 아닙니다. 처음에는 조세감면을 확실히 개편하는 것부터 시작할 것이고, 그러고 나서 적극적인 증세가 시작될 것입니다. 사실 현재 30퍼센트 수준인 비정규직의 사회보험가입률부터 끌어올려야 합니다. 국가가 가입 초기 보험료 감면 등을 통해 일정 정도 지원해주면서 끌어들여야 합니다. 그런 것들이 일정 정도 자리가 잡으면 그때는 사회보험료를 올릴 수 있습니다. 건강보험을 봐도 소득의 5.08퍼센트를 내는데 상한선이 있어서 맨 위로 올라가면 역누진이 됩니다. 전체 소득의 0.1퍼센트도 안 내는데, 그런 문제부터 풀지 않고 당신이 더 내라고 하는 건 정의의 관념에 맞지 않는다고 생각합니다.

"우리가 말하는 통합은 진보대통합입니다. 민주당은 거기에 들어가 있지 않습니다. 야권연대라는 의무를 위해 민주당도 내부 노력이 필요하다고 봅니다. 고통이 있을 수 있지만 국민은 그 고통을 굉장히 기쁘게 지켜볼 것이고, 빨리 추진하면 추진할수록 좀 더 빨리 결단할수록 우리 모두를 위해 좋습니다. 물론 총선에서뿐 아니라 대선에서도 민주당과 연대는 꼭 할 것입니다. 그리고 연정도 검토할 수 있습니다. 그러나 그것이 어떤 수준이 될지를 지금 말하기는 어렵습니다."

김윤태 최근 벌어지고 있는 '건강보험 하나로 운동'의 경우 국민이 일정액을 더 부담할 테니 보장률을 높이자는 것인데, 지금 얘기는 그런 주장에는 반대한다는 것인가요?

이정희 아닙니다. 그런 접근도 가능하다고 봅니다. 다만 복지국가로 가는 데 있어서 약간 에둘러 갈 수 있다는 얘깁니다. 이 길만이 절대적이라고 제한을 두지 말았으면 한다는 것입니다. 충분한 토론을 통해 조정이 가능한데, 단기간에 성과를 내야 한다거나 꼭 이 길로만 가야 한다고 주장하면 얘기가 복잡해집니다.

다음 정권을 잡는다고 해도 5년 안에 이 모든 것을 해낼 수 있다고 국민에게 약속할 수 없습니다. 욕심 부리지도 말아야 합니다. 복지지출을 OECD 평균까지 끌어올리는 건 가장 짧게 잡아도 10년은 걸립니다. 그런데 그 과정에서 노무현 정부 때처럼 일부 진전이 분명함에도 여러 문제점이 나타난다고 우리끼리 갈라서서야 되겠습니까? 어떻게 길게 같이 갈 것인지가 중요하다고 생각합니다. 종부세가 공격 대상이 될 때 같이 싸워 확실히 지켜줬어야 하지 않았나 하고 돌아보는 이유기도 합니다. 연대의 선이 확고해지는 것이 가장 우선이지, 각각의 정책 가운데 무엇이 정확한지를 놓고 논쟁하는 것이 더 중요하지는 않다고 봅니다.

김윤태 민주당 정부 10년의 복지정책에 대해서는 어떻게 평가하십니까?

이정희 김대중 정부의 가장 큰 성과는 국민기초생활보장제도의 도입이었습니다. 4인 가구 기준 노동자 평균 가구소득의 40퍼센트 수준에서 출발했으니 나쁘지 않았고 시의적절하기도 했습니다. 그런데 10년 후인 지금은 30퍼센트 수준까지 떨어져 버렸습니다. 노무현 정부에서도 연평균 10퍼센트 이상씩 사회복지지출이 늘어났는데도 따라잡지 못했습니다. 사회양극화가 더 빠른 속도로 진전되고 있었기 때문입니다. 두 정부가 필요한 제도들을 만들긴 했지만 신자유주의 물결로 인한 양극화를 상쇄할 정도는 아니었습니다. 또 경제정책에서도 비정규직 문제를 확실하게 제어하지 못했습니다. 진보진영 입장에서는 당연히 아쉬움이 많습니다.

이명박 정부 3년 동안 민주당 정부 10년을 만들어 온 사람들이 스스로 성찰하는 계기가 되었다고 생각합니다. 앞으로 새로운 10년과 20년을 준비하면서는 양극화를 확실히 돌려놓는 정책이 필요하다는 정도의 합의는 이룰 수 있을 것으로 내다보고 있습니다.

민주당과 연대는 꼭 하지만 통합은 못한다

김윤태 2012년 총선과 대선을 앞두고 야권연대 얘기가 많습니다. 여러 방법이 제기되고 있지만, 무엇보다도 민주노동당도 야권연대에 대한 절실함이 있을 것 같습니다.

이정희 1월 1일 신년사에서 '민주노동당에게 2011년은 통합과 연대의 한 해'라고 말했습니다. 그것은 우리 당이 어떻게 성장할 것인지를 고민하는 차원이 아니라, 지금 이 역사적 과제를 풀지 못하면 안 되겠다는 절박함이었습니다. 우리 사회를 더 이상 후퇴하게 놔둘 수는 없습니다. 그러기 위해서는 구도를 가장 넓게 짜야 합니다. 우리 사람들이 가장 크게 만들어야 합니다. 당연히 민주노동당에게도 야권연대는 절실하고 절체절명絕體絕命 입니다.

김윤태 그런데 구체적인 방법으로 들어가면 논의가 다양합니다. 민주당, 민주노동당, 진보신당이 하나로 통합하는 야권단일정당의 필요성을 강조하는 사람들도 많은데, 이런 의견에 대한 생각은 어떠신가요?

이정희 야권단일정당을 말하는 사람들이 느끼는 심각성에는 동의하고, 또 연대가 참 어렵다는 것도 물론 동의합니다. 그러나 민주노동당에는 11년 동안 스스로 만들어 온 한국정치의 미래가 있습니다. 이제 그 꿈이 뿌리 내리기 시작했고 현실에서 국민의 평가를 받고 있습니다. 그 이전에도 물론 구청장도 있긴 했지만 그때는 실험적 성격이 더 강했고 우리 수준이 그렇게 높지 못했습니다. 그런데 6.2 지방선거를 거치면서 실제 현실을 변화시킬 정도의 힘이 확보됐습니다. 그런 역사들에 비춰 보면 민주당까지 다 합쳐 하나의 정당이 되기보다는 진보정당이 자신의 목소리를 내는 것이 한국정치의 미래를 위해 긍정적이라고 봅니다.

물론 민주당이 정당 민주주의 등 그 흐름에 동참하겠다면 말릴 이유는 없습니다. 그러나 또 민주당과의 통합이 현실적이지 않다고 말하는 이유도 거기에 있습니다. 현재 민주당의 정당구조는 한국정치의 미래를 담보하기 어렵다고 봅니다. 그 문제를 민주당이 스스로 해결할 수 있는 정도가 된다면 우리나라 정당정치의 현실이 달라질 것입니다.

김윤태 민주당의 정당구조란 구체적으로 무엇을 말하시는 건지요? 당원인가요, 정책인가요?

이정희 정책 방향은 이미 진보로 수렴되고 있습니다. 그러나 정당구조는 아닙니다. 당원들이 공직 후보를 선출하고 자신의 의견을 자유롭게 얘기하고 그 의견이 공정하게 반영되는 구조가 되어야 한다는 것입니다. 그렇지 못하면 정치가 국민을 바라보기보다는 한 사람을 따라 가게 됩니다. 이는 국민의 수준에 맞지도 않고 진보정당이 참기 어려운 문제입니다.

우리가 말하는 통합은 진보대통합입니다. 민주당은 거기에 들어가 있지 않습니다. 물론 민주당 내 개혁적인 분들은 차라리 들어와서 하면 속이 편하다고 하지만, 그들 역시 안에서 변화시키지 못하는 것 아닌가요. 단기간에 극복될 문제가 아닙니다. 민주당을 개혁할 의지를 갖고 있는 사람들이 먼저 넘어야 할 산입니다. 야권연대라는 의무를 위해 민주당도 내부 노력이 필요하다고 봅니다. 고통이 있을 수 있지만 국민은 그 고통을 굉장히 기쁘게 지켜볼 것이고, 빨리 추진하면 추진할수록 좀 더 빨리 결단할수록 우리 모두를 위해 좋습니다. 물론 총선에서뿐 아니라 대선에서도 민주당과 연대는 꼭 할 것입니다. 그리고 연정도 검토할 수 있습니다. 그러나 그것이 어떤 수준이 될지를 지금 말하기는 어렵습니다.

김윤태 민주당과 통합하든 연대하든, 당원 수에서 소수 정당이라 불리하기 때문에 상층의 지분 협상이 필요하다는 주장도 있는데 어떻게 생각하십니까?

이정희 지분 문제를 놓고 통합과 연대를 고려해 본 적은 전혀 없습니다. 역사의 발전과정에서 필요하다면 할 것입니다. 그리고 민주노동당에서 일해 온 인력들이 개인의 능력이나 헌신성, 공직자로의 적합성 측면에서 결코 민주당에 떨어지지 않습니다. 그래서 공정한 경쟁이 된다면 인물 경쟁력을 우려해 본 적은 없습니다. 문제는 단일후보를 뽑다보면 인물보다는 어느 당인지가 중요하고 당으로 표 쏠림 현상이 나타나는 것입니다. 주민들은 '사람은 좋은

데 다른 당에서 나오면 안 되냐'고 우리 후보들에게 요구하기도 합니다. 그럼에도 민주노동당을 지켜온 이유가 있습니다. 새로운 정치를 하려면 여기밖에 없기 때문입니다.

야권연대 실패하면 민주당이 더 많은 비판 받을 것

김윤태 정치적 노선은 이미 좁혀졌다고 말하지만, 한미 자유무역협정(FTA)이나 비정규직 문제에서 여전히 차이가 존재한다는 의견도 있고, 지난 10년간 민주당 정부의 신자유주의 정책을 반성해야 한다는 주장도 있습니다.

이정희 한미 FTA는 추가 협상이 진행됐기 때문에 어차피 민주당도 못 받아들인다는 것 아닌가요? 물론 기존의 한미 FTA에 대한 평가는 논쟁 지점이지만 같이 할 수 있는 것부터 연대한다는 것이 우리의 흔들림 없는 원칙입니다. 언젠가는 한미 FTA 기존 협정을 어떻게 볼 것인지도 민주당과 논의할 때가 올 것입니다. 물론 새로운 FTA는 어떤 기준에서 체결해야 하는지도 논의해 볼 수는 있겠습니다. 이미 흘러가버린 물을 다시 파헤치지 말고 지나온 과거를 돌아보면서 앞으로 어떻게 갈 것인지를 더 많이 논의한다면 충분히 합의할 영역을 찾을 수 있다고 봅니다.

비정규직 문제도 지난 2011년 지방선거에 앞서 정책연합을 하면서 많이 공감대를 이뤘습니다. 서울시장 선거에서는 공공부문 비정규직부터 먼저 해결한다는 합의를 했었고, 지금도 공동정부가 된 곳이나 민주노동당이 맡은 지자체에서는 공공부문 비정규직을 무기계약직 혹은 정규직으로 바꿔나가고 있습니다. 이렇게 할 수 있다는 경험이 쌓이면 더 부드럽게 갈 수 있는 것 아니겠습니까. 그래서 지금 이 시간이 굉장히 중요하다고 봅니다.

김윤태 한국정치가 양당체제보다는 삼각분할체제로 가야 된다고 보는 건가요?

이정희 저는 1/3에 머무를 생각이 없습니다. 당연히 집권해야 합니다. 반수 이상이 되어야 합니다. 어느 누구의 손이라도 잡지 않으면 무엇도 할 수 없는 불안정한 상태로는 안 됩니다. 확고하게 민주주의와 인권, 경제적 균형, 평화를 자리 잡게 하려면 진보진영이 과반수 그 이상 국민의 지지를 받는 수준까지 자신의 힘을 키워야 합니다.

김윤태 만일 진보대통합은 이뤄졌지만 민주당과의 선거연대에는 실패한다면 어떻게 될까요? 진보정당은 사표심리로 인해 손해를 볼 확률이 높다는 우려가 많습니다.

이정희 민주당이 더 평가를 많이 받을 것입니다. 왜냐면 우리는 2012년 연대를 위해 최대한의 노력을 다할 것이기 때문입니다. 국민의 눈은 날카롭습니다. 야권연대가 이뤄지지 못한다면 국민은 누가 망쳤는지를 평가할 것입니다.

김윤태 그러나 표가 분산되면 결국 이득을 보는 것은 한나라당 아닌가요?

이정희 그 정도로 우리 힘이 약하지 않다고 봅니다. 1987년의 아픈 경험을 되풀이하지 않겠다는 생각이 국민에게도 있습니다. 경남에서는 우리가 야권의 1당입니다. 광주 남구에서도 44퍼센트를 얻었고, 기초의원이나 광역의원 선거를 해보면 민주노동당이 1등하는 곳이 꽤 많습니다. 아직 수도권이 약하긴 하지만 우리는 별로 잃을 것도 없고 야권연대라는 입장도 확고합니다.

종북주의가 통합의 걸림돌? 北권력 승계 때 두 당의 논평 다르지 않았다

김윤태 민주노동당과 진보신당, 사회당의 진보대통합 협상이 진행 중입니다. 통합 논의는 잘 되고 있는지? 아직 걸림돌이 있다면 무엇인지요?

이정희 조금 더 빨리 바람을 일으켰으면 좋겠는데 진보신당에서는 논의 시간이 조금 더 필요하다고 판단하는 것 같습니다. 그러나 최근 2011년 9월까지 통합한다는 데는 합의를 했습니다. 최소한 6월까지는 서로 성과를 내야 한다고 보는데, 그 시점을 앞당기기 위한 노력을 적극적으로 해나갈 것입니다. 이 문제는 길게 논의한다고 풀릴 성격이 아니라고 봅니다. 앙금이 있으면 어떻게 털어버릴지를 빨리 얘기해서 털어내면 되는 것입니다.

김윤태 가장 쉽지 않은 것이 대북관점 아닐까 합니다. 분당 당시 문제가 된 것도 종북주의 논쟁이었잖습니까.

이정희 세간의 인식에는 민주노동당에 대한 그러한 잔상이 남아 있는 것 같습니다. 제가 대표로 처음 주재한 최고위원회의에서 처음 한 모두발언이 북한의 해상사격에 대해 '말로도 행동으로도 긴장을 격화시키는 것은 안 된다'

는 것이었습니다. 그것은 '행동한 사람에게 책임이 있다'고 북한을 비판한 것입니다. 평화 문제에 대해 우리 입장은 확고합니다. 한반도의 긴장이 악화되어서는 안 된다는 것입니다.

북한의 권력 승계 때문에 통합의 걸림돌 얘기가 다시 나왔었습니다. 2008년의 재판이 되지 않겠냐는 전망이었는데 진보신당과 민주노동당이 그 문제를 놓고 한 번도 직접 대화를 해 본 적은 없습니다. 노회찬 전 대표, 조승수 대표도 저 앞에서 그 문제에 대해 전혀 언급하지 않았습니다. 그렇다고 얘기를 시작하더라도 문제가 될 사안이 절대 아닙니다. 사실 권력 승계 때 우리당의 논평과 진보신당의 논평 내용이 다르지 않았습니다. 평화냐 전쟁이냐의 문제를 놓고 당이 갈라지는 것이지 수식어 때문에 당이 갈라질 이유가 없습니다.

김윤태 북한의 핵 보유에 대한 입장은 어떤가요? 핵 개발에 대해 변화된 입장이 있으신가요?

이정희 한반도 비핵화에는 다른 의견이 있을 수 없습니다. 북한도 9.19 공동성명을 통해 비핵화를 천명했고 심지어 이명박 정부 들어서도 냉각탑을 폭파시켰습니다. 이미 북한이 행동으로 보여줬는데 그를 놓고 우리가 '다른 속셈이 있을 것'이라고 얘기할 근거는 없다고 봅니다. 이는 협상용이라고 많은 국민이 이미 인식하고 있습니다. 그렇다 하더라도 개발이 진행되고 서로 포격까지 오가는 것은 굉장히 안 좋습니다.

다만 북한과 미국의 책임이 똑같이 50 대 50이라고 말하는 양비론은 적절하지 않습니다. 2.13 합의나 9.19 공동성명이 이행되지 않는 데는 미국의 책임이 분명합니다. 이명박 정부도 남북관계에서는 무능력할 뿐 아니라 무책임합니다. 양비론으로 접근하지 않는 것은 오히려 형평에 맞지만 상황을 악화시킨 데에는 모든 세력에게 책임이 있다는 생각입니다.

김윤태 북한 인권에 대한 논란이 많습니다. 국제 엠네스티와 유엔 등 국제사회에서 우려의 목소리도 있는데, 북한 인권 문제에 대한 민주노동당의 입장은 무엇인가요?

이정희 당이 아니라 개인의 입장을 말하자면, 북한 인권 역시 국제 인권의 보편적 기준에서 접근하는 것이 필요하다는 생각입니다. 다만 국제 인권 실현이 정치적 공세의 일환으로 되는 것은 적절치 않다고 봅니다. 극단적으로 무력공격까지 합리화할 수는 없다는 얘깁니다. 그건 국제사회에서도 공감이 있어야 합니다.

우리가 증진시킬 수 있는 인권은 평화입니다. 덧붙여 북한의 경제적 상황이 개선되도록 경제협력이나 인도적 지원을 해야 합니다. 지난 10년 동안 차근차근 진전돼 왔고, 인권 문제에 대해 서로 선입견을 갖지 않고 논의할 기초는 닦여진 것입니다. 그런데 완전히 궤도에 오르기 전에 남북관계가 다시 전쟁으로 후퇴해 버렸습니다. 지금은 북한의 시민적·정치적 인권 문제가 모든 것에 우선한다고 얘기하기는 어렵다고 봅니다. 미국이 북한에 대해 정치 공세를 하는 것과 똑같이 되어 버리기 때문입니다. 인권 문제가 남북 의제가 될 수 있는 기반을 만들기 위해서 다시 정권을 회복하고 남북관계를 진전시켜야 합니다.

김윤태 분단현실에서 한국전쟁의 역사적 경험은 한국의 진보정당에게 커다란 구조적 제약을 가하고 있습니다. 한국전쟁의 발발 원인은 어떻게 평가하시나요?

이정희 북한이 공격한 것은 역사적 사실입니다. 그러나 학계에서도 그 몇 년 전부터 내전 상태였다는 의견도 있습니다. 한국전쟁을 돌아볼 때 더 중요한 것은 누가 일으켰냐보다는 왜 우리 민족이 전쟁까지 갔는가입니다. 남북통일을 얘기하던 사람들이 왜 힘을 가지지 못했을까를 고민하게 됩니다. 그때 역사적 과제와 지금의 과제는 어떻게 다른가? 당시에는 이념보다 민족의 통일과 독립이 중요했고, 지금도 여러 차이보다는 민주주의 회복이 더 중요했다고 보입니다.

한편으로는 연평도 포격을 통해 한국전쟁이 남긴 상처가 다시 끄집어내지는 것이 안타깝습니다. 시간이 흐르면서 조금씩 옅어지던 상흔이 다시 깊어지고 있습니다. 그런 비극이 되풀이 되어서는 안 됩니다.

'사회주의' 강령 삭제, 우리 꿈은 11년 전과 다르지 않다

김윤태 최근 민주노동당이 '사회주의적 원칙과 이상을 계승하여'라는 강령을 수정하려 한다는 보도가 있었습니다.

이정희 그것은 이미 2년 전부터 준비해 왔습니다. 강령개정위원회가 만들어져 2011년 6월 전당대회에서 개정하기 위해 토론하고 있습니다. 사실 "사회주의적 원칙과 이상을 계승하여 자본주의 폐해를 극복하고"라는 구절은 평등한 사회, 소외받지 않는 사회에 대한 우리의 꿈을 표현한 구절입니다. 그것이 현실사회주의 사회를 뜻하는 것은 아니란 얘깁니다. 우리의 꿈은 11년 전이나 지금이나 다르지 않습니다. 그러나 표현하는 문구는 달라질 수 있다고 봅니다. 평범한 사람들의 이야기로 표현돼, 국민이 단숨에 읽어도 기분이 좋아지는 강령이 나올 것으로 기대하고 있습니다.

김윤태 최근에 서울 관악 을에 사무실을 내셨습니다. 총선 출마 선언인 셈인데, 이후 계획은 어떻게 되나요? 대선후보로 나서야 한다는 견해도 있던데, 대통령이 되면 어떤 일을 하고 싶으십니까?

이정희 지금은 관악구에서 차근차근 주민들을 만나고 있습니다. 급하지 않게 진보정당의 의원으로 우리 목소리로 성과를 내는 것이 지역 주민에게 신뢰를 받는 방법이라고 생각하면서 오히려 야권연대와 통합의 일에 더 집중하고 있습니다.

대선도 요구되는 모든 것을 하기 위해 준비하고 있습니다. 우리 사회가 나아갈 방향을 결정짓는 중요한 계기인 만큼 반드시 이길 것입니다. 진보정당이 집권한다면 가장 먼저 할 일은 국민에게 권력을 주는 것이라고 생각합니다. 주민소환법이나 참여예산제 같은 제도의 도입을 통해 정치권을 통제할 수 있는 힘을 국민에게 줘야 합니다.

김윤태 긴 시간 얘기 감사합니다.

4부

복지국가는 온다

11;

좌담_복지국가를 향한
정치의 재구성, 길을 찾다

이상이
복지국가소사이어티 공동대표·복지국가 국민운동본부 공동본부장

이대근
《경향신문》 편집국장

김윤태
고려대학교 사회복지학과 교수

복지국가는 온다!

'복지국가'를 화두로 만난 열한 명의 정치계·시민사회 인사들은 사안에 따라 입장이 엇갈리기도 했지만, 이들의 시선은 차이 너머의 한 점을 향해 있었다.

민주당에선 손학규 대표를 필두로 정세균·정동영·이인영 최고위원, 천정배 당 개혁특위 위원장이 참여했다. 진보정당에선 민주노동당 이정희 대표와 권영길 의원, 진보신당 조승수 대표를 만났다. 시민사회에서는 이상이 복지국가소사이어티 공동대표, 100만 민란운동의 문성근 대표, 김기식 참여연대 정책위원장 등 현재 복지 논쟁의 주요 당사자들이 망라됐다.

너도나도 뛰어들고 있는 '복지담론'의 미로 속에서 한국사회가 추구해야 할 복지국가의 청사진과 그 가능성, 그리고 이를 위한 현실적 경로를 모색하기 위한 시도였다. 복지국가소사이어티와《프레시안》이 공동으로 기획한 '복지국가 정치동맹의 길'의 마지막 순서, 2011년 2월 18일《프레시안》사무실에서 열린 좌담회 역시 그 고민의 연장선상에서 마련됐다.

토론자들은 한 목소리로 "복지국가는 온다"라고 단언했다. 야권이 충분한 힘을 가졌거나 정치적-사회적-경제적 조건이 무르익어서가 아니라, 오히려 시장만능주의에 내몰린 국민 다수의 '실존적 고통'이 너무나 크기 때문이라는 것이다. 오늘의 고통에 모두의 미래를 걸어야 하는 'MB시대'의 역설. 좌담회에는 이상이 복지국가소사이어티 공동대표·복지국가 국민운동본부 공동본부장과 이대근《경향신문》편집국장이 참여했다. 진행은 앞선 인터뷰와 마찬가지로 김윤태 고려대학교 교수가 맡았다.

이상이(李相二) 23쪽 참고

이대근(李大根)
1959년 경기 파주 출생
1984년 고려대 정치외교학과 졸업
1984년 경향신문 기자
1999년 고려대 대학원 정외과 졸업
2000년 고려대 정치학 박사
2001년 미UCLA 객원연구원
2002년 경향신문 논설위원
2004년 통일부 자체 평가위원회 위원
2004년 국가안전보장회의(NSC) 사무처 정책자문위원
2004년 통일부 정책자문위원
2005년 경향신문 정치-국제 에디터
2007년 북한대학원 대학교 겸임교수
2008년 현대북한연구회 회장. 경향신문 논설위원.
2009년 국가인권위원회 북한인권포럼 위원
2010년 국가 인권위원회 정책 자문위원
현 | 경향신문 편집국장, 북한대학원 대학교 겸임교수, 민화협 정책 자문위원
저서 | 『천안함 외교의 침몰』(공저, 2011), 『리영희 프리즘』(공저, 2010), 『리얼 진보』(공저, 2010), 『한국언론의 정파성』(공저, 2009), 『 와이키키 브라더스를 위하여』(2009), 『북한의 당, 국가기구, 군대』(공저, 2007), 『북한군사문제의 재조명』(공저 2006), 『북한군부는 왜 쿠데타를 하지 않나』(2003)

김윤태(金侖兌)
1964년 전북 군산 출생
1989년 고려대 문과대학 사회학과 졸업
1993년 영국 캠브리지대학교 대학원 졸업
1998년 영국 런던정치경제대학(LSE) 사회학 박사
1986년 고려대학교 총학생회장
1998년 고려대학교 아세아문제연구소 연구원
1999년 미국 컬럼비아대학교 객원연구원
2000년 국회정책연구위원
2002년 국회도서관장
2003년 영국 런던대학교 버벡칼리지 객원연구원
2004년 건양대학교 초빙교수
2008년 고려대학교 인문대학, 대학원 사회복지학과 교수
2011년 독일 베를린자유대학 초빙교수
현 | 고려대학교 인문대학, 대학원 사회복지학과 교수
저서 | 『제3의 길』(1999), 『재벌과 권력』(2000), 『자유시장을 넘어서』(2007), 『Bureaucrats and Entrepreneurs』(2008), 『사회적 기업과 사회적 경제』(공저, 2007), 『한국 복지국가의 전망』(편저, 2010) 등

이제는 복지, 머리가 아니라 몸이 먼저 알았다

김윤태 그동안 복지국가소사이어티와 《프레시안》이 함께 '복지국가 정치동맹'을 주제로 주요 정당, 시민단체, 싱크탱크의 여러 전문가들과 인터뷰를 진행했습니다. 최근 복지는 한국사회의 가장 중요한 논쟁의 중심적인 주제가 되어 있습니다. 우선 최근의 논쟁과 관련한 견해를 밝혀 주시기 바랍니다.

이대근 사실 복지는 한국 사람에게 굉장히 낯선 것이면서 또한 좋은 이미지도 아니었습니다. 그런데 갑자기 너도나도 복지국가 이야기를 합니다. 그만큼 복지에 대한 수요가 폭증하고 있다는 뜻입니다. 이성적으로 복지국가가 옳다고 판단해서가 아니라 사람들이 자연스럽게 그 필요성을 몸으로 느끼기 시작한 결과라고 할 수 있습니다. 그 몸의 표현이 바로 복지국가가 아닌가 합니다. 유럽 등 복지국가를 위한 환경이나 조건을 따지기 전에 이 땅에서 살아가는 사람들 스스로 느낀 것이 그렇다는 겁니다. 그런 점에서 복지는 시대정신입니다. 헌법에도 행복추구권, 인간다운 삶을 살아갈 권리, 사회권이 명시돼 있지만 사실은 형식적인 것에 그치고 있고, 대부분 그런 권리가 있는지도 알지 못합니다. 따라서 최근 복지담론은 그 헌법적 가치를 시대정신으로 바꿔 놓는 매개 역할을 하는 게 아닌가 싶습니다.

이상이 그동안 정치인이나 시민사회 전문가들의 인터뷰를 읽어보니 보통 시민의 이해와 요구에 대해 굉장히 예민하게 반응하고 있었습니다. 공통적으로 이를 자신의 정치적 문제로 받아들이고 있다는 느낌을 받았습니다. 역시 정치는 표를 먹고 사는 게 맞는다고 할까요. 민심의 변화를 정치인들이 잘 포착하고 있다고 봅니다. 그게 뭔가, 이대근 국장이 잘 말씀하신 것처럼 이제 좀 바뀌어야 한다는 열망이 있다고 봅니다. 그것은 좀 더 좋은 시스템을 '기획'하자는, 논리적이고 체계적인 요구라기보다는 거의 본능적인 것에 가까워 보입니다. 도저히 버티기 어렵기 때문에 그렇습니다. 그것이 6.2 지방선거에서 터져 나왔습니다. 게다가 이명박 정부의 소통부재, 일방주의적 국정운영이 얼마나 사람들을 숨 막히게 하고 있습니까. "못살겠다, 바꿔보자"는 경제사회적 요구와 정치적 민주주의적 요구가 결합돼 있다는 겁니다. 우리 국민이 이러한 변화의 열망을 드러낸 역사적 경험이 몇 차례 있습니다. 1987년 6월 항쟁이 그랬고, 김대중 정부와 노무현 정부의 출현도 마찬가지입니다. 그러나 지금까지의 경험이 정치적 민주주의, 일반 민주주의적 요구였다면 이제는 이를 넘어선, 경제사회적 토대에서부터 폭발해 올라오는 에너지가 패러다임의 변화를 요구하고 있습니다. 제2의 민주화운동, 사회경제적 민주주의를 향한 혁명적 열기가 꿈틀대고 있다는 겁니다.

김윤태 세 가지 차원으로 생각하고 있습니다. 첫째 우리나라에선 산업화와 민주화가 빠르게 이뤄졌지만 87년 이래로 진보적인 정치담론이 주도적인 역할을 충분히 하지 못했다는 평가가 있습니다. 2007년 대선 때 보수진영에서는 선진화를 들고 나왔지만, 그에 대한 대안담론이 없었다는 지적도 있습니다. 최근 1~2년 사이에 복지 논쟁이 나오면서 복지국가론이 진보진영의 새로운 지배적 담론이 됐다는 점을 주목합니다. 둘째로 김대중-노무현 정부에서의 복지가 국가가 주도하는 제한적 복지였다면, 과거와는 다른 양상이 나타나고 있다는 겁니다. 국가가 주도하는 게 아니라 시민의 욕구가 분출되는 형태라는 것입니다. 셋째 보편복지 논쟁에서 볼 수 있듯이 '복지국가'로 가야 한다는 주장이 대세를 이루고 있다는 점입니다. 이 문제에 있어 1단계 논쟁은 정리가 됐다고 봅니다. 진보진영 내에서도 80년대에는 "복지는 곧 개량"이라는 인식이 있었지만, 지금은 다릅니다. 물론 구체적인 정책이랄지, 프로그램, 재원조달 방안 등에 대한 논의는 아직 미흡한 측면이 있다고 생각합니다. 인터뷰를 진행하다 보면 구호만 있을 뿐 세부적인 플랜이 부족한 경우도 있었습니다. 아쉬운 지점이라고 하겠습니다.

문제는 보편복지 – 선별복지 논쟁이 아니다

김윤태 이제 본격적으로 말씀을 나눠보겠습니다. 민주당의 강령에 보편적 복지가 들어가지 않았습니까? 최근 《한겨레》 KSOI 여론조사를 보니까 '선별적 복지'에 대한 선호도가 더 높은 것으로 나타나기도 했습니다. 어떤가요, 보편적 복지에 대한 이야기가 많기는 한데, 그럼에도 불구하고 국민적 인식이나 지지는 적은 것으로 봐야 할까요?

이상이 그 여론조사는 "한정된 재화를 갖고 가난한 사람들에게 복지를 주는 게 좋은가, 모든 사람에게 주는 게 좋은가"를 물어 본 겁니다. 당연히 전자를 선호하게 되지요. 질문이 잘못 구성됐다는 겁니다. 보편복지와 선별복지를 두고 민주당원들에게 여론조사를 해보면 대체로 8 대 2 정도로 보편복지를 지지합니다. 당원 중에서도 20퍼센트는 선별적 복지를 지지하는 사람이 있는

데, 전반적인 정서는 보편복지에 대한 지지가 더 높다고 보는 게 맞습니다. 하지만 보편복지와 선별복지는 대립되는 문제가 아닙니다. 기존의 보편복지 프로그램, 무상의료나 연금제도 등으로 모자라는 사람들이 있습니다. 그들은 그만큼 선별적 복지, 더 많은 복지를 줘야 합니다. 한나라당 박근혜 전 대표도 "보편복지와 선별복지를 대립적으로 보지 말고 다 해야 한다"는 이야기를 했습니다. 레토릭에 불과하기 때문에 신뢰를 하지 않는 것이지, 사실은 맞는 이야기입니다. 논쟁의 중심축은 보편복지냐, 선별복지냐가 아니라 신자유주의적 시장만능국가냐, 아니면 보편적 복지국가냐고 하는 패러다임의 대결이 되어야 합니다.

이대근 복지담론이 주로 정치인, 지식인 중심으로 펼쳐지고 있는데 이제 막 기존의 모델을 배우는 단계라서 그런지 각자 강조점이 다릅니다. 큰 틀에서는 보편복지와 선별복지라는 게 있고, 서로 대립적인 것이라는 정도만 일반적으로 알려져 있습니다. 복지담론의 초기라서 그런 측면이 있지만 대중들의 언어로 바꿔야 한다고 봅니다. 지금은 전문가들이 쓰는 용어들을 늘어놓고 고르라는 수준이 아닌가 생각합니다. 예를 들어 세금을 더 내더라도 더 많은 복지혜택을 받을 것이냐, 더 많은 복지를 위해 세금을 더 낼 의향이 있는지를 물어보는 식으로 접근할 필요가 있다고 봅니다. 대중들이 요구하는 복지의 흐름과 방향이 어디인지를 찾는 게 중요합니다.

김윤태 외국의 어느 모델을 봐도 100퍼센트 보편복지만, 혹은 100퍼센트 선별복지만 적용하는 사례는 없습니다. 영국에서 1930년대부터 복지국가라는 용어를 사용하기 시작했습니다. 사실 스웨덴에선 '인민의 집'이라는 말이 있고, 독일은 '사회국가', 미국에선 복지국가보다는 '사회보장'이라는 용어를 사용합니다. 미국의 우파들은 복지국가를 '사회주의'라고 비난하기도 하는데, 이것을 보면 나라마다 같은 개념이라도 받아들이는 차이는 있는 것 같습니다. 자칫하면 이대근 편집국장의 말처럼 학문적, 추상적 논쟁이 될 가능성도 있다고 봅니다. 대중과의 괴리를 주의 깊게 봐야 하는 것도 그 때문입니다.

이상이 한 가지 확실한 것은 중산층을 포함한 다수 국민이 복지를 필요로 한다는 겁니다. 학자들은 이미 이론적으로 보편복지가 맞는다고 결론을 내렸습니다. 전문가들은 다 알고 있습니다. 복지국가를 제대로 해야 한다, 보편적 복지국가로 가야 한다는 것은 교과서에도 나오는 이야기입니다. 그런데 그동안 우리나라에서는 전문가라는 사람들이 복지국가를 공론화시키지 않았어요. 수십 년 전부터 교과서에 나오는 이야기인데도 그랬습니다. 우리 국민이 과연 이것을 원할 것인가, 수용할 수 있을 것인가라는 생각부터 했기 때문입니다. '건강보험 하나로' 운동을 진행하고 있는데, 실제로 반응이 굉장히 폭발적입니다. 사람들이 불안감을 느끼고 있기 때문입니다. 현재 건강보험은 입원진료비의 60퍼센트만을 해결하고, 40퍼센트는 환자 부담입니다. 중병에 걸리면 서민가계는 파탄이지요. 민간의료보험에 가입하려면 배보다 배꼽이 더 큽니다. 건강보험은 1인당 3만3,000원이지만, 민간보험은 월평균 10만 원의 비용에 정작 혜택은 쥐꼬리만큼 줍니다. 보험료의 환급률이 40퍼센트밖에 되지 않아요. 건강보험은 실제로는 보험료의 180퍼센트를 돌려받게 됩니다. 현행 건강보험은 보편주의적 복지입니다. 국가가 잘 했다면 국민은 민간보험에 가입할 필요가 없지요. 그걸 해놓지 않으니 서민가계에는 엄청난 부담을 주고, 사회통합이 훼손되는 등 엄청난 비효율을 낳고 있어요. 이는 모두 시장의 실패에서 비롯된 겁니다. 국민은 시장만능국가에서 각자도생의 방식으로 사는 것에 피곤해하고 있습니다. 복지에 대한 수요는 결국 더불어 사는 것을, 그런 삶을 제도화해달라는 요구로 봐야 합니다.

세금 앞에서 멈칫한 민주당, 관건은 '정치의 재구성'

김윤태 최장집 교수는 《프레시안》과의 신년 인터뷰에서 "정책이나 모델 논쟁으로 가는 것은 걱정스럽고, 정책 투입의 측면을 충분히 고려해야 한다"고 지적했습니다. 국민적 욕구를 반영하는 정당이나 정치세력이 없는 한 모델이나 정책논쟁은 비현실적이라는 지적이었습니다.

이대근 시민의 욕구는 있는데, 그 욕구가 구체적 형상을 갖춘 것은 아닙니다. 게다가 전문가 집단은 나름대로 복지국가론을 이야기하고 있지만, 시민의 욕구와 전문적 논의가 서로 만나지 못한 상태에서 담론과 모델이 거론되고 있는 것 같습니다. 그런 점은 초기니까 불가피한 점도 있다고 봅니다. 최장집 교수의 말씀도 복지국가에서 중요한 한 축입니다. 복지국가의 세 가지 요소는 증세를 통한 재원 마련, 또 하나는 투입 측면이라고 할 수 있는 사회적 기반, 그리고 복지동맹이라는 정치주체입니다. 이 세 가지 요소는 모두 필요합니다. 현재 증세 문제와 정치동맹 이야기는 어느 정도 나오는데, 사회적 기반에 대한 논의는 상대적으로 취약합니다. 가장 중요한 것은 노동 문제입니다. 노동자들의 조직률이 10퍼센트에 불과하고, 산별이 아니라 기업별 노조 중심입니다. 그렇다 보니 차곡차곡 사회적 기반을 만들고, 그 위에 정치주체를 세우고, 그 주체가 집권해 국민 설득하고 세금을 걷는 과정으로 나아가는 게 너무 어렵습니다. 이런 조건에서 복지국가를 위해 유일하게 동원할 수 있는 자원이 바로 정치적 자원입니다. 갑자기 세금을 거둘 수도 없고, 사회적 기반이 갑자기 바뀔 수도 없기 때문입니다. 정치세력을 어떻게 재구성해서 한국의 현실에서 어떻게 돌파구를 마련할 것인가, 다시 말해 정치주체를 제대로 구축하는 게 중요하다는 겁니다.

이상이 사회적 기반이 취약하다는 것은 맞지만, 그 때문에 복지국가 건설이 어렵다는 해석에 대해선 반대합니다. 이대근 국장의 말씀도 같은 맥락이라고 보는데요, 정치의 역할이 굉장히 중요하다고 봅니다. 정치를 통해 노동의 취약한 힘을 돌파해야 합니다. 여기에서 정치는 단지 정치체제뿐 아니라 풀뿌리 시민 속에서의 정치적 힘을 포괄하는 개념입니다. 복지국가를 위한 사회적 기반에는 조직된 노동뿐 아니라 조직된 시민도 있습니다. 광범위한 시민운동 속에서 구성된 정치가 법과 제도를 바꾸고, 노동권을 신장하는 등 비정규직 노동자들의 삶의 질을 개선해 이를 다시 노조의 힘을 결집시켜야 합니다. 정치가 노동의 힘을 키우는 상황전개가 요구된다는 겁니다. 국가의 성격을 바꿔야 합니다. 약탈적 시장만능국가가 아니라 노동을 존중하는 상생국가로 가야 합니다. 그렇게 확대된 노동의 조직력으로 복지국가를 보위해가는 선순환 구조가 필요합니다. 시민사회적 접근이 굉장히 중요한 것은 바로 그 때문입니다. 노동자들도 집에 돌아가면 시민사회의 구성원들입니다. 시민단체들이 현재의 표출되는 정치의식을 모아내는, 풀뿌리 시민운동을 활성화시켜야 합니다. 그러면 복지국가를 위한 사회적 기반도 구축할 수 있습니다. 저는 낙관적으로 봅니다. 그 근거는 불행하게도 우리 국민의 고통이 너무 크기 때문입니다. 주체적 조건이 좋아서가 아니라, 객관적 조건이 너무 열악하기 때문에 역설적으로 복지국가 가능론에 설득력이 있다는 이야기입니다.

김윤태 많은 분이 복지국가라고 하면 스웨덴을 떠올립니다. 노조조직률이 80~90퍼센트에 이르고, 노사정 협약도 잘 돼 있고 사회민주당이 강력합니다. 그렇기 때문에 노조가 발달돼 있고 강력한 사회민주당이 집권하지 않으면 복지국가는 어렵다는 생각을 하는 분도 있습니다. 하지만 독일의 경우 비스마르크 보수정권이 복지를 시작했고, 스웨덴에서도 사실 '인민의 집'이라는 것은 우파의 용어였습니다. 미국에서도 자유주의적 이념에 가까운 민주당이 복지를 주도합니다. 다른 나라의 경우를 봐도 강력한 노조와 사회민주정당이 있어야 복지국가가 가능하다는 논리는 성립되지 않아 보입니다. 복지국가를 지지하는 정치적 세력들이 정치나 시민사회 영역에서 고민해야 할 부분입니다. 시민단체나 중산층, 기성정당의 도움을 받거나 민주당과 연합해서라도 복지를 발전시키려는 창의적 노력이 필요합니다. 그런 면에서 비관적으로 생각하지 않습니다. 우리는 산업화와 민주화도 빨랐지만, 복지국가의 예산도 비교적 짧은 시간에 발전해 오지 않았습니까.

다음 주제로 넘어가 보겠습니다. 복지국가 논쟁에서 꼭 짚어야 할 논점은 다름 아닌 세금입니다. 요즘 정치권의 논쟁도 주로 증세론을 둘러싸고 전개되고 있습니다.

이대근 지금 민주당의 고민은 세금과 관련된 모든 문제를 다 보여주고 있는 게 아닌가 싶습니다. 민주당은 엄격히 구분한다면 중도보수정당입니다. 지난 3년 간 민주당의 스펙트럼을 볼 필요가 있습니다. 이명박 정부가 출범할 때는 우경화 노선을 걸었습니다. 그러다 3년 뒤 보편복지를 내세우면서 진보적 색채를 강화하고 있습니다. 그런데 세금 문제가 민주당의 발목을 잡고 있습니다. 각종 '무상시리즈'를 제시하면서도 세금 문제는 전혀 거론하지 못하고 있는 것에서 알 수 있지요. 문제는 복지국가로 가기 위해선 증세를 어느 시점에서 꺼내야 한다는 점입니다. 그런데 지금 민주당은 증세를 영원히 생각하지 말자는 쪽입니다. 물론 현실적으로 민주당이 증세를 내세우거나 말할 수 없는 측면이 있다는 현실은 인정할 수밖에 없겠습니다. 현실정치세력에게 솔직하게 '선先증세, 후後복지'를 구호로 내걸고 집권하라고 할 수 있을까요? 어려운 문제입니다. 그런 점에서 민주당의 고민은 민주당뿐 아니라 한국사회 전체의 고민이기도 합니다. 증세 문제에 대해선 전략적 접근이 필요합니다. 그 방법은 어차피 절충적, 단계적일 수밖에 없을 겁니다. 재정개혁 등을 통해 할 수 있는 복지를 하고, 그 다음에 보다 많은 복지를 위해선 증세가 필요하다고 이야기해야 합니다. 세금을 더 내야 한다는 당위에 대한 저항을 깨지 않는 한 복지국가로 갈 수 없습니다. 정당도 우회할 수 없는 문제입니다. 언젠가는 드러내야 합니다.

이상이 증세 없는 무상복지를 하겠다는 민주당의 주장은 정치공학적 발상으로 위험합니다. 거꾸로 부메랑이 되어 민주당에 큰 상처를 주게 될 겁니다. 복지국가 동력과 사회적 기반을 더 훼손할 우려도 있습니다. 앞서 '건강보험 하나로' 운동을 언급했지만 국민 1인당 1만1,000원만 더 내면 민간의료보험을 하지 않아도 된다는 것, 그것이 훨씬 안정적이고 유익한 길이라는 것을 국민이 판단하게 해줘야 합니다. 각자도생하던 삶의 방식을 공공적·제도적 방식으로 함께 해결하는 것으로 바꾸는 게 더 이득이 된다는 것을 많은 국민이 알기 시작했습니다. 정치 지도자들이 앞장서 서 증세는 나쁜 것, 정치적 악마인 것처럼 규정하는 것은 정치적 패착입니다. 동시에 시민사회의 기대나 역동성도 훼손합니다. 세금을 더 낸다고 해서 모든 사람들이 똑같이 더 내느냐, 그게 아닙니다. 자기 능력에 따라 누진적으로 내자는 겁니다. 복지재정 확충은 누군가 더 세금을 내는, 사실상 증세입니다. 비과세 감면을 없애거나 감세

조치 철회 등도 어차피 증세입니다. 솔직해져야 합니다. 이렇게 다 늘어놓고, 사회적 토론을 붙이고, 시민이 결정하게 해야 합니다.

김윤태 김기식 참여연대 정책위원장이나 선대인 김광수경제연구소 부소장은 재정개혁이나 조세정의 실현 등을 통해 재원을 마련할 수 있다고 주장합니다. 이 논리에 대해선 어떻게 생각하십니까?

이상이 가능하지 않은 이야기입니다. 부자감세 철회, 정부 재정지출의 구조개혁, 그리고 주로 조세개혁을 통해 세금을 걷겠다는 게 아닙니까. 세원을 포착하고 자산소득에 세금을 부과하겠다, 그게 증세입니다. 자산소득이니까 주로 부자들이 더 내게 되지 않습니까?

바로 부유세입니다. 말만 조세개혁이라고 바꾼 겁니다. 문제는 이러한 과정은 과거부터 시도돼 왔다는 점입니다. 과세하려고 발버둥을 쳤지요. 하지만 세원포착이 어렵고, 저항 때문에 굉장히 긴 시간이 걸립니다. 그렇게 해서 복지국가를 하겠다는 건 국민을 속이는 일입니다. 긴 시간에 걸쳐 조금씩 효과가 나기 때문입니다. 민주당은 그래도 공당이어서 비교적 솔직한데, 이런 과정을 통해 48조 원을 마련한다는 것 아닙니까? 그런데 일부 논객들은 100조 원을 이야기합니다. 국민을 속이는 일이죠. 한 가지가 빠져 있어요. 바로 긴 시간이 걸린다는 겁니다. 10년 뒤에나 가능하다면? 그동안 복지는 어떻게 합니까?

김윤태 영국에선 "세금을 올린다는 건 정치인의 자살노트"라는 말이 있습니다. 노동당의 '부자증세' 공약은 보수당의 "세금 걷어 쓰기만 하는 정당"이라는 공격 속에서 중산층의 지지를 잃었던 측면도 있습니다. 국민이 복지는 지지하지만, 세금 문제가 선거에서 쟁점이 되면 과연 정치적으로 얼마나 지지할 수 있을까요? 심각하게 생각해 볼 문제입니다. 이런 점에서 정치인들이 과감하게 세금 문제를 이야기하지 못하는 것은 그래도 이해할 수 있지만, 그래도 일부 시민단체나 싱크탱크가 '증세 없는 복지국가'를 이야기하는 것은 좀 실망스럽습니다. 세금을 올리지 않고 복지를 늘리겠다는 주장을 경제학 이론으로 만들면 아마 노벨 경제학상을 받을 겁니다. 불가능한 것이기 때문입니다. 증세냐, 감세냐의 프레임에 들어가지 않으면서도 정교한 접근이 필요합니다.

이상이 그런 논리에 반대한다는 겁니다. 감세 프레임은 패배했어요. 한나라당이 부자만 감세한 게 아닙니다. 다 감세하고 그 혜택을 부자에게 더 많이 준 것입니다. 그것을 국민에게 열어놓고, 토론하고, 공론화하자는 겁니다.

이대근 저도 그 점에 동의합니다. 증세 없는 복지를 이야기하지 말고 "지금은 이 정도의 복지를 하고, 다음 단계에선 증세를 통해 더 많은 복지를 하겠다"고 해야 합니다. 집권해도 5년입니다. 자칫하면 재정적자를 감수하면서 혜택을 먼저 주게 되는 방향이 될 가능성이 높습니다. 그럼 먼저 복지를 해주고, 창고가 비었으니 국민에게 채워 달라고 해야 할까요? 고민되는 부분입니다.

김윤태 이미 유권자들의 의식이 조세나 복지에 대해서 어느 정도 현명한 판단을 할 수 있는 수준까지 왔다고 봅니다. 복지를 제시하면서 세수확보 계획을 내놓지 않으면 어느 세력도 선거에서 당선되기 어렵지 않겠습니까.

이대근 민주당이 '3무 1반 정책(무상급식, 무상의료, 무상보육, 반값등록

“민주당 밖에 다른 세력이 있어야 합니다. 그런 민주당을 믿고 진보정당의 문을 닫고 민주당으로 이주해서 살아남으라고 말할 수 있을까요? 민주당은 생존유지를 위해 새로운 피를 공급받은 뒤 다시 원래의 보수정당으로 돌아가곤 했습니다. 이번이라고 달라질까요? 민주당이 어떻게 변할지도 알 수 없고요. 실패할 수도 있겠고 되돌아 갈 수도 있습니다. 노무현 정부 당시처럼 보수화 가능성도 있습니다. 그럼 진보세력이 민주당을 탈당하겠죠. 어떤 경우에도 좌파정당은 없을 수가 없습니다. 아무리 통합하고 또 통합해도 한국사회의 구조상 3~4개 정당의 존재는 불가피해 보입니다. 연합정치는 그래서 필요하다는 것입니다.”

“이 시점에 민주노동당이나 진보신당이 현재의 민주당에 들어가야 한다는 건 잔인한 이야기입니다. 저는 그런 주장을 단 한 번도 하지 않았어요. 국민의 요구는 정치의 재편으로 우리의 꿈을 이뤄달라는 겁니다. 국민의 정치적 요구를 조직하는 것은 당연한 일입니다. 민란운동도 그런 맥락 아닙니까? 복지국가 정치운동도 마찬가지입니다. 이 힘이 올라오면 민주당은 복지국가 정당으로 재편될 수밖에 없습니다. 오지 않으면? 민주당은 죽습니다. 똑같은 이유로 진보정당에도 과거의 구태를 벗어달라고 요구하는 겁니다. 고쳐서 힘을 모아 보자, 단일정당을 해보고 안 되면 연합하자는 겁니다. 선거에서 승리해야 복지국가로 갈 수 있는 모멘텀이 마련됩니다. 그게 가장 중요한 일입니다.”

금)'을 제시한 것은 자극적이고 선동적 접근입니다. 진지성도 떨어져요. 무상복지 구상을 발표하고 나서야 재원마련 TF를 따로 만들었더군요. 순서가 바뀐 겁니다. 복지국가는 기존 한국사회의 구조를 바꾸는 문제입니다. 그런데 당장 복지 이야기가 나오니까 여기에 영합해 '무상 시리즈'를 내놓고, 재원이 문제가 되니까 사후에 대책을 세우겠다는 겁니다. 민주당은 과연 준비를 갖췄을까요? 복지국가는 경제제도, 정치체제, 사회-문화적 변화, 노동시장 등 전면적인 변화를 전제합니다. 그 이야기는 한마디도 안 하고 있어요. '무상 시리즈'만 제시했다는 데에서 민주당의 한계가 드러납니다.

이상이 국민이 복지의 맛을 봐야 복지의 소중함을 알게 될 것이라는 단계는 이미 지났다고 봅니다. 그건 이미 다 알고 있어요. 국민은 복지가 절실하게 필요하다고 느낍니다. 100조 원이 필요한데, 민주당의 방법대로 예상을 해보면 가능한 것은 30조 원 수준입니다. 그 돈을 갖고 지난 노무현 정부 수준의 복지만 한다면 아무런 감동을 주지 못합니다. 70조 원을 어떻게 조달할 것인가, 그것을 공론화시켜야 합니다. 우선 40조 원 정도는 증세를 통해 마련하고, 나머지 30조 원에 대한 부분은 장기적으로 미루자고 할 수도 있겠습니다. 시민적인 토론의 길을 열어둬야 합니다. 엉터리 환상만 심으면서 쉬쉬하니까 복지국가가 가로막히는 겁니다.

복지국가 단일정당을 vs 현재의 민주당과는 안 된다

김윤태 연합정치, 통합에 대한 논점으로 넘어가 보겠습니다. 우선 최근까지의 야권연대 논의에 대한 입장을 밝혀 주시기 바랍니다.

이대근 기본적으로 통합은 문제라고 생각하고, 연합의 방식으로 야당들이 총선과 대선에 대응해야 한다고 봅니다. 정치적 3분립 구조를 갖춰야 제대로 된 정당정치의 발전, 민주주의 발전에 기여할 수 있습니다. 야당이 하나로 통합됐을 때의 문제는 대표성의 균열입니다. 한국은 양당제 같기도, 다당제 같기도 한데 각 정당은 자신들이 모든 국민을 대표하고 있는 것처럼 행동합니다. 하지만 모두를 대표한다는 건 아무도 대표하지 못하는 것과 같습니다. 결국은 강자의 논리, 힘의 논리로 귀결될 수밖에 없습니다. 사회의 모순을 정확하게 드러내고, 조직하고, 대표하고, 대변하는 정당이 독립적으로 존재해서 다른 정당과의 관계에서 견인하고, 자극하고, 협력해야 합니다. 그래야 소수자 등 약자들의 이해가 정당구조 속에서 대표됩니다. 거대 양당이 경쟁하게 되면 대체로 서로 수렴하는 측면이 강해집니다. 결과적으로 대표성에 문제가 생깁니다. 정당들이 경쟁한다고 해서 복지국가를 위한 단일전선이 만들어지지 않는 것도 아닙니다. 연합의 방식을 채택해야 민주당도 자극을 받게 됩니다. 하나의 당을 만들면 결과적으로는 민주당 안으로 통합되는 것인데, 그럼 민주당도 바뀌기 어렵습니다.

이상이 다른 논점에선 이대근 국장의 생각과 대부분 일치하는데 이 부분은 좀 다릅니다. 상황판단에 차이가 있기 때문인 것 같습니다. 얼마 전까지의 민주당, 한국사회의 토대나 사회적 기반을 전제하면 저도 이대근 국장과 생각이 같습니다. 민주당을 중도보수정당으로 봤기 때문입니다. 지금은 상황이 달라졌습니다. 저는 민주당을 이제 진보정당으로 가져와야 한다고 생각하는 겁니다. 민주당은 보편적 복지국가를 천명했고, 사회경제적 기반도 바뀌고 있습니다. 지금 민주당이 정치적 좌클릭을 감행하지 않으면 한나라당과 차별해서 살아남을 수가 없습니다. 진보로 자리를 옮기지 않을 수 없는 처지라는 겁니다. 복지국가를 민주당이 추진해주지 않으면 진보정당으로는 불가능합니다. 즉, 집권할 정도로 다수파여야 합니다. 다수파 전략으로서 민주당을 복지국가를 추진할 정당으로 재편해야 합니다.

김윤태 연합이냐, 통합이냐의 문제에 있어서 어느 한 쪽이 바람직하다는 규범적 결론을 내기 이전에 우리의 사회구조, 선거법, 제도적 장치들을 고려할 필요가 있어 보입니다. 대통령제라는 권력구조와 현행 소선거법 선거제도 속에서는 양대 정당만 독식할 가능성이 높습니다. 진보정당을 지지하지만 당선 가능성 때문에 민주당을 지지하는 유권자들도 많지 않습니까? 그러니까 진보정당들은 계속해서 아주 적은 의석수에만 머물고 있습니다. 진보정당들이 삼분할 구조를 전제하면서도 연정까지 고려하면서 집권할 목표를 갖고 있다면 개헌을 해야 합니다. 그것을 하지 않으면 스스로의 정치적 기반을 계속 위축시키게 됩니다. 그런데 진보정당이나 민주당조차도 개헌을 할 힘이 있습니까?

불가능하다면 현실적인 조건을 고려해야 합니다. 다른 이념을 가진 정당이 존립 불가능한 게 아닙니다. 영국 노동당이나 미국 민주당도 사회주의부터 사회적 자유주의까지 다양한 이념이 혼재돼 있어요. 이념이나 정책이 가급적 통일되어야 하지만, 하나의 정당 속에서 진보적 정파로 존재한다면 오히려 진보세력이 20석 이상 차지할 가능성이 있지 않을까요? 민주당의 입장에선 통합이 안 되면 연합이라도 과감하게 해야 합니다. 30퍼센트가 아니라 50퍼센트를 양보하더라도 해야지, 그렇지 못하면 내년 총선에서 수도권은 쉽지 않아 보입니다. 총선에서 이기지 못하면 대선승리는 물론 불가능합니다.

이대근 민주당 밖에 다른 세력이 있어야 합니다. 민주당이 변하고 있기는 하지만 아직 초기입니다. 민주당의 1/3은 지역주의에 기댄 세력이고 1/3은 관료, 나머지는 이질적 세력입니다. 이들이 우연히 모여서 야당이 되어 있는 상태일 뿐입니다. 다만 복지에 대한 욕구가 등장하니까 느닷없이 '3무 1반'을 내세우고 있는 겁니다. 그런 민주당을 믿고 진보정당의 문을 닫고 민주당으로 이주해서 살아남으라고 말할 수 있을까요? 역사적으로 봐도 진보세력의 민주당 진입은 수혈의 측면을 벗어나지 못했습니다. 민주당은 생존유지를 위해 새로운 피를 공급받은 뒤 다시 원래의 보수정당으로 돌아가곤 했습니다. 이번이라고 달라질까요? 반면 원내교섭단체가 된 진보정당을 상상해봅시다. 그 진보정당의 목소리는 민주당이나 한나라당 의원 20명의 목소리와는 다를 겁니다. 민주당 내 진보세력으로 존재하는 것과 독립적 교섭단체로서 존재할 때의 힘은 다릅니다. 민주당이 어떻게 변할지도 알 수 없고요. 실패할 수도 있겠고 되돌아 갈 수도 있습니다. 노무현 정부 당시처럼 보수화 가능성도 있습니다. 그럼 진보세력이 민주당을 탈당하겠죠. 어떤 경우에도 좌파정당은 없을 수가 없습니다. 아무리 통합하고 또 통합해도 한국사회의 구조상 3~4개 정당의 존재는 불가피해 보입니다. 연합정치는 그래서 필요하다는 것입니다.

이상이 가치의 재구성이라는 측면이 굉장히 중요하다고 봅니다. 특히 20~30대 유권자, 서민과 중산층, 여성 등 진보적이고 개혁적인 성향의 유권자들이 투표장에 오는 수고를 감수할 수 있도록 해야 합니다. 지금 민주당에는 그만한 가치가 없는 것이죠. 진보정당도 마찬가지입니다. 찍어봐야 당선 가능성이 없고, 진보정당의 가치도 여전히 NL-PD의 낡은 틀에 갇혀 있습니다. 그렇다면 새로운 가치, 시대정신, 당면과제가 뭔가? 대체로 복지국가로 모아지고 있습니다. 이것을 민주당과 진보정당이 함께 내세워야 합니다. 가장 좋은 방법은 정치동맹이고, 구체적으로는 복지국가 단일정당입니다. 제가 이야기하는 동맹은 민주당을 단일정당으로 끌어내는 겁니다. 민주당 속으로 들어가는 게 아니라 민주당을 왼쪽으로 끌어내고, 여기에 진보세력이 가서 만나는 겁니다. 중도진보라는 제3지대에서 만나자는 이야기입니다. 물론 안 따라오는 사람도 있을 것이고, 새로운 세력이 당을 만들 수도 있습니다. 그것은 그 분들의 자유이고 권리입니다. 그 당이 따로 존재한다면 또 그들과 연합하면 됩니다. 이 일련의 과정 속에서 복지국가라는 정치적 가치가 정치권뿐 아니라 시민사회 속에서 공유되어야 합니다.

이대근 그렇게 본다면 수렴이 되는 측면이 있을 수 있다고 봅니다. 하지만 현재의 민주당은 아닙니다. 통합을 하려면 민주당이 통합할 수 있을 정도로 변해 있어야 합니다. 변하지도 않았는데 민주당의 변화를 전제로 통합하라고 진보정당의 등을 떠미는 것은 두 단계나 앞선 이야기라는 겁니다.

김윤태 과연 민주당을 그대로 두고 밖에서 '바꿔라, 바꿔라' 하는 게 현실성이 있을까요? 학계든 시민단체든 진보정당이든 관여하지 않고 바꾸라는 건 비현실적인 요구로 들립니다. 진보정당 입장에선 다음 총선에서 원내교섭단체를 확보할 가능성이 있을까요? 그런 점을 고려하면 5석 정도의 군소정당으로 남는 것보다는 통합을 적극적으로 고려해 볼 수 있지 않을까요?

이상이 이 시점에 민주노동당이나 진보신당이 현재의 민주당에 들어가야 한다는 건 잔인한 이야기입니다. 저는 그런 주장을 단 한 번도 하지 않았어요. 국민의 요구는 정치의 재편으로 우리의 꿈을 이뤄달라는 겁니다. 국민의 정치적 요구를 조직하는 것은 당연한 일입니다. 민란 운동도 그런 맥락 아닙니까? 복지국가 정치운동도 마찬가지입니다. 이 힘이 올라오면 민주당은 복지국가 정당으로 재편될 수밖에 없습니다. 오지 않으면? 민주당은 죽습니다. 똑같은 이유로 진보정당에도 과거의 구태를 벗어달라고 요구하는 겁니다. 진보정당도 과거에 황당한 일을 얼마나 많이 했습니까. 고치자는 겁니다. 고쳐서 힘을 모아 보자, 단일정당을 해보고 안 되면 연합하자는 겁니다. 선거에서 승리해야 복지국가로 갈 수 있는 모멘텀이 마련됩니다. 그게 가장 중요한 일입니다.

이대근 민주당에 대한 견인이 필요합니다. 진보정당은 구식 좌파로 남지 않기 위한 노력을 해야 합니다. 변화되지 않은 민주당과는 연합도 어려울 겁니다. 양보도 민주당 쪽이 해야 합니다. 진보정당이 지금 할 수 있는 양보의 여지는 별로 없는 것 같습니다. 이 부분은 좀 다른 차원의 문제이기는 한데, 중장기적 정당구조의 전망과 당장 총선 – 대선에 어떻게 대응해야 하는가의 두 가지 측면이 구별되어야 한다고 봅니다. 요즘의 논의에선 두 가지 측면이 섞여 있는 느낌입니다.

김윤태 김대중 전 대통령은 "70퍼센트를 양보하더라도 통합하라"고 언급하기도 했습니다. 통합보다 연합이 더 어려울 것이라는 이야기는 민주당 내부에서도 나옵니다.

이상이 솔직하게, 또렷하게 이야기해 봅시다. '연합의 길'을 가정했을 때 진보정당이 원하는 원내교섭단체를 구성할 수 있을 만큼 민주당이 양보할 가능성이 있을까요? 전무하다고 봅니다. 아마 3~5석 정도 될 겁니다. 진보정당에서 대표성이 있고 당선 가능성이 명백한 몇몇 정치인들, 아마도 심상정, 노회

"진보진영도 그동안 새로운 시대에 맞는 가치나 이론을 효과적으로 제시하지 못했다는 비판에서 자유롭지 못할 겁니다. 그런 면에서 최근 복지국가를 중심으로 일고 있는 미래논쟁은 긍정적이라고 봅니다. 다만 그 주체의 측면을 주목할 필요가 있어 보입니다. 진보세력도 국가권력 밖에서 비판만 하는 게 아니라 그 안에서 개혁과 민주화, 삶의 질을 개선하려는 노력을 기울일 필요가 있겠습니다."

찬, 이정희 정도일 겁니다. 다른 지역은 양보하지 않을 겁니다. 선거연합은 성립하지 않는다는 겁니다. 그럼 원내교섭단체를 구성하기 위해 나머지 15석을 진보정당이 독자적으로 당선시킬 수 있을까요? 가능성은 제로입니다. 복지국가 단일정당으로 승부를 걸어야 합니다.

뭔가 꿈틀거리고 있다, 그게 희망이다

김윤태 통합론과 연합론, 두 가지 견해 모두 일리가 있다고 봅니다. 하지만 규범적 결론보다는 현실적인 조건에 주목해야 한다고 생각합니다. 전술적 검토도 함께 이뤄져야 합니다. 통합이든 연합이든 안 된다면 공멸의 길로 가지 않겠습니까? 각 주체들의 진지한 고민이 필요해 보입니다. 여기까지 야권연대의 문제까지 논의를 진행했습니다. 마지막으로 덧붙일 말씀이랄까, 현재 우리 사회의 복지국가 논쟁과 관련한 제언이 있다면 해주시기 바랍니다.

이대근 뭔가 꿈틀대면서 변화하고 있는 것은 분명해 보입니다. 그런 면에서 희망이 있다고 봅니다. 과도기랄까, 변화가 시작되는 초입에서 모든 당사자들이 어떤 전략적 선택을 하는가에 따라서 우리의 미래가 결정될지도 모르겠습니다. 굉장히 중요한 순간입니다. 여건은 어렵고, 과정은 복잡하지만 정치적 역량을 극대화함으로써 한계를 극복하고, 아래로부터의 힘을 끌어가서 폭발시키면 가능할지도 모르겠습니다. 최근의 여론조사들을 보면 과거와 다른 변화가 나타나고 있고, 그 속도도 점점 빨라지고 있다는 것을 감지할 수 있습니다. 한국사회의 역사적 변화를 보면 민중들인 10년마다 대규모로 폭발했습니다. 그런 폭발이 어느 시점엔가 나타날 수도 있을 겁니다. 기대감을 갖고 정치적 역량을 조직하고, 또 준비하는 게 필요하다고 봅니다.

이상이 신자유주의 10년을 지나오면서 엄청난 변화의 조짐들이 시민사회 내부에서 일고 있습니다. 이러한 변화의 요구를 어떻게 복지국가 건설로 모아 나갈 것인가, 그것이 우리의 당면 과제입니다. 앞으로 1년 동안 시민정치 운동, 풀뿌리 시민운동의 역할이 굉장히 중요합니다. 정치가 광범위한 국민의 움직임에 따라가지 않을 수 없는 세상입니다. 민주당이 과거의 관성에 머물러 있는 상황이 그렇게 오래갈 것 같지는 않습니다. 민주당이 이삿짐을 챙겨서 중도진보 복지국가 정당으로 합류할 가능성도 있다고 봅니다. 그 역동성을 지켜보겠습니다.

김윤태 진보진영도 그동안 새로운 시대에 맞는 가치나 이론을 효과적으로 제시하지 못했다는 비판에서 자유롭지 못할 겁니다. 그런 면에서 최근 복지국가를 중심으로 일고 있는 미래논쟁은 긍정적이라고 봅니다. 다만 그 주체의 측면을 주목할 필요가 있어 보입니다. 진보세력도 국가권력 밖에서 비판만 하는 게 아니라 그 안에서 개혁과 민주화, 삶의 질을 개선하려는 노력을 기울일 필요가 있겠습니다.

두 분과 함께 한 유익한 토론에 감사드립니다.

12;

보편주의 역동적 복지국가와 **'복지국가 국민운동'**

이상이

복지국가소사이어티 공동대표·복지국가 국민운동본부 공동본부장

'보편적 복지국가'가 시대정신인 이유

서구에서는 18세기와 19세기에 걸친 근대국가의 발전 과정을 통해 봉건적 신분질서를 철폐함으로서 공민권civil rights이라는 사회적 자유권을 쟁취하였다. 이것이 시민권citizenship의 첫 번째 구성요소다. 그리고 20세기 초반까지 시민권의 두 번째 구성요소인 정치권political rights을 제도화하였다. 그럼에도 자유방임 자본주의의 구조적 문제로 인해 대공황이 초래되었고, 사회양극화는 심화되었다. 그래서 제2차 세계대전 직후 유럽 각국에서 더 나은 삶(복지)을 요구하는 노동자와 서민들의 목소리가 터져 나왔다. 시민권의 세 번째 구성요소인 사회권social rights의 보장이 최대의 정치적 이슈가 된 것이다. 그래서 당시 유럽의 모든 국가들은 정치적 좌우를 막론하고 복지국가 건설로 매진하였다. 그 결과, 시장과 가족이 복지의 대부분을 제공하던 자유방임 자본주의를 넘어 국가가 경제와 복지의 중심에 서게 되었고, 1940년대 후반부터 1970년대 초반에 이르는 동안 인류는 역사상 최고의 경제성장과 균형 잡힌 복지를 향유하게 되었다. 우리는 이 시기를 복지국가 또는 자본주의의 황금기라 부른다.

유럽 복지국가들이 경제와 복지에서 역사상 최고의 성과를 누리던 이 시기에 우리는 정치사회적 혼란과 극도의 빈곤 속에 해외원조에 의존하며 여전히 보릿고개를 넘지 못하고 있었다. 그러나 1970년 이후 우리나라는 전 세계가 깜짝 놀랄만한 역동적인 발전을 이룬다. 1970년대와 1980년대의 중화학공업 중심의 압축적 경제성장이 성공함으로써 산업화를 달성하였고, 1987년 6월 항쟁 이후 1990년대를 거치면서 정치적 민주화를 달성하였다. 유럽 국가들이 두 세기에 걸쳐 이룬 역사적 성과를 불과 30여년 만에 달성한 것이다. 그런데 1997년의 외환위기와 그것을 극복하는 과정에서 국제통화기금과 미국이 요구한 신자유주의 경제정책을 그대로 수용하면서 우리나라의 경제사회는 과거와는 질적으로 달라졌다. 발전국가로부터 시장만능국가로 변화된 것이다. 감세와 규제완화를 핵심 내용으로 하는 신자유주의 경제정책과 일부 가난한 사람들만 선별하여 복지를 제공하는 잔여주의 선별적 복지정책의 짝이 그것이다.

민주정부 10년을 거치면서 사회적 자유권과 정치적 민주주의가 확립되었으며, 신자유주의 경제정책으로 인한 경제사회의 양극화에도 불구하고, 시민권의 마지막 구성요소인 사회권을 제도화하기 위한 노력을 기울였던 것도 사실이다. 그 결과, 국민기초생활보장법이 제정되었으며, 넓은 사각지대와 낮은 급여수준 등의 한계가 있긴 하지만 사회보험제도의 확장과 사회서비스의 제도화 등 상당한 성과를 거두기도 했다. 그러나 우리나라는 현재 'GDP 대비 사회복지비 지출'의 비중이 8.5퍼센트로 OECD 평균(21퍼센트)의 절반에도 못 미치고, 주요 유럽 선진국의 1/3 수준에 머물고 있다. 우리나라는 제도적 준비 수준에서 복지국가의 입구에 다다르긴 하였으나, 복지지출 측면에서는 여전히 복지후진국에 속한다.

우리는 1997년의 외환위기 이전까지만 해도 '보편적 복지와 복지국가' 없이도 '각자도생'의 방법으로 경쟁시장에서 복지와 행복을 추구할 수 있다고 믿었고, 그래서 치열하게 경쟁하고 열심히 살았다. 이렇게 시장복지를 획득하는 과정에서 부족한 부분은 가족복지가 보태주었다. 그런데 외환위기 이후

10여 년이 지난 지금, 이러한 신자유주의 경쟁시장에서의 각자도생 방식이 더 이상 통하지 않게 되었다. 실업과 고용 불안정으로 시장복지는 불확실해졌고, 가족복지는 대부분 해체되었다. 이제 많은 국민들이 이 사실을 몸으로 알게 되었다. 민생이 만성적으로 불안해졌다. 가장 중요한 것이 일자리 불안이다. 노동시장의 양극화는 모든 것을 왜곡시킨다. 10퍼센트의 좋은 일자리를 놓고 벌이는 무한경쟁은 대학교부터 초등학교까지 우리나라 교육을 황폐화시키는 주범이다. 비정규직과 저임금노동을 양산하는 노동시장의 양극화는 신자유주의 경제정책(감세, 규제완화, 민영화)에 기인한 것이다. 이를 바로 잡아야 한다. 그래서 조정시장경제의 복지국가 경제정책이 요구된다.

다음으로 우리는 교육 불안, 주거 불안, 노후 불안, 의료 불안에 일상적으로 노출되어 있다. 여기서 벗어나려 필사적으로 사교육에 매달리고 능력 되는대로 민간보험에 가입하지만, 문제는 해결되지 않고 오히려 불안은 심화된다. 서민과 노동자 등 보통의 국민들은 사교육 경쟁에서 부자들과 고소득 전문직들을 이길 수 없다. 결국, 학벌과 일자리와 사회적 지위가 대물림되며, 더는 개천에서 용 나는 세상이 아니다. 그래서 우리가 해야 할 일은 아무런 승산 없는 각자도생의 무차별적인 사교육 경쟁이나 민간보험 가입 경쟁을 벌이는 것이 아니라, 산업과 노동시장의 양극화를 해소하고 누구나 봉착하게 되는 생애주기별 위험에 대한 사회적 대처방안을 보편적으로 제도화하는 것이다. 이것이 유럽 선진국들이 이미 오래 전에 달성했고 환경의 변화에 조응하며 지속적으로 발전시켜 나가고 있는 '보편주의 복지국가'의 모습이다.

지난 6.2 지방선거를 통해 우리 국민들은 거대한 변화를 요구하고 나섰다. '보편적 복지'와 '복지국가'가 그것이다. 과거 수십 년 동안 '국가와 복지와 세금'에 대해 저항감을 키워오며 자유경쟁과 시장만능의 성장주의 신화에 사로잡혀 있던 우리 국민들이 이제 보편적 복지국가를 요구하며, 누구나 생애 전 과정에 걸쳐 기본소득(아동수당, 실업급여, 노후소득 등)과 사회서비스(보육, 교육, 의료, 요양)를 보장받는 '보편적 복지'가 제대로 제도화된다면 기꺼이 누진적 방식으로 세금을 더 내겠다고 한다. 이는 참여정부 말기의 상황과는 현저히 다른 것이다. 2007년 당시, 참여정부에 피로감과 실망을 느낀 많은 국민들이 "부자 되세요"라며 장밋빛 성장주의를 내세우는 보수진영에 최후의 기대를 걸며 현 정권을 선택했었다.

그러나 이제 대부분의 우리 국민은 그 선택이 잘못되었음을, 각자도생의 시장만능주의가 더 이상 우리의 길이 아님을 알게 되었다. 이명박 보수정권의 무능 탓도 크겠지만, 보수진영이 내세우는 선진화담론의 주장과는 달리, 근본적으로 현재의 신자유주의 양극화 성장체제로는 우리나라가 선진국의 반열에 올라서기 어렵겠다는 인식 때문이다. 그래서 70퍼센트 이상의 국민은 우리나라가 더 이상 미국식의 시장만능국가가 아니라 스웨덴식의 보편적 복지국가로 발전하길 원하고 있다. 최근 수년 사이에 우리 국민의 생각을 이렇게 바꾸어 놓은 것은 외부의 어떤 이념적 세뇌나 좌파의 조직적 선동이 아니라 우리 국민이 발붙이고 살아온 대한민국 경제사회의 현실, 즉 신자유주의 시장만능국가가 초래한 사회양극화와 민생불안 그 자체다.

'보편적 복지국가'의 담론과 주요 정책

우리나라는 매우 짧은 기간에 압축적인 경제사회 발전을 역동적으로 달성한 세계적으로 유례를 찾아보기 어려운 경우에 속한다. 그런데 여기서 휘청거리며 경제사회의 양극화와 만성적 민생불안으로 주저앉을 수는 없다. 우리는 산업화와 민주화의 성공적 달성에 이어 이제 선진국의 대열에 올라서기 위해 앞으로 나아가야 한다. 우리나라의 보수진영은 '선진화담론'을 통해 선진국으로 가자고 한다. 그러나 이것은 잘못된 것이다. 지금까지 우리 경제사회를 지배해온 선진화담론은 신자유주의 경제체제와 선별적 복지체제의 이분법적 결합에 불과하며, 이것을 통해서는 결코 선진국으로 갈 수 없기 때문이다.

김영삼 정부 시기부터 제기되기 시작했던 선진화담론은 1997년 외환위기 이후 우리나라를 사실상 지배해온 성장주의 담론이자 신자유주의 성장체제론의 다른 이름이다. 이러한 선진화담론의 귀결이 산업의 양극화, 고용 없는 성장, 노동시장의 양극화, 일자리 불안, 교육·주거·노후·의료 불안이다. 더구나 우리나라는 세계에서 가장 합계출산율이 낮은 나라다. 그리고 고령화 속도가 가장 빠른 나라다. 이러한 최악의 인구학적 조건은 신자유주의 선진화담론과 절대로 조응할 수 없다. 현재로서는 보편주의 역동적 복지국가 담론만이 저출산·고령화 환경에 효과적으로 대응할 수 있고, 경제사회의 양극화를 넘어 경제와 복지의 안정적이고 통합적인 발전을 지속할 수 있다.

우리가 원하는 보편주의 역동적 복지국가는 산업과 노동시장의 양극화로 표현되는 신자유주의 경제체제의 불공정성을 극복하려는 민주정부의 조정시장경제체제와 선별적 복지를 넘어서는 보편적·적극적 복지체제의 통합적 구조물이다. 이를 위해 우리는 규제, 누진적·연대적 조세, 적극적 재정 등의 정책수단을 효과적으로 사용하려는 유능하고 책임성 강한 민주정부를 필요로 한다. 신자유주의 경제와 선별적 복지를 고수하며 "복지의 확충은 경제성장을 저해"한다는 기존의 '반복지' 선진화담론은 잘못된 것이다. 경제와 복지는 대립적인 이분법의 관계에 있는 것이 아니라, 동전의 앞뒷면과 같은 유기적 통합체이기 때문이다. 주요 선진국들 중 경제와 복지가 '상충하는' 대립적 이분법인 나라는 없다. 경제와 복지는 늘 함께 움직인다. 경제가 안정적으로 성장하는 나라에서는 복지도 함께 발전했다. 북유럽을 위시하여 서유럽 복지국가들에서 나타나는 현상이다. 이들 보편적 복지국가에서는 조정시장 경제와 보편적 복지를 유기적 통합체로 잘 제도화했기 때문이다.

그런데 미국의 경우는 달랐다. 미국은 경제와 복지가 상충하는 측면이 크게 존재한다. 경제는 신자유주의 성장체제를 견지하고, 복지는 선별적 복지체제에 주로 의존하기 때문이다. 이 경우에는 시장탈락자와 빈자들에게 제공하는 선별적 복지에 재원을 많이 투입할수록 경제성장에 부담을 주게 된다. 여기서 복지는 낭비적인 것으로 간주되기 때문이다. 미국은 세금을 내는 계층과 복지혜택을 받는 계층이 뚜렷이 구분된다. 복지수혜와 재원부담의 분리현상이 특징인데, 이러한 시스템은 지속가능성이 낮다. 경제영역의 신자유주의 양극화로 인해 시장에서 탈락하거나 주변화되는 인구가 폭발적으로 늘어나므로 선별적 복지수요는 폭증하는 데 비해, 복지를 위한 재원조달에는 한계가 뚜렷해지기 때문이다. 그 결과, 지난 30년 동안 미국의 국가복지 비중은 계속 축소되어 왔으며, 중산층의 조세저항은 심각하고, 재정적자는 만성적이다. 더욱 중요한 것은 2008년 미국발 금융위기와 경제위기에서 보듯, 미국 경제성장의 많은 부분은 부동산과 금융의 거품에 의존한 것임이 드러났다. 앞으로 미국은 '경제와 복지를 대립적 이분법으로 제도화하는 나라는 경제와 복지가 함께 추락'한다는 사실을 보여줄 가능성이 더 커 보인다. 신자유주의 선진화담론은 잘못된 논리이며, 우리는 보편주의 역동적 복지국가로 가야 한다. 이것이 우리의 시대정신이다.

2010년 6.2 지방선거와 2011년 4.27 재·보궐선거에서 표출된 민심을 소극적으로 해석해서는 안 된다. 민심이 원하는 것은 '복지의 일부 확충'이 아니라 '보편적 복지국가'의 건설이다. 그래서 선별적 복지예산을 늘리거나 보편적 복지 요소를 일부 도입하는 것에 머무는 '복지확충 논쟁'이 아니라 기존의 시장만능국가를 보편주의 역동적 복지국가로 패러다임을 바꾸자는 대한민국 '복지국가 논쟁'이 요구된다. 우리가 가져가야 할 프레임은 '신자유주의 시장만능국가 대 보편적 복지국가'이다. 시장만능국가에서 '복지확충'에 머무는 것이 아니라 '보편주의 역동적 복지국가'로 패러다임을 바꾸어야 한다.

민생의 5대 불안, 즉 일자리 불안, 교육 불안, 주거 불안, 노후 불안, 의료 불안을 효과적으로 극복하기 위해 우리가 공유해야 할 보편주의 역동적 복지국가의 주요정책은 다음과 같다.

첫째, 일자리 복지이다. '일자리 불안'의 핵심에는 비정규직과 저임금노동과 같은 노동시장의 구조적 문제가 놓여 있다. 비정규직과 저임금노동 문제는 주로 중소기업, 영세서비스업, 자영업 등에서 생긴다. 따라서 우리는 산업과 생산체제 전반의 양극화에 정면으로 대응해야 한다. 경제의 불공정을 제압할 강력한 규제를 실행하고, 노동권을 강화해 비정규직을 최소화해야 한다. 노동계 기준으로 현재 노동자의 약 50퍼센트가 비정규직인데, 이 비율을 절반 이하로 줄이는 것을 당면과제로 삼아야 한다. 노동시장에서 일자리 간의 임금과 근로조건의 격차를 줄이기 위한 최저임금의 획기적 인상과 보편주의 국가복지를 통해 사회임금의 비중을 대폭 높이는 등의 적극적 정부재정 투입이 요구된다. 그리고 장차 노동의 정규성과 무관하게 '동일노동 동일임금'에 접근하기 위해서는 기존의 기업별 노조를 산별체계로 전환하기 위한 법령의 정비 작업이 필요하다. 이와 함께 정부의 적극적 노동시장정책이 대폭 강화되어야 한다. 경쟁력 없는 기업이 문을 닫아도, 노동자는 정부의 적극적 노동시장정책에 의해 보호되고 직업훈련의 기회를 얻어 더 나은 새로운 직업을 얻을 수 있어야 한다. 비정규직이나 저임금 일자리가 아닌 '좋은' 일자리를 중소기업 부문과 서비스 부문에서 대규모로 창출해야 한다. 사회서비스 영역의 좋은 일자리 창출도 매우 중요한 일이다. 이 모든 것이 민주정부가 개입해서 추진해야 할 일들이다. 그래서 우리는 신자유주의 양극화 경제가 아니라 복지국가의 개입주의 조정시장경제를 추구해야 한다.

둘째, 보편적 소득보장이다. 사람은 평생 기본소득은 보장받아야 한다. 아동수당, 고용보험, 국민연금이 이를 위한 보편적 제도 틀이다. 그런데 우리나라는 아동수당이 아예 없는 아주 예외적인 국가다. 고용보험과 국민연금은 사각지대가 전체 가입대상자의 30퍼센트에 이르고, 저부담 보험료로 인해 급여수준이 매우 낮은 편이다. 고용보험의 경우에는 수급조건을 감안할 때 실제로 50퍼센트의 노동자들이 사각지대에 놓여 있다. 영세 자영업자들과 청년들은 고용보험의 보호대상에서 완전히 벗어나 있다. 그래서 우리는 단계적으로 아동수당을 도입해야 한다. 주로 비정규직이나 저임금 노동자들이 고용보험과 국민연금의 사각지대에 존재하므로, 이 부분을 해결해야 한다. 특히, 고용보험의 사각지대를 없애는 일과 관련해서는 앞서 언급한 공정한 경제 및 적극적 노동시장정책과 연계되어 있으므로 종합적으로 접근해야 한다. 사회보험료 지원과 정부재정에 의한 실업수당이 필요하다. 노후소득보장 위해서는 기초노령연금을 기초생계비 수준에 근접하도록 단계적으로 인상해야 하고, 국민연금을 기초연금(기초노령연금)과 소득비례연금의 2층 구조로 재구성하는 개정작업이 요구된다.

셋째, 보편적 사회서비스 보장이다. 일생에 걸쳐 사회구성원 누구나 필요로 하는 보육, 교육, 의료, 요양 등을 사회서비스라고 하는데, 이는 재화의 성격상 시장에 맡겨두면 오히려 비효율이 초래되는 '시장실패'를 특징으로 한다. 그래서 국가가 보편적 제도를 운영함으로서 이들 사회서비스를 온 국민에게 제공하는 것이 각자도생의 시장에 맡겨두는 것보다 비효율은 줄어들고 사회 전체적인 편익은 훨씬 더 커진다. 그래서 유럽 복지국가들은 거의 예외

없이 사회서비스를 보편적 복지제도로 제공하고 있다. 달리 말하자면, 이들 사회서비스는 사회투자 성격이 크다. 한편, 유럽 보편적 복지국가들의 경험에 의하면, 사회서비스는 좋은 일자리의 보고다. 그러므로 여기에 투입되는 정부재정과 사회보장 기여금의 대폭적인 증대는 단순한 소비나 낭비가 아니다. 소비 확대를 통한 공급의 확충과 성장의 선순환에 그치는 것이 아니라 직접적인 일자리의 창출이다. 이는 복지지출을 줄이고 세수를 늘리는 효과를 가져다주므로 복지국가의 지속성을 높일 뿐만 아니라 민생불안의 가장 중요한 원인인 '일자리 불안'을 해소하는 데도 크게 도움을 준다.

넷째, 적극적 복지의 중요성이다. 사회보험에 의한 높은 소득대체율의 현금 지급(이를 소극적 복지라 함)보다는 일자리의 제공이나 사회서비스 등의 현물서비스를 제공하는 것이 더 중요하다는 데 대체로 전문가들의 의견이 모아지고 있다. 적극적 복지는 국민 개개인의 잠재능력을 극대화하는 조치를 말하는데, 이는 인적 자본과 사회적 자본의 확대·강화를 가져온다. 우리나라처럼, 경제사회의 양극화에 대한 대응과 함께 저출산·고령화를 대비하는 일이 매우 중요해진 상황에서 아동, 여성, 노인, 장애인 등에 대한 사회투자와 적극적 복지는 아무리 강조해도 지나치지 않다. 평생교육과 직업훈련, 적극적 노동시장정책도 적극적 복지의 중요한 영역이다. 그리고 이를 통해 높아진 인적자원 수준은 장차 지식경제시대를 맞아 우리나라의 혁신적 경제를 가능하게 하고, 사람 중심의 공정한 경제와 보다 잘 조응하게 된다.

우리나라는 조세부담률이 제일 낮은 나라에 속한다. 우리나라는 중앙정부와 지방정부의 재정, 국민연금·건강보험과 같은 사회보장기여금 등을 모두 합친 '일반정부재정'의 크기가 국내총생산(GDP) 대비 31퍼센트밖에 안 된다. 북유럽 국가들은 55퍼센트, 유럽연합 평균은 50퍼센트, 경제협력개발기구(OECD) 평균은 45퍼센트다. 우리나라 일반정부의 크기가 GDP의 31퍼센트로 400조 원 정도인데, 복지국가로 가기 위해서는 아무리 단계적으로 간다고 하더라도 당장 500조 원은 돼야 한다. 100조 원을 추가 조달할 방법으로 가장 먼저 해야 할 것은 야당과 시민사회의 주장처럼 부자감세의 철회다. 다음으로, 정부재정을 효율화하고 토건예산 등을 복지재정으로 돌리는 등 재정지출구조조정과 조세정의를 바로 세우기 위한 세제개혁을 추진해야 한다. 비과세 감면도 단계적으로 정비해야 한다. 세금 탈루를 막기 위한 제2의 소득파악기구를 만들든가 국세청을 대폭 강화하는 등의 조치도 취해야 한다. 민주당은 이러한 노력을 통해 연간 최대 48조 원까지 세수를 추가 확보하겠다고 했다. 그런데 이러한 조세재정개혁에는 시간이 너무 오래 걸린다는 문제가 있다. 비과세 감면의 정비 등은 생각보다 그렇게 쉽게 되지 않을 개연성이 높다.

어찌되었건, 이러한 노력을 통해 민주당의 '3+1' 무상복지를 실천하는 데 필요한 재원은 충분히 충당될 것으로 전망된다. 그런데 정작 더 많은 재정이 소요될 일자리복지, 노인복지, 주거복지 등은 어떻게 할 것인가? 진보개혁진영의 집권 때 보편적 복지국가를 만들어 달라는 국민의 요구에 직면해 시장만능국가를 보편주의 역동적 복지국가로 패러다임 전환하기 위해서는 경제와 복지에 대한 동시적인 개입을 통해 민생의 5대 불안을 함께 해소해 나가야 한다. 이것들이 유기적으로 다 연계돼 있기 때문이다. 따라서 집권 4년차 때쯤에는 현재 가치로 연간 100조 원 정도의 재정이 추가로 요구될 가능성이 크다. 사실 이는 선진국 수준에서 보면 아주 낮은 것이지만, 우리로서는 크게 결심해야 할 사안이다. 그래서 복지국가를 건설하는 데 요구되는 재정규모를 드러내고, 이를 마련하기 위한 방안을 논의해야 한다.

증세 없이도 복지의 일부 확대는 가능할 것이다. 그런데 '증세 없는 복지의 일부 확대'라는 해법으로는 우리시대의 불안 문제를 해결할 수 없고, 우리 국민이 원하는 보편주의 역동적 복지국가로의 패러다임 전환은 더더욱 이룰 수 없음을 분명히 이해해야 한다. 보편적 복지국가를 위해 국민이 내는 세금은 그저 낭비되는 것이 아니라, 효율적이고 사회연대적인 투자이자 사회적 기여다. 가령, 지금 우리가 내고 있는 국민건강보험료(의료보장 목적세에 해당)를 34퍼센트 인상하면, 즉 지금보다 국민 1인당 월평균 1만1천 원을 더 내면 입원진료의 사실상 무상의료가 가능해진다. 이 경우, 개인당 월 10만 원 정도 부담하는 민간의료보험료를 낼 이유가 없어진다. 서민가계의 경제적 부담은 크게 줄어들고, 의료 불안의 해소와 함께 사회연대성을 높이는 삼중의 효과를 거두게 된다. 이렇듯 복지국가를 위한 세금은 시장에서 각자도생으로 복지를 구입하는 것 대신에 더 효과적이고 연대적인 방식으로 국가가 온 국민의 복지를 책임지는 데 필요한 재원이다. 누진적 증세를 통한 세금과 정부의 적극적 재정정책이야말로 경제와 노동시장의 양극화를 해소하고 공정한 경제를 달성하도록 하며, 민생의 불안을 해소하는 데 결정적인 기여를 한다.

우리는 선택해야 하다. 세금을 더 내지 않는 대신 지금처럼 각자도생의 비효율적인 방식으로 시장복지를 구입하고 시장만능국가의 국민으로 머물 것인지, 각자의 능력에 맞게 누진적으로 세금을 더 내고 민생의 5대 불안을 해소하고 경제와 복지가 유기적으로 통합된 보편주의 역동적 복지국가의 구성원으로 살아갈 것인지, 우리 국민이 직접 선택해야 한다. 그러기 위해서는 시민사회의 열려 있는 토론이 필요하고, 정치적 의사를 결집하는 과정이 요구된다. 이것이 민주주의다. 이를 통해 우리 국민의 보편주의 역동적 복지국가를 향한 기대와 열망을 모아내려는 노력이 '건강보험 하나로 시민운동'이고, 풀뿌리 복지국가 시민정치운동이다.

우리 모두 '복지국가 만들기 국민운동'에 나서야

복지국가소사이어티는 지난 4년 동안 보편주의 역동적 복지국가의 담론과 정책을 개발하고, 이를 확산하려는 다양한 노력을 기울여왔다. 저술활동, 칼럼과 논평의 정기적 게재, 언론 홍보, 전국 주요 지역에서 복지국가 정책 아카데미 개최, 연합 학술대회 참여, 월례정책세미나와 대규모 이벤트 행사 개최 등이 그것이었다. 이러한 과정을 통해 복지국가소사이어티가 주창해온 보편주의 역동적 복지국가론이 단순한 '복지확충'론, 즉 일부 사회복지 프로그램과 관련 예산의 단순 확대가 아니라 신자유주의 시장만능국가를 대체할 새로운 국가발전모델이라는 것이 세간에 조금씩 알려지고 있다. 민생불안을 해소할 우리시대의 대안 담론과 정책 패키지가 마련된 셈이다.

그런데 불행하게도 민생불안의 당사자인 대부분의 보통 국민은 이러한 사실을 잘 모른다. 이러한 정보가 일부 식자층과 관심 있는 사람들에 국한되어 있다. 복지국가 시민정치운동이 긴요한 이유다. 민생불안으로 고통 받고 있는 국민들은 안정되고 행복한 삶을 위한 실현가능한 새로운 대안을 필요로 하고 있고, 복지국가소사이어티 같은 복지국가 운동세력은 보편주의 복지국가를 이 땅에서 실현시켜낼 정치적 힘, 즉 "깨어 있는 시민의 조직된 힘"을 필요로 한다. 이 둘이 만나면 된다. 반드시 만나야 한다.

그래서 우리는 보편주의 복지국가의 깃발을 높이 들고 풀뿌리 시민 속으로 들어가야 한다. 형식은 다양할 것이다. 다양한 매체를 활용하여 우리의 주장을 널리 알려야 한다. 전국 각지에서 강연회와 다양한 주제의 토론회, 소규모의 수다모임들이 열려야 한다. 복지국가를 말하는 '수다'가 전국 방방곡곡에서 요란해야 한다. '건강보험 하나로 모든 병원비를 해결'하는 것이 우리에게

복지국가 만들기 국
▸ 일시: 2011년 5월 12일 ▸ 장소: 국회 헌정

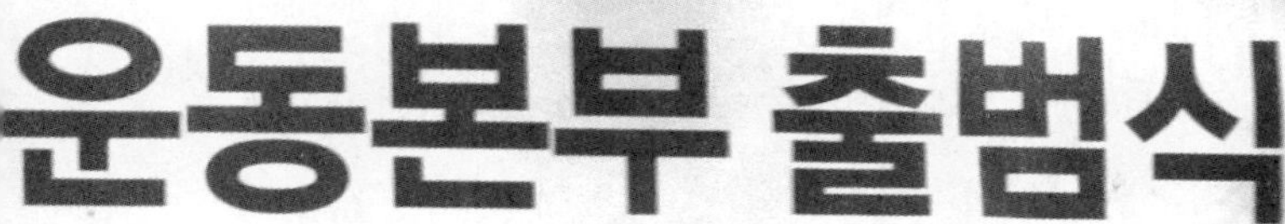

> 서민들이 자신은 부담하지도 않을 종합부동산세를 걱정하며, 이를 반대했던 과거의 일이 반복되지 않도록 하는 확실한 길, 가난한 사람들이 부자정당에 투표하는 왜곡된 상황이 더 이상 반복되지 않도록 하는 가장 확실한 길은 풀뿌리 복지국가 시민정치운동의 전국적 확산과 성공적 조직화다. 복지국가를 말하는 '수다'가 전국 방방곡곡에서 요란해야 한다.

좋은 것인지를 놓고, 일자리의 양극화가 해결되면 사교육을 포기할 것인지를 놓고 온 가족과 이웃이 모여 삼삼오오 수다를 떨어야 한다.

보편주의 복지국가를 위해 필요한 재원을 십시일반으로 조금씩 더 부담할 용의가 있는지 의견을 교환하고 토론해야 한다. 그래서 사회연대적인 누진적 증세가 필요하다고 생각하는 국민이 지금보다 훨씬 더 많아져야 한다. 우리나라 서민들이 자신은 부담하지도 않을 종합부동산세를 걱정하며, 이를 반대했던 과거의 일이 반복되지 않도록 하는 확실한 길, 가난한 사람들이 부자정당에 투표하는 왜곡된 상황이 더 이상 반복되지 않도록 하는 가장 확실한 길은 복지국가 시민정치운동의 전국적 확산과 성공적 조직화다.

복지국가 담론의 생산과 복지국가 운동의 국민적 확산을 위해 지속적으로 노력해온 복지국가소사이어티가 최근에 새로운 시도를 감행하였다. 지난 5월 12일(2011년) 출범한 '복지국가 만들기 국민운동본부'가 그것이다. '복지국가 만들기 국민운동'은 복지국가소사이어티가 연구 개발한 보편주의 복지국가의 담론과 주요 정책들을 전국의 '복지국가 국민운동 지역본부'별로 풀뿌리 지역사회 캠페인을 통해 확산하고, 이에 동의하고 복지국가를 지지하는 국민을 회원으로 모아내고 조직하는 운동(복지국가소사이어티와 짝을 이루는 지역별 상설 복지국가 시민운동단체)이다. 이렇게 복지국가 국민운동을 통해 조직된 "깨어 있는" 국민의 힘은 정치기제와 민주주의를 통해 보편주의 복지국가의 건설로 이어질 것이다.

우리나라의 정치지형이 변하고 있다. 민주당이 과거에 머물지 않고 6.2 지방선거에서 표출된 국민의 요구에 부응하기 위해 '보편적 복지'를 당의 공식 노선으로 삼았고, 보편적 복지국가를 추구하겠다는 의지를 표현하고 있다. 진보정당들도 복지국가를 주창하고 있는데, 특히 진보신당은 사회연대 복지국가를 당의 전면에 내세우고 있다. 정치권이 복지국가 이슈에 관심을 집중하게 된 것은 일자리 등 민생불안을 호소하는 국민의 '변화에 대한 요구'가 정치사회적으로 광범위하게 표출되고 있기 때문이다. 이제 우리 국민은 보편적 복지국가를 신자유주의 시장만능국가를 대체할 새로운 시대정신으로 올려놓고 있다.

그러므로 보편주의 복지국가를 건설할 구체적인 정치적 경로와 전략이 매우 중요해졌다. 그런데 최근의 통합 및 연대연합 논의에서는 가장 중요한 것 하나가 빠져 있다. '왜 그래야 하는가?' 라는 질문에 대한 대답이 그것이다. 대부분은 "현 정권을 교체하기 위해서" 연대연합(반MB 연대)이 필요하다고 주장한다. 그런데, 민주당과 진보정당 간의 이러한 선거연합의 위력은 재보선 등에서 이명박 정권을 심판할 수는 있겠으나, 정권 심판론이 더 이상 먹혀들지 않을, 차기 권력을 놓고 벌이는 여야 간의 새로운 대결구도인 2012년의 총선과 대선에서는 나타나지 않을 것이다. 즉, 민주당과 진보정당 간의 이명박 정권 심판을 위한 선거연합은 2012년의 총선과 대선에서는 큰 힘을 발휘하기 어렵다는 것이다. 그래서 우리는 정권교체의 뚜렷한 이유와 목표를 국민에게 제시해야 한다. 획득한 정권으로 무엇을 하려고 하는지, 우리의 청사진을 제시해야 한다.

이에 대한 답은 이미 지난 6.2 지방선거를 통해 우리 국민이 투표로 말한 바 있다. 보편주의 복지국가라는 '가치'가 바로 그것이다. 우리는 이 가치를 움켜쥐고 더욱 확산해야 한다. 전국 방방곡곡의 풀뿌리 시민들이 보편적 복지국가의 가치를 그들의 언어와 방식으로 충분히 이해하도록 해야 한다. 이러한 풀뿌리 보통 시민의 정치경제적 요구에 조응하여 긍정적 상호작용을 미칠 수 있도록 한국정치가 보편주의 복지국가라는 '가치' 중심으로 재편되어야 한다. 이를 위해 지금의 민주당은 더 진보적으로 바뀌어야 하고, 지금의 진보정당은 좀 더 솔직하게 분화되어야 한다. 이념정당을 추구하는 진보정파는 진보적 이념정당으로 재편되고, 진보적 대중정당을 추구하는 진보정파는 '보편주의 복지국가라는 가치'를 달성하기 위해 '다수파 전략'을 선택해야 한다.

결국, 다수파 전략은 민주당을 포함하는 '복지국가 단일정당론'을 의미한다. 이렇게 될 경우, 지금의 민주당 간판은 내려지고, 더불어 영남의 패권적 지역주의와 함께 우리나라 정치의 양대 축을 이루어온 호남 지역주의도 막을 내리는 것이다. 그래서 우리나라에는 오직 '중도 진보'의 영역에 민주당 세력을 포함한 새로운 성격의 '복지국가 단일정당'이 존재할 뿐이다. 이는 우리나라의 고질적인 지역주의 정치구도를 넘어서는 진보개혁진영의 승리를 향한 길이자 보편주의 복지국가 건설의 정치적 경로이다.

보편주의 역동적 복지국가를 기대하고 염원을 표출하는 풀뿌리 보통 시민들의 '복지국가 만들기 국민운동'에 역동적으로 상호 조응하는 한국정치의 통합적 재편은 반드시 성공해야 한다. '복지국가 단일정당론'은 기존의 '세력중심 통합론'과 달리 '보편주의 역동적 복지국가의 가치'를 높이 세우고, 이를 중심으로 정치세력을 재편하자는 것이며, '중도진보'의 영역에 보편주의 복지국가 가치의 수권정당을 건설하자는 주장이다. 여기서 복지국가 단일정당이라 함은 신자유주의 시장만능원리를 극복하려는 보편주의 복지국가의 경제사회 운영원리를 단일 강령체로 삼는 통합적 수권정당을 의미한다.

복지국가 단일정당에 합류하는 세력 통합의 범위는 정세에 따라 달라질 것이다. 그러나 복지국가 건설을 위해 우리가 지향해야 할 복지국가 단일정당은 시민사회의 진보개혁세력, 진보개혁 성향을 강화한 민주당과 여타 야당, 보편주의 복지국가의 가치에 동의하는 진보정당의 제 정파 등 모두에게 완전히 열려 있어야 한다. 과거에 무엇을 했던, 현재 어디에 몸담고 있던, 이런 것보다는 보편주의 역동적 복지국가의 건설이라는 시대정신을 제대로 이해하고 함께 구현하겠다는 의지만 뚜렷하다면, 이들 모두가 복지국가 단일정당에 참여할 수 있을 것이다.

인터뷰를 마치고

복지국가,
'왜'라는 질문을 넘어
'어떻게'라는 질문에 답할 때

고려대학교 사회복지학과 교수

인터뷰를 마치고

저널리즘은 중요한 문제를 시의적절하게 제시하는 빠른 감각이 필요하다. 2010년 12월 복지 논쟁이 한창인 시기에 《프레시안》 임경구 국장의 전화를 받았다. 내게 인터뷰 진행을 제안했다. 《프레시안》과 복지국가소사이어티가 함께 '복지국가와 정치동맹'이라는 주제로 주요 정당과 시민단체의 지도자들과 연속 인터뷰를 기획했다고 설명했다. 나는 기꺼이 인터뷰를 맡기로 약속했다.

내가 이 작업에 참여하기로 선뜻 응한 이유가 무엇이었을까? 저널리즘의 인터뷰는 내 능력 범위 밖에 있는데도 말이다. 새로운 일에 참여한다는 의욕은 지나친 호기심의 결과일수도 있지만 역사적으로 중요한 작업을 수행해야 한다는 의무감도 한몫했을 것이다. 최근 새로운 시대정신으로 부각하고 있는 복지국가에 관한 뜨거운 논쟁을 추적하는 일은 내게 큰 보람을 느끼게 했다.

무엇보다도 나는 이 책이 한국사회에서 '복지국가'의 담론이 확산하는 과정에 가여하리라 기대했다. 다음으로 정치인, 시민운동가, 언론인들의 목소리가 학자들의 학술논문보다 국민에게 더 쉽게 복지국가의 가치와 정책 방향을 제시하리라 생각했다. 마지막으로 정치권과 시민사회 지도자들과의 인터뷰를 한데 모은 책이 출간되면 많은 시민들에게 정치적 논쟁의 기회를 제공할 수 있으리라 예상했다.

나는 오랫동안 영국과 유럽에서 생활하면서 세금과 복지예산을 둘러싼 논쟁이 선거의 뜨거운 쟁점이 되는 상황을 눈여겨보았다. 복지제도가 발전한 나라들의 역사를 돌아보면 복지국가는 정부의 정책만으로 결정되는 것은 아니다. 이는 수많은 사람들이 사회적 권리 또는 시민권을 얻기 위해 끊임없이 노력한 결과이다. 서유럽의 선거권과 노동조합의 권리처럼 8시간 노동제와 최저임금제도 노동자의 투쟁으로 획득했다. 또한 건강보험, 실업보험, 국민연금 등 사회보험의 법제화는 수차례에 걸친 선거의 결과이다. 누진적 소득세의 도입과 사회복지예산의 증액도 국회 표결의 결과이다. 이런 점에서 복지국가 건설은 매우 정치적인 과정을 거친다.

최근 한국에서도 복지국가로 가기 위한 다양한 노력이 제시되고 있다. 국민들의 복지에 대한 기대는 커지고 있으며 무상급식 등 시민사회의 다양한 요구가 봇물 터지듯이 커지고 있다. 복지국가에 관한 학술저서와 논문도 급증했다. 신문에서도 연일 유럽의 복지국가를 소개한다. 바야흐로 복지를 둘러싼 백가쟁명의 시대가 시작되었다. 그러나 정작 한국사회를 움직이는 정당과 시민단체의 지도자들이 복지국가를 어떻게 생각하는지 자세하게 알려지지 않았다. 특히 법률과 예산을 결정하는 정치 지도자들이 한자리에 모여 목소리를 내는 경우는 거의 없었다. 이런 점에서 이 책은 큰 의미가 있다.

2011년 1월부터 2월까지 나는 《프레시안》 기자들, 복지국가 만들기 국민운동본부 김준성 기획위원장과 함께 민주당, 민주노동당, 진보신당의 정치인과 다양한 시민단체의 시민운동가들과 인터뷰에 나섰다. 많은 분들이 귀한 시간을 내주었다. 1시간을 예상했는데 3시간에 가까운 대담이 된 경우도 있었다. 미리 질문지를 보냈지만 새로운 문제에도 성의 있게 대답해주었다. 정책토론회를 준비하듯이 세심하게 자료를 인용하여 준비한 이들도 있었다. 이들의 진지한 고민과 열정적 답변은 한국정치를 새로운 변화로 이끌 원동력이 될 것이라고 기대한다.

나는 정당과 시민단체의 다양한 지도자들과 인터뷰를 진행하면서 몇 가지 잠정적 결론을 얻을 수 있었다. 먼저 대부분의 진보개혁진영의 지도자들이 복지국가를 새로운 정책방향으로 적극적으로 인정하고 있다는 점이다. 복지를 가난한 사람을 돕기 위한 국가의 시혜나 은전이 아니라 '민주공화국에 살고 있는 모든 국민의 권리'이자 '국가의 의무'라고 생각하는 것은 중요한 인식의 변화를 보여준다. 이는 1987년 민주화 이후 복지국가가 새로운 진보담론으로 부각되는 역사적 의미로 평가할 수 있다. 이미 1987년 개정한 헌법 34조에 복지가 국민의 권리라는 점과 복지를 추구할 국가의 의무를 명시한 바 있다. 그러나 정치적 민주화 이후 진보

FUJI RHP
24
FUJI RHP
25
FUJI RHP
26
23A
24
24A
25
25A

RHP
24
FUJI RHP
25
FUJI RHP
25
FUJI RHP
23A
24
24A
25
24A
25
25A

FUJI RHP
24
FUJI RHP
25
FUJI RHP
26
23A
24
24A
25
25A

개혁진영은 복지국가의 발전에 적극적인 가치를 부여하지 못했다.

지난 20년 동안 안타깝게도 지역주의 정치구도가 정치적 담론을 지배하면서 복지정책은 중요한 선거 쟁점이 되지 못했다. 당연하게도 국민들의 복지에 대한 권리의식은 매우 낮았다. 선거에서 지역개발 공약이 주요 이슈가 되었다. 대규모 국책사업은 지역주의 정치의 강력한 추진력이 되었다. 정부 재정 가운데 경제와 사회간접자본 예산에 비해 복지예산은 매우 적었다. 1997년 외환위기 이후에야 수많은 실업자들이 거리에 나서자 사회보호장치와 복지제도에 대한 관심이 커졌다. 위기의 시기에 정권을 장악한 민주당 정부는 복지를 새로운 국정의제로 상정했다. 2000년 이후 김대중 정부의 '생산적 복지'와 노무현 정부의 '사회투자국가'는 복지에 대한 인식을 확산시켰다. 또한 민주노동당의 복지공약도 중요한 기여를 했다.

역사적 과정은 항상 사회과학의 이론보다 훨씬 복잡하고 우연하게 벌어지는 경우가 많다. 최근 복지 논쟁이 본격적으로 확산된 계기는 2009년 김상곤 교육감이 선거에서 제기한 '무상급식' 논쟁이다. 사회학자로서 나는 선거 이후 경기도 유권자들의 여론조사 결과를 보고 놀랐다. 유권자들이 김상곤 교육감의 핵심 공약인 공교육 강화보다 친환경 유기농 무상급식에 더 많은 관심을 표명했던 것이다. 자녀의 건강과 생활에 밀접한 정책에 얼마나 관심을 갖는지 보여준 중요한 사례이다. 그 후 2010년 6월 지방선거에서 많은 시민단체들과 진보개혁진영은 무상급식을 주요 선거공약으로 내세워 커다란 논쟁을 불러 일으켰다.

2010년 10월 민주당은 전당대회에서 '보편적 복지'를 새로운 강령으로 내세웠다. 한 발 더 나가 진보신당은 '사회복지세' 신설을 주장했다. 최근 여론조사를 보면 '세금을 인상해서라도 복지를 확대해야 한다'는 주장이 반수를 넘고 있다. 이는 10년 전에 비하면 커다란 변화를 보여준다. 이렇게 복지에 대한 긍정적 태도가 증가한 이유는 1997년 외환위기 이후 경제자유화와 노동시장의 유연화가 급격하게 이루어지면서 사회적 위험이 커지고 삶의 질이 위협받고 있다는 절박한 인식과 깊은 관련을 가진다. 누구나 구조조정과 조기퇴직으로 직장을 잃으면 생활비, 자녀 교육비, 의료비를 해결하지 못해 막막한 상황에 도달할 수 있다. 장기적으로 인구고령화와 가족구조의 변화는 부모의 부양과 노인요양에 대한 새로운 정책 대응을 시급하게 요구하고 있다.

아직도 보수진영은 복지 확대가 경제성장을 저해한다고 주장한다. 복지재정을 마련하기 위한 조세인상은 기업에 부담을 주어 결국 경제에 악영향을 미친다고 본다. 그러나 유럽의 경험에서 볼 수 있듯이 복지제도가 경제성장에 부담을 주는 것이 아니라 오히려 경제성장을 촉진할 수 있다. 복지국가에서 사회보장의 혜택을 제공함으로써 노동자들의 생산성을 높일 수 있다. 북유럽 국가와 독일을 보면 발전된 사회보장제도와 높은 생산성은 상호 긍정적 효과를 가진다. 또한 효율적인 복지제도는 지나친 노사갈등과 사회갈등을 줄일 수 있다. 오히려 복지제도가 부족한 사회에서 사회경제적 격차가 커지면서 사회적 비용이 커질 수 있다. 바로 이런 이유 때문에 서유럽 국가들의 보수정당과 진보정당은 모두 복지국가를 유지하기를 원한다.

둘째, 이제 복지국가의 필요성에 관한 1단계 논쟁은 끝났다. 민주당과 진보정당은 거의 같은 목소리로 복지국가의 중요성을 강조하고 있다. 이에 맞서려는 듯 한나라당은 '70퍼센트 복지'를 제시했다. 박근혜 의원은 '한국형 복지'를 제시했다. 누구도 복지국가의 중요성을 부정하지 못하는 현실이 도래했다. 복지가 대세가 되었다. 이제 복지국가가 필요하다는 논쟁을 넘어 2단계 논쟁이 필요하다. '왜'라는 질문을 넘어 '어떻게'라는 질문에 답해야 한다.

아직 한국의 복지국가를 만들기 위한 구체적 정책과 프로그램이 정교하게 제시되지 못했다. 복지정책의 실행을 위해 재정조달을 어떻게 할 것인지 세부적 방법론이 필요하다. 특히 효율적인 조세정책이 필요하다. 증세와 감세의 이분법은 피상적 논쟁에 그칠 수 있다. 복지국가는 질병, 간병, 노령, 장애 등 생애과정에서 겪는 위험을 극복하도록 지원하는 사회보호장치를 강화하는 동시에 개인이 시장에서 경쟁할 수 있는 능력을 키우는 정책도 추구해야 한다. 이를 위해서는 전통적 사회보장제도와 함께 교육, 보육, 직업훈련 등 교육정책과 노동시장정책을 결합한 통합적 접근방식이 필요하다. 앞으로 더욱 본격적 논쟁을 위해서는 어떤 복지정책을 우선적으로 추진할 것인지, 필요한 재원의 규모가 어떤지, 어떻게 재원을 마련할 것인지 구체적 대안을 놓고 더 많은 토론을 벌여야 한다.

이러한 토론의 결과가 2012년 총선, 대선 이전에 선거공약으로 발표되기를 바란다. 정치권의 연구소들이 연구결과를 모아 구체적인 자료집과 책으로 출간할 필요가 있다. 집권 자체가 목표가 아니라 무엇을 할 것인지 계획을 가지고 집권해야 한다. 1980년 미국 공화당 레이건 정부가 집권할 때 미국 싱크탱크 해리티지 재단이 1,000쪽에 달하는 '지도자를 위한 정책과제Mandate for Leadership'를 공화당의 운영계획으로 제시했다. 2008년 오바마 대통령이 취임하자마자 미국진보센터Center for American Progress가 집권 플랜을 미리 준비해서 제시했다. 한국의 진보개혁진영도 지금부터 '진보정책 플랜'을 만들어 주요 공약을 제시해야 한다. 그리고 집권 후 1년 안에 핵심적 국정과제로 추진해야 한다.

셋째, 인터뷰에 참여한 주요 정치 지도자들의 답변을 보면 진보개혁진영의 연합정치를 중요하게 고려하고 있다는 점을 보여준다. 연합정치의 필요성은 단순한 선거전술이 아니라 사회구조적 변화의 반영이다. 한국정치에서 지역주의 요인은 약화되고 있지만 계층과 세대의 균열이 점점 커지고 있다. 이처럼 복합적인 정치균열은 다양한 유권자의 투표성향이 더욱 분산되는 현상을 보여준다. 호남 유권자가 민주당 대신 다른 정당을 지지하고 영남 유권자가 한나라당이 아니라 다른 정당을 지지하는 경향이 커졌다. 수도권의 젊은 유권자들은 모든 전통적 정당들을 전반적으로 불신하는 태도를 보이고 있다. 이들은 계층과 지역과 관련된 이슈보다 환경, 식품, 안전 등 생활정치에 관련된 이슈에 대한 관심이 크다. 이러한 정치적 태도의 변화는 정당체제의 전략적 변화를 요구한다.

연합정치의 필요성은 유럽과 미국의 정치에서도 관심을 끌고 있다. 과거의 가족, 계급, 지역의 틀이 무너지고 있으며 개인화의 확대로 사회적 다양성이 증가하고 있다. 계급 외에 지역, 종교, 성적취향, 가치, 세대 등 다양한 사회집단의 분화와 정치성향의 파편화는 과거의 계급정당 또는 이념정당의 정치적 기반을 근본적으로 바꾸고 있다. 많은 여성들이 경제활동이 참여하고, 이혼이 증가하고, 노조가입률이 떨어지고, 정치적 무당파가 증가하고 있다. 거대한 조직을 기반으로 하는 사회체계는 생활세계의 다양한 문제를 제대로 다루어지지 못하고 있다. 특히 노동계급 중심의 진보정당과 환경, 탈脫물질적 가치, 개인의 정체성에 관심을 갖는 젊은 세대 사이의 정치적 간격이 커지고 있다. 2008년 미국 쇠고기 수입을 반대하는 촛불 문화제와 거대한 대중 참여가 대표적인 사례이다. 한국에서도 생활정치에 대한 대중적 관심에 대해 제도권의 정당은 제대로 대응하지 못하고 있다. 이런 점에서 진보정당 이외에도 정치적 시민운동의 중요성이 부각될 수 있다.

한국에서 연합정치의 가능성은 두 가지 경로를 고려할 수 있다. 먼저 진보정당과 정치적 시민운동 등 진보개혁세력을 망라한 정당통합이다. 이러한 흐름을 대표하는 논의는 민주당 내부의 '야권단일정당'과 시민사회의 '100만 민란'이 대표적이다. 다음으로 진보정당의 통합을 이룬 후 민주당과 선거연대의 전술을 채택하자는 주장이다. 이는 최근 진보진영의 '진보대통합' 논의를 지적할 수 있다.

정당통합을 이루는 다양한 방법을 고려할 수 있지만 현실적 가능성은 쉽지 않아 보인다. 이 책에서 볼 수 있듯이 민주당 지도부의 우려는 크다. 하지만 풀뿌리 차원 선거구의 후보자들은 별로 열의가 없다. 강력한 리더십이 없는 민주당은 통합 또는 연합의 구체적 방법론을 제시하지 않고 있다. 선거를 앞두고 모든 정치인들은 낙관주의자가 되지만 조만간 통합 또는 연합이 성사되지 않으면 민주당은 2012년 총선과 대선에서 참패를 피하기 어려울 것이다. 다른 한편 정치는 가능성의 예술이기에 연합정치의 새로운 협상이 급진전할 수도 있을 것이다. 물론 나는 후자의 경우를 기대해본다.

크게 놀랄 일은 아니지만 대체로 진보정당은 민주당과 정당통합에 대해서 부정적 태도를 보이고 있다. 대신 민주당과 선거연합의 가능성은 열어놓고 있다. 진보정당이 독자세력을 지향하는 점은 이해할 수 있으나 집권을 포기한 소수파 전략이라는 지적을 받을 수 있다. 2010년 지방선거와 수차례 재보선에서 볼 수 있듯이 총선에서 민주당과 진보정당의 선거연합도 쉽지 않아 보인다. 결국 정당통합 또는 선거연합이 이루어지지 않는다면 현행 소선거구제에서 진보정당이 원내교섭단체를 구성할 의석 20석을 확보하기는 어려워 보인다. 진보정당의 입장에서는 독자세력화를 추진하기 위해 미국식 소선거구제 대신 유럽식 정당명부제 비례대표제를 확대하는 방향으로 선거법을 개정할 필요가 있다. 그러나 이 방안도 거대

정당의 동의가 없다면 어렵다. 확실히 진보정당은 선택의 딜레마에 빠져 있다. 이런 점에서 2012년 양대 선거에서 통합 또는 연합을 위한 진보정당의 전략적 선택은 매우 중요한 의미를 갖는다.

이 책이 복지국가와 정치동맹의 모든 문제에 대한 해법을 담고 있지는 않다. 오히려 서로 다른 지도자들의 혼란스러운 상태를 반영하고 있는지도 모른다. 그러나 이 책은 한국의 진보개혁진영 지도자들이 복지국가의 건설을 합의하고 창조적 정치 전략을 고민하는 현실을 보여준다는 점에서 의미가 크다. 무엇보다도 이 책은 한국사회의 유력한 지도자들이 대거 참여하고 있다는 점에서 주목할 만하다. 복지정책의 결정과정에 중요한 역할을 하는 사람들이기 때문에 앞으로 새로운 정책네트워크의 형성에도 도움이 되리라 기대한다. 정당의 싱크탱크와 정책 결정자들이 머리를 맞대고 진지한 논의의 장을 만들기 바란다. 나아가 연합정치의 가능성에 대해서 진지한 논의가 있기를 기대한다. 소수 지도자들의 밀실협상이 아니라 정당과 시민사회가 참여한 개방적이면서 중층적 토론의 장이 열리기 바란다. 이 책을 읽은 독자들도 새로운 아이디어와 의견을 가지고 참여할 수 있는 기회가 있으리라 믿는다.

이 책은 이상이 복지국가소사이어티 공동대표·복지국가 국민운동본부 공동본부장, 김준성 복지국가 만들기 국민운동본부 기획위원장 등 여러 분들이 주도적으로 기획하여 결실을 맺었다. 좋은 제안을 해준 복지국가소사이어티의 모든 분들에게 감사드린다. 인터뷰를 진행하는 과정에서 도움을 주신《프레시안》박인규 대표, 임경구 편집국장, 전홍기혜 정치팀장, 여정민 기자, 송호균 기자, 최형락 사진기자 여러 분들에게 감사드린다. 복지국가와 사회정책에 관한 내 연구를 위해 재정적 지원을 제공한 한국연구재단, 고려대학교, 독일 프리드리히 에버트 재단에도 감사드린다. 다양한 학술대회와 시민단체의 토론회에서 유익한 토론에 참여해준 모든 분들에게 감사드린다. 또한 고려대학교에서 내 수업에 참여하여 한국의 사회문제와 빈곤을 해결하기 위해 수많은 토론을 함께 한 대학원생, 학생들에게 감사드린다. 부디 이 책이 한국 복지국가를 만들기 위해 노력하는 모든 분들에게 유용한 도움이 되길 바란다.

김윤태

복지국가 만들기 국민운동본부

www.welfare-state.net

서울시 마포구 도화동 538번지 성지빌딩 702호 / 02-3272-2353

복지국가 만들기 국민운동본부 – 역동적 복지국가 건설에 힘을 모아 주세요

역동적 복지국가는 담론의 생산과 확산, 정책대안의 수립과 제안만으로 이루어질 수 없습니다. '구슬이 세말이라도 꿰어야 보배'라는 말이 있듯이 역동적 복지국가를 염원하는 시민들의 노력이 하나로 모아지고 정치사회적으로 표현되어야만 합니다.

'복지국가 만들기 국민운동본부'는 이러한 문제의식에서 출발한 국민운동 단체입니다.

1. 우리나라를 유럽의 선진국들과 같은 복지국가로 만들고 싶은 사람.
2. 모든 국민이 일자리 불안, 노후 불안, 보육과 교육 불안, 건강 불안, 주거 불안으로부터 해방되어야 한다고 믿는 사람.
3 인간의 존엄과 사회연대를 강화해 정의가 실현되는 사회를 만드는 데 찬성하는 사람.
4. 복지국가를 만들자는 이야기를 직장 동료, 이웃, 또는 친구들과 모여 나누고 싶은 사람.
5. 복지국가를 만드는 국민운동이 필요하다고 생각하는 사람.

모두 '복지국가 만들기 국민운동본부'로 모여 주십시오. 함께 하면 할 수 있습니다. 우리 모두 수다쟁이가 되어 복지국가를 이야기할 때 대한민국은 성큼 복지국가로 나아갈 것입니다. 역동적 복지국가 건설에 힘을 모아 주십시오.

복지국가 만들기 국민운동본부는 이런 일을 하고 있습니다

역동적 복지국가의 담론과 정책을 널리 알리고 있습니다

복지국가 전문가들을 중심으로 강사진을 구성해 역동적 복지국가의 논리와 전략을 알고 싶어 하는 시민이 있는 곳이라면 어디든 달려가 우리의 생각을 말씀드리고 있습니다.

복지국가 수다운동을 적극 전개하고 있습니다

복지국가 수다운동은 커피 한 잔, 맥주 한 잔 마시며 가벼운 마음으로 수다를 떠는 모임을 만드는 운동입니다. 복지국가 건설에 동의하는 사람이라면 누구나 수다모임을 개최할 수 있습니다. 시민 여러분이 먼저 수다모임을 열어 주십시오. 언제든 달려가 함께 하겠습니다.

복지국가 국민운동의 취지에 동의하는 '깨어 있는' 시민을 조직합니다

보편주의 역동적 복지국가 담론의 저작권자로 유명한 복지국가소사이어티가 생산해낸 각종 복지국가 논리와 정책들을 풀뿌리 시민사회에 널리 알리고, 이에 동의하는 시민의 의지를 모아 '깨어 있는' 시민의 힘을 조직합니다. 이 힘은 경제사회적 민주주의와 복지국가를 달성하는 데 필요한 '대한민국 정치질서의 재편'을 앞당길 것입니다.

복지국가 만들기 국민운동본부 참여 제안서
회원이 되어 주십시오

우리나라는 세계 10위권의 경제 대국입니다. 그러나 나라는 부자일지 몰라도 국민들의 삶은 날로 피폐해지고 있습니다. 그래서 행복하지 않습니다. 늘 불안합니다. 일자리 불안, 교육 불안, 주거 불안, 노후 불안, 의료 불안에 만성적으로 노출되어 있습니다. 우리 국민들은 이대로는 더 이상 살 수 없다고 온몸으로 외치고 있습니다. OECD 국가 중 1등을 차지하고 있는 자살률과 세계 최저의 합계출산율이 그 증거입니다. 노인들은 빈곤과 외로움 때문에, 청소년들은 경쟁만능의 입시교육 때문에, 청년들은 일자리 때문에 죽어가고 있습니다. 소득과 주거 불안 등으로 젊은이들은 결혼을 미루고, 여성들은 아이 낳기를 거부하고 있습니다.

우리 국민들은 복지국가를 절실히 원하고 있습니다. 5대 불안에서 벗어나 일자리 걱정 없는 나라, 병원비 걱정 없는 나라, 사교육비 걱정 없는 나라, 노후 걱정 없는 나라, 전·월세금 걱정 없는 나라에서 살고 싶어 합니다. 경쟁지상주의의 시장만능국가가 아닌 인간의 존엄성이 존중받고 사회적 연대가 사람과 사람 사이를 든든히 묶어주는 보편적 복지국가를 원하는 것입니다. 이제 이러한 국민적 요구에 부응해 누군가는 먼저 일어나 '복지국가 만들기'에 나서야 합니다. 이는 국민의 요구이자 우리의 보편적 시대정신이고, 대한민국의 역동적 미래를 개척하는 일입니다. '복지국가 만들기'는 다음의 두 가지 길로 나아가야 합니다.

첫째는, 복지국가 풀뿌리 시민정치운동, 즉 '보편적 복지국가를 위한 국민운동'입니다. 복지국가를 만들자는 공감대를 널리 확산시키고, 전국 방방곡곡에서 우리의 주장이 울려 퍼지게 해야 합니다. 복지국가의 내용을 먼저 알고 중요성을 먼저 깨달은 사람이 '수다쟁이'가 되어 이웃과 친구, 동료와 선후배들에게 복지국가의 메시지를 전해야 합니다. 수다를 떨자는 것입니다. '수다를 떨기 위한 모임'을 만들어야 합니다. 모임에 참가한 사람들을 감동시켜 그 사람이 다시 다른 모임을 열게 해야 합니다. 그렇게 복지국가 만들기 국민운동이 풀뿌리 시민사회에서 확산된다면 이미 복지국가를 향한 우리 꿈의 절반은 이루어지는 것입니다.

둘째는, 복지국가 단일정당의 길입니다. 우리나라에는 복지국가를 만들겠다는 확고한 의지와 능력을 갖춘 정치세력이 없었습니다. 그러나 최근에는 여야를 막론하고 복지와 복지국가를 이야기합니다. 그 어느 때보다 복지국가 건설에 유리한 정치사회적 환경이 일정하게 형성되고 있습니다. 하지만 이 정도로는 안 됩니다. 복지의 일부 확충이 아닌 '보편주의 복지국가 건설'을 정치노선으로 하는 새로운 정치세력이 필요합니다. 지금은 어디에 소속돼 있든, 복지국가 건설에 동의하는 사람이라면 누구든 다 모여 복지국가 단일정당을 만들어야 합니다. 이 정당이 내년 총선과 대선에서 승리하면 보편적 복지국가 건설은 우리의 현실이 됩니다.

범불안의 시장만능국가를 극복하기 위해 이제 '복지국가 만들기 국민운동'이 요구되고 있습니다. 이에, 우리는 이러한 국민운동을 담당할 '복지국가 만들기 국민운동본부'를 제안합니다. 풀뿌리 시민들의 보편적 복지국가에 대한 열망을 하나로 모아 대한민국의 정치를 바꿈으로써 역동적 복지국가를 만들어낼 '복지국가 만들기 국민운동'의 회원으로 참여해 주십시오. 보편주의를 원칙으로 하는 '역동적 복지국가 대한민국' 건설이라는 역사의 새 장을 여는 길을 국민 여러분과 함께 만들어가고 싶습니다. 복지국가 만들기 국민운동의 진정한 주체는 바로 국민 여러분이십니다.

2011. 4.

복지국가 만들기 국민운동본부 선언문

시장만능국가를 뛰어넘어 온 국민이 더불어 행복한 '보편주의 복지국가'를 만들자

87년 민주항쟁 이후 정치적 민주화는 진전되었으나 성장과 개발지상주의, 시장만능의 신자유주의로 말미암아 사회양극화의 어두운 그림자, 민생불안이 심화되고 있다. 온 국민이 △일자리 불안 △주거 불안 △보육과 교육 불안 △의료와 건강 불안 △노후 불안에 시달리고 있다.

'사회경제적 민주화'를 위한 복지국가 만들기 국민운동본부의 결성을 선포한다

국민은 이와 같은 5대 민생불안을 해결해 줄 복지국가와 밥이 되는 민주주의를 바라고 있으며, 모든 정치세력이 작은 차이를 극복하고 크게 단결하여 신자유주의 정권을 심판하고, 보편주의 복지국가를 실현할 새로운 정치세력의 집권을 갈망하고 있다.

이러한 시대적 소명을 자각하고 세상을 바꾸기 위해서는 '깨어 있는 시민의 조직된 힘'을 바탕으로 범국민적인 정치질서 재편운동이 절실하다. 이에 우리는 이 자리에서 '복지국가 만들기 국민운동본부'를 결성하고 제2의 민주화 대장정, 사회경제민주화운동을 전개할 것을 선포한다.

전국 방방곡곡의 대한민국 국민 모두에게 동참을 호소한다

복지는 공동체 구성원이라면 누구나 차별 없이 누려야 할 기본권이며 국가의 의무이다. 모두가 함께 꾸는 꿈은 반드시 이루어진다는 믿음으로 전국 16개 광역단위별로 국민운동본부를 만들자. 거리 서명과 복지국가 수다모임, 강연회와 토론회를 열고 보편주의 복지국가 건설에 동의하는 모든 국민의 힘을 하나로 결집시키자.

10만 명이 모이면 정치를 바꾸고, 100만 명이 모이면 나라를 바꿀 수 있다. 우리의 작은 실천이 한데 모여 거대한 역사적 흐름이 되어 새로운 대한민국이 만들어질 것이다.

우리는 모든 진보개혁 정치세력들에게 요구한다

국민의 요구에 순응하는 정치세력은 국민의 선택을 받을 것이고 기득권에 안주하여 국민의 소리를 외면하는 정치세력은 역사의 뒤안길로 사라지게 될 것이다. 모든 진보개혁 정치세력은 작은 차이와 기득권을 벗어던지고 보편주의 복지국가라는 '가치와 노선'을 중심으로 하나의 정당, 복지국가 단일정당을 만들어 국민의 요구에 화답해야 한다.

광범위한 국민이 참여하는 보편주의 복지국가 만들기 운동을 통해 우리 삶의 희망을 직접 만들어 내자. 87년 민주항쟁을 계승하고, 그 정신을 오늘에 살려 '사회경제민주화운동' 을 통한 복지국가 정치혁명의 횃불을 높이 들자. 신자유주의 양극화 사회를 뛰어넘어 새로운 대한민국, '보편주의 복지국가' 를 건설하자.

2011. 5. 12

복지국가 만들기 국민운동본부

2012인 복지국가 국민운동 선언

1987년 민주항쟁 이후 정치적 민주화는 진전되었으나 성장과 개발지상주의, 시장만능의 신자유주의로 말미암아 사회양극화의 어두운 그림자, 민생불안이 심화되고 있다. 온 국민이 △일자리 불안 △주거 불안 △보육과 교육 불안 △의료와 건강 불안 △노후 불안에 시달리고 있다.

국민은 이와 같은 5대 민생불안을 해결해 줄 복지국가 건설을 간절히 바라고 있으며, 모든 정치세력이 작은 차이를 극복하고 크게 단결하여 신자유주의 정권을 심판하고, 보편주의 복지국가를 실현할 새로운 정치세력의 집권을 갈망하고 있다.

이러한 시대적 소명을 자각하면서 우리는 다음과 같이 선언한다.

- 우리는 복지는 모든 국민이 차별 없이 누려야 할 기본권이며 국가의 의무임을 선언한다.
- 우리는 정치 민주화를 이룬 1987년 6월 항쟁의 정신을 계승하여, 이제는 '사회경제적 민주화'를 이루기 위한 제2의 민주화운동, 보편주의 복지국가 건설 운동을 온 국민과 함께 벌여 나갈 것을 선언한다.
- 우리는 복지국가를 향한 국민의 열망을 하나로 모아 2012년 국회의원 선거와 대통령 선거에서 승리함으로써 보편주의 복지국가 건설로 나아갈 것을 선언한다.

선언자 서명

전화번호

이메일

복지국가 만들기 국민운동본부 www.welfare-state.net

서울시 마포구 도화동 538번지 성지빌딩 702호 / 02-3272-2353

복지국가 만들기 후원 안내 우리은행 1005-001-764783(복지국가 만들기 국민운동본부)